REPORT ON THE DEVELOPMENT OF GUANGZHOU BRAND

广州企业品牌发展报告

主　编◎卫海英　杨德锋

暨南大学出版社
JINAN UNIVERSITY PRESS
中国·广州

图书在版编目（CIP）数据

广州企业品牌发展报告/卫海英，杨德锋主编．—广州：暨南大学出版
社，2022.9
ISBN 978 - 7 - 5668 - 3497 - 3

Ⅰ．①广… Ⅱ．①卫… ②杨… Ⅲ．①企业管理—品牌战略—研究报告—
广州 Ⅳ．①F279.276.51

中国版本图书馆 CIP 数据核字（2022）第 166738 号

广州企业品牌发展报告
GUANGZHOU QIYE PINPAI FAZHAN BAOGAO
主编：卫海英 杨德锋

出 版 人：张晋升
策划编辑：曾鑫华
责任编辑：高 婷 张馨予 冯月盈
责任校对：刘舜怡 陈皓琳 黄亦秋
责任印制：周一丹 郑玉婷

出版发行：暨南大学出版社（511443）
电　　话：总编室（8620）37332601
　　　　　营销部（8620）37332680　37332681　37332682　37332683
传　　真：（8620）37332660（办公室）　37332684（营销部）
网　　址：http://www.jnupress.com
排　　版：广州市天河星辰文化发展部照排中心
印　　刷：广州市金骏彩色印务有限公司
开　　本：787mm×960mm　1/16
印　　张：23
字　　数：385 千
版　　次：2022 年 9 月第 1 版
印　　次：2022 年 9 月第 1 次
定　　价：78.00 元

前　言

在当前全球经济放缓、新冠肺炎疫情、地缘政治博弈加剧等多重不利因素叠加的背景下，品牌对于企业能否在这种不利环境下生存和发展发挥着越来越重要的角色。一方面，品牌能够强化客户忠诚度，增强客户黏性，帮助企业抵御外部环境的动荡，提升企业在市场中的影响力。另一方面，品牌也能够增强企业产品和服务的溢价，提高企业的盈利能力。因此，品牌正是帮助中国企业从全球规模升级为全球影响力和盈利能力的利器。

经济强国历来是品牌强国。如果说我们通过苹果、波音，认识了美国；通过奔驰、西门子，熟悉了德国；世界也正通过华为、字节跳动、比亚迪等一批中国品牌，认识了正进入发展快车道的中国。这些闪亮的中国品牌的背后，不仅代表着中国的传统文化，代表着崛起的中国制造，一定程度还代表着一个负责任的大国形象。

在此形式下，强化品牌建设已经成为我国重大的战略发展方向。习近平总书记在河南考察时进一步提出"三个转变"要求，即必须推动"中国制造向中国创造转变、中国速度向中国质量转变、中国产品向中国品牌转变"。这一指示指明了新常态下我国品牌建设的历史方位。2022年8月25日，国家发展改革委等部门发布的《关于新时代推进品牌建设的指导意见》指出，品牌是高质量发展的重要象征，加强品牌建设是满足人民美好生活需要的重要途径。这些政策和指示为我国品牌崛起创造了非常有利的政策环境和社会共识。与此相呼应，我国品牌建设在近年来也取得积极进展，品牌影响力稳步提升，对供需结构升级的推动引领作用显著增强。同时也要看到，随着新一轮科技革命和产业变革深入发展，品牌发展理念和实践深刻变革，我国品牌发展水平与全面建设现代化国家的要求相比仍有差距。

作为一座拥有2 200多年历史的南粤名城，广州是中国历史最悠久的商都之一，背山面海的地理优势没有变过，广州也是中国从未关闭过的对外通商口岸。长久以来，广州的商业始终融于城市的血液和基因当中。近年来，广州紧紧围绕推动高质量发展，深入实施质量强市战略，持续深化质量提升行动。创新推动品牌建设，着力优化质量基础设施"一站式"服务，大力提升广州质量总体水平，成功让品牌为城市代言，擦亮"广州品牌"，彰显"广州质量"。在过去的实践中，广州走出了一条富有广州特色的质量发展道路，广州将质量强市战略放在更加突出的位置，质量总体水平稳步提升，质量安全形势稳定向好，有力支撑了经济社会发展。2022 年上半年，广州市市场监管局印发《广州市实施质量强市战略 2022 年行动计划》，及时调整市质量强市工作领导小组成员单位，严密组织对各区政府的质量工作考核，不断强化"党委领导、政府主导、部门联合、企业主责、社会参与"的大质量工作格局，有力完善质量政策工具箱，推动广州市质量工作在更高起点上创新发展。广州在广东省政府 2021 年度地级以上市政府质量工作考核中获得 A 级，居全省第一。截至目前，广州已连续 6 年获评 A 级，5 次排全省首位。广州印发《2022 年广州市市场监管局品牌建设工作方案》，实施"品牌树标、品牌培育、品牌保护、品牌推广"四大行动，推动落实《加强品牌建设十三条措施》，倡导企业推行"首席品牌运营官"制度，推动企业品牌建设主体责任落实落地。

面向未来，广州要着力打造国际消费中心城市，在更高水平上吸引世界人民来广州消费，打造具有全球影响力的广州本土品牌成为实现这一目标的重要抓手。广州品牌创新发展研究基地依托长期以来的科研积累，围绕着广州市企业的品牌发展，编撰了《广州企业品牌发展报告》。本书致力于广州企业品牌建设和发展，从数字化、国际化品牌建设方向出发，深入分析了各大产业的发展现状、发展机遇和困境，并提出相应的品牌发展突破路径；此外还选取各行业突出企业案例，分析其品牌建设策略，以帮助企业更清晰地了解企业品牌建设重点，动态调整品牌发展战略，激励企业向有品牌优势的公司学习，持续提升品牌价值。

本书的编写工作由广州品牌创新发展研究基地完成，主编卫海英和杨德锋负责本书的框架设计及组织编写；廖俊云撰写第一章和第三章；王魁撰写第二章和第五章；周宏撰写第四章和第十一章；杨德锋撰写第六章和第十四章；张泳撰写第七章和第八章；胡蠡明撰写第九章；黄赞撰写第十章和第十三章；第十二章为企业案例，胡蠡明负责小鹏汽车、白云山、云从科技的案例分析，杨德锋负责唯品会、立白的案例分析，廖俊云负责比音勒芬的案例分析，王魁负责三七互娱的案例分析。

广州品牌创新发展研究基地
2022 年 9 月

目 录

行业分析篇

企业案例篇

政策建议篇

第一章　广州企业品牌发展现状

　　当今社会品牌无处不在，品牌给当代生活带来了更多新体验与新视角。成功的品牌总是能牢牢把握住消费者，引导消费者逐渐建立对品牌的忠诚，从而节省营销成本、提升消费者满意度，并与消费者建立起长期、互利的关系。在企业自我提升上，有质感的品牌有助于建立起一个更独特、更有价值的企业形象，将企业产品与竞争对手区分开来，便于消费者的产品/服务识别，从而利用成功的产品构筑起牢固的竞争壁垒。在消费者感知上，称心的品牌体验有助于企业获得更高溢价。此外，品牌还能助力企业拓展新业务，便于企业通过品牌延伸的方式助力新产品进入市场并获得市场认可。总的来说，品牌对于企业发展存在诸多益处。

　　广州作为全国四大一线城市之一，企业品牌的建设与发展至关重要。本章主要从广州企业概况，广州品牌的国内对比，广州企业品牌发展的优势与不足，以及广州市促进品牌建设的政策扶持情况四个方面对广州企业品牌发展现状进行分析。

第一节　广州企业概况

从企业行业分布来看，广州存续在业的企业中批发和零售业企业最多，有超过 154 万家，前 5 大行业中，还有租赁和商务服务业、科学研究和技术服务业、住宿和餐饮业、制造业。五大行业企业总数接近 250 万家，在前十大行业企业数中占比高达 88.5%。对于综合型企业，以其主要业务归类，所统计出的前十大行业企业数如图 1-1 所示。

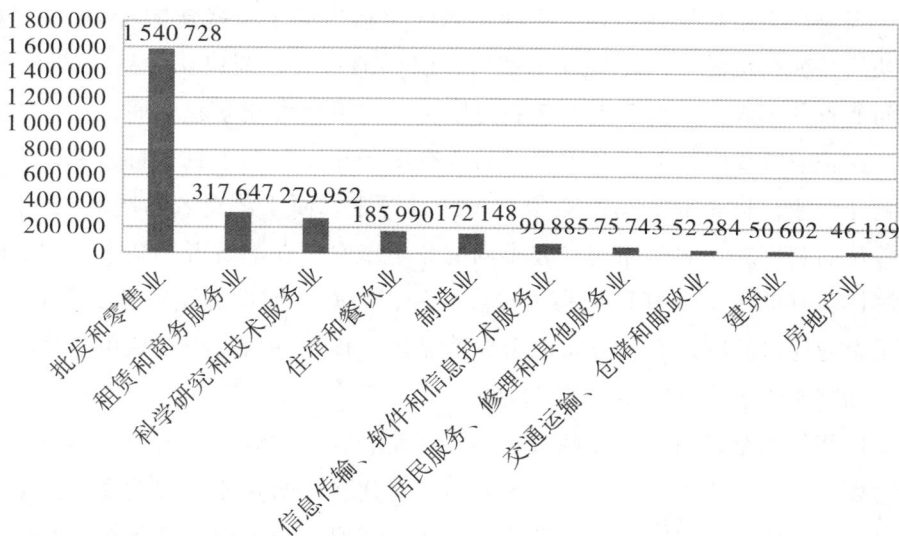

图 1-1　广州前十大行业企业数
数据来源：企洞察企业版。

一、注册资本情况

广州过半企业的注册资本分布在 0~100 万元之间，100 万~500 万元的注册资本占比不到 30%，500 万~1 000 万元及 1 000 万元以上的注册资本占比相当，合约10％。从注册资本上来看，虽然广州的历史企业总数和北京相差无几，但北京仍在注册资本分布上展现出了压倒性的优势，在大型企业数量上遥遥领先。且对比上海及深圳，广州在大型企业数量上亦有或多或少的差距，注册资本多分布在中小型企业（见图1-2）。

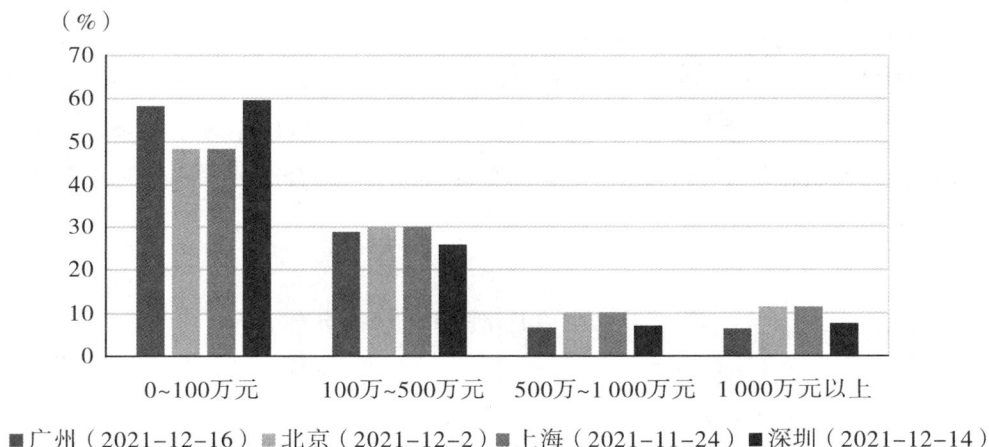

图 1-2　北上广深企业注册资本分布对比

二、上市企业数量

在一线城市中，广州现存各级上市企业数量（2 001家）排名最后，远低于北京（4 707家）和深圳（5 139家）。在广州现存各级上市企业中，新三板上市486家（北京1 710家），新四板上市1 357家（北京2 459家）。虽然北京各级上市企业数量均要高于广州，但双方在著名上市企业分布上，却不相上下。广州著名上市企业有分众传媒、广汽集团、欧派家居等。

三、广州百强企业

（一）区域分布

从百强企业数量来看（见表1-1），天河区达到30个，占全市百强企业的30％，遥遥领先于排名第二（占比18％）的黄埔区，涉及的行业也较为丰富，既有大型互联网公司，又有车企，还有实力房企以及科技公司。

天河区作为经济最强区，在服务业、游戏产业等方面发展强劲，成为广州的一根"定海神针"，将人才源源不断吸引到广州来，而后疏散给其他区域。

排名第二的黄埔区，百强企业数量达到18个。广州5家世界500强企业，就有两家总部在黄埔。从行业类型来讲，天河的优势是发展高端服务业，而黄埔的优势是发展高端制造业。

番禺区有12家百强企业，数量排第三。近些年番禺区在市场上的注意力虽不及黄埔、南沙等区域，但产业底子较好，如世界级的主题乐园长隆、跨境电商巨头希音等企业的总部均位于番禺。此外，还有虎牙、欢聚时代等知名企业。

表1-1 2021年广州百强企业区域分布

区域	百强企业数量
天河区	30
黄埔区	18
番禺区	12
越秀区	10
海珠区	9
白云区	8
荔湾区	5
南沙区	3
增城区	3
花都区	1
从化区	1

数据来源：GYbrand、企洞察企业数据库。

（二）行业分布

从广州行业分布来看，老基建行业，如房地产、交通运输等依旧发挥着举足轻重的作用。但同时，随着新旧动能转换赋能，中国经济转型发展，新基建行业正在加速推进，越来越多信息技术、人工智能、大数据、工业互联网等领域的优秀企业，如金发科技、网易等入选广州百强企业排行榜。相较于老基建行业而言，新基建行业属于新兴高科技行业，具有高附加值、轻资产的特点，发展潜力较大，个股上涨空间较大。同时，新基建行业通过打通和加速整个体系中数字的流动与价值，带动相关企业的成本降低和效率提升，与老基建行业相比其影响范围更广、影响力更快。广州行业分布中，新基建行业比重的提升，有助于广州加速新旧动能转换，提升竞争潜力。

从数量上看，房地产仍是上榜数量最多的行业，但随着相关政策的持续加码，近两年已经开始走下坡路。相对而言，日化（8家）、交通运输（6家）、信息技术（6家）、医药医疗（6家）等行业则呈现出良好的发展态势（见表1-2）。

表1-2 2021年广州百强企业行业分布表

行业类型	企业名称
房地产（共11家）	保利地产、富力地产、雅居乐、奥园集团、越秀地产、合景泰富、时代中国、星河湾、敏捷集团、方圆地产、海伦堡
日化（共8家）	立白、蓝月亮、丸美、好太太、完美日记、阿道夫、环亚化妆品、薇美姿
交通运输（共6家）	广汽集团、小鹏汽车、广州港、粤高速、中船防务、文远知行
信息技术（共6家）	金发科技、极飞科技、佳都科技、云从科技、杰赛科技、汇量科技
医药医疗（共6家）	广药白云山、大参林、金域医学、达安基因、万孚生物、香雪制药
文化传媒（共6家）	南方日报、广州日报、广东广播电视台、新媒股份、省广集团、ZAKER
电器家居（共6家）	欧派、索菲亚、尚品宅配、好莱客、三雄极光、国光电器
食品饮料（共5家）	珠江啤酒、王老吉、燕塘乳业、简爱、钱大妈
互联网（共5家）	网易、虎牙、酷狗、欢聚时代、浩云长盛

（续上表）

行业类型	企业名称
零售 （共5家）	唯品会、名创优品、SHEIN、广百股份、NOME
跨领域 （共5家）	海大集团、雪松控股、广电运通、21CN、香江集团
金融 （共4家）	广发银行、广发证券、广州银行、广州农商银行
航空服务 （共3家）	南方航空、白云机场、亿航智能
数字娱乐 （共3家）	三七互娱、百奥家庭互动、趣丸网络
纺织服装 （共3家）	比音勒芬、UR、赫基集团
餐饮 （共2家）	广州酒家、九毛九
工程建筑 （共2家）	广州建筑、宏大爆破
化工 （共2家）	九丰能源、天赐材料
电力 （共2家）	南方电网、粤水电
信息资讯 （共2家）	海格通信、广日股份
电子科技 （共2家）	视源股份、暗物智能
智能硬件 （共2家）	科益展、粤芯半导体
计量检测 （共1家）	广电计量
机械设备 （共1家）	弘亚数控
乐器 （共1家）	珠江钢琴
轮胎 （共1家）	万力轮胎

数据来源：GYbrand。

第二节　广州品牌的国内比较

一、国际权威品牌评估机构中的广州品牌

基于国际上权威的 5 家品牌评估机构：Interbrand（英国）、BrandZ（英国）、World Brand Lab（美国）、Brand Finance（英国）和 GYbrand（中国）公开的数据，总结如表 1 - 3 所示。

表 1 - 3　国际权威品牌评估机构

机构名称	Interbrand	BrandZ	World Brand Lab	Brand Finance	GYbrand
机构成立时间	1974 年	1998 年	2003 年	1996 年	2017 年
总部所在城市	英国伦敦	英国伦敦	美国纽约	英国伦敦	中国广州
主要评估指标	财务业绩	财务价值	市场占有率	品牌强度指数	品牌强度
	品牌作用力	品牌贡献	品牌忠诚度	品牌特许费率	品牌贡献
	品牌强度		全球领导力	品牌收益	财务业绩
最新榜单公布时间	2021 年 10 月	2021 年 6 月	2021 年 12 月	2022 年 1 月	2021 年 11 月
全球 TOP 榜单中国品牌上榜数	1/100	18/100	44/500	84/500	63/100
全球 TOP 榜单中广州品牌上榜数	0	0	1	2	2
广州上榜品牌			南方电网（258）	网易（168）、保利集团（265）	南方电网（199）、保利集团（454）

资料来源：公开资料整理。

由于不同评估机构的主要评估指标不同,因此最终中国品牌、广州品牌的上榜数量,以及品牌的上榜排名情况都不尽相同。从整体上看,中国品牌上榜的数量较少,出现在全球榜单中的广州品牌数量更是屈指可数,仅有网易、保利集团、南方电网等品牌出现在全球排名的榜单当中。

二、2021 年不同榜单中国 TOP 品牌中的广州品牌名单

下面列出五大品牌评估机构评选出的中国 TOP 品牌榜单中的广州品牌(见表 1 - 4 至表 1 - 8),并进行分析。

(一) Brand Finance

表 1 - 4   2021 年 Brand Finance 中国最有价值品牌榜前 500 强中的广州品牌

品牌名称	排名	公司名称	创办时间	经营范围
微信	2	腾讯公司	2011	媒体文化
恒大集团	22	恒大地产集团有限公司	1996	房地产
网易	33	网易公司	1997	媒体文化
保利集团	47	保利发展控股集团股份有限公司	1992	房地产
富力地产	92	广州富力地产股份有限公司	1994	房地产
广发银行	102	广发银行股份有限企业	1988	银行
南方航空	123	中国南方航空股份有限公司	1991	航空
雅居乐集团	132	雅居乐集团控股有限公司	1992	房地产
唯品会	147	唯品会控股有限责任公司	2008	零售
时代中国	159	时代中国控股有限公司	2007	房地产
虎牙直播	168	虎牙公司	2016	媒体文化
YY 直播	172	广州华多科技有限公司	2012	媒体文化
广药集团	181	广州医药集团有限公司	1996	医药
广州农商银行	196	广州农村商业银行股份有限公司	2009	银行
广发证券	200	广发证券股份有限公司	1991	银行
飘柔	233	宝洁(中国)有限公司	1999	美妆、日用品
合生元	279	广州市合生元生物制品有限公司	1999	食品饮料
广汽集团	285	广州汽车集团股份有限公司	2005	汽车整车

（续上表）

品牌名称	排名	公司名称	创办时间	经营范围
脉动	297	达能（中国）食品有限公司	1989	非酒精饮品
广州港	357	广州港股份有限公司	2004	港口水运
广州发展	378	广州发展集团股份有限公司	1992	石油燃气
南方出版传媒	396	南方出版传媒有限公司	2009	媒体文化
海格	482	广州海格通信有限公司	2000	科技
传祺	496	广州汽车集团股份有限公司	2008	汽车

（二）Brandz

表 1-5　2021 年 Brandz 中国百强品牌中的广州品牌

品牌名称	排名	公司名称	创办时间	经营范围
网易	30	网易公司	1997	媒体文化
恒大集团	41	恒大地产集团有限公司	1996	房地产
唯品会	67	唯品会控股有限责任公司	2008	零售
南方航空	68	中国南方航空股份有限公司	1991	航空
保利集团	69	保利发展控股集团股份有限公司	1992	房地产
欧派	86	欧派家居集团股份有限公司	1994	家居产品
大参林	89	大参林医药集团股份有限公司	1993	医药制造业

（三）GYbrand

表 1-6　2021 年 GYbrand 中国最具价值品牌榜前 500 名中的广州品牌

品牌名称	排名	公司名称	创办时间	经营范围
南方电网	21	中国南方电网有限责任公司	2004	能源
恒大集团	29	恒大地产集团有限公司	1996	房地产
网易	34	网易公司	1997	媒体文化
保利集团	43	保利发展控股集团股份有限公司	1992	房地产
唯品会	61	唯品会控股有限责任公司	2008	零售

（续上表）

品牌名称	排名	公司名称	创办时间	经营范围
广汽集团	67	广州汽车集团股份有限公司	2005	汽车整车
富力地产	76	广州富力地产股份有限公司	1994	房地产
广药集团	99	广州医药集团有限公司	1996	医药
广发银行	103	广发银行股份有限公司	1988	银行
雅居乐集团	121	雅居乐集团控股有限公司	1992	房地产
中国奥园	127	中国奥园集团股份有限公司	1996	房地产
欧派	156	欧派家居集团股份有限公司	1994	家居产品
合景泰富	161	合景泰富地产控股有限公司	1995	房地产
南方航空	187	中国南方航空股份有限公司	1991	航空
时代中国	199	时代中国控股有限公司	2007	房地产
越秀地产	209	越秀地产股份有限公司	1983	房地产
广发证券	230	广发证券股份有限公司	1991	银行
雪松控股	237	雪松控股集团	2015	综合类
广州银行	302	广州银行股份有限公司	1996	银行
立白	306	广州立白企业集团有限公司	1994	日化
大参林	374	大参林医药集团股份有限公司	1993	医药制造业
广州农商银行	378	广州农村商业银行股份有限公司	2009	银行
分众传媒	382	分众传媒信息技术股份有限公司	2003	广告媒体
三七互娱	387	芜湖三七互娱网络科技集团股份有限公司	1995	游戏
珠江啤酒	401	广州珠江啤酒集团有限公司	1985	啤酒
极飞	402	广州极飞科技股份有限公司	2007	科技
蓝月亮	403	蓝月亮集团控股有限公司	2007	日化
合生元	422	广州市合生元生物制品有限公司	1999	食品饮料
金域医学	425	广州金域医学检验集团股份有限公司	2006	医药
欢聚时代	431	欢聚集团	2005	媒体文化
小鹏汽车	433	广州橙行智动汽车科技有限公司	2014	汽车整车
达安基因	456	广州达安基因股份有限公司	1988	医学仪器

（四）Interbrand

表 1-7　2021 年 Interbrand 中国最具价值品牌榜前 50 名中的广州品牌

品牌名称	排名	公司名称	创办时间	经营范围
网易	37	网易公司	1997	媒体文化
唯品会	41	唯品会控股有限责任公司	2008	零售

（五）World Brand Lab

表 1-8　World Brand Lab 中国最具价值品牌榜前 500 名

品牌名称	排名	公司名称	创办时间	经营范围
南方电网	27	中国南方电网有限责任公司	2004	能源
南方航空	41	中国南方航空股份有限公司	1991	航空
南方日报	120	南方报业传媒集团	1949	传媒
广州日报	128	广州日报报业集团	1996	传媒
广东广播电台	144	广东省广播电视网络股份有限公司	1949	传媒
恒大集团	152	恒大地产集团有限公司	1997	房地产
南方都市报	154	南方报业传媒集团	1997	传媒
羊城晚报	158	广东羊城晚报数字媒体有限公司	1957	传媒
广发银行	186	广发银行股份有限公司	1988	银行
保利集团	196	保利发展控股集团股份有限公司	1992	地产
南方周末	208	广东南方数媒工场科技有限责任公司	1984	传媒
富力地产	212	广州富力地产股份有限公司	1994	房地产
白云山	238	广州白云山制药股份有限公司	1973	医药
广发证券	298	广发证券股份有限公司	1991	银行
易方达基金	306	易方达基金管理有限公司	2001	金融
穗宝	332	穗宝集团	1992	家居产品
索菲亚	343	索菲亚家居股份有限公司	2003	家居产品
欧派	350	欧派家居集团股份有限公司	1994	家居产品

（续上表）

品牌名称	排名	公司名称	创办时间	经营类型
合生元	362	广州市合生元生物制品有限公司	1999	食品饮料
广州酒家	409	广州酒家集团股份有限公司	1992	餐饮
珠江	422	广州珠江钢琴集团股份有限公司	1956	乐器
完美日记	477	广州逸仙电子商务有限公司	2017	日化

广州品牌的具体情况分析如下：

（1）大多数品牌是其公司旗下唯一品牌，如欧派、富力地产、南方电网等；少数品牌是公司旗下若干品牌之一，并不是公司唯一打造的品牌，如完美日记隶属广州逸仙电子商务有限公司旗下，传祺隶属广州汽车集团股份有限公司旗下。在上榜的广州企业中，大多数企业致力于打造单个品牌，但也有少部分企业同时创造和运营多个品牌。

（2）从品牌创立年份来看：大多数广州品牌创立的时间在2000年之前，广州老牌品牌较多，积累较为雄厚，但其中也有部分创立于2010年之后的新品牌，如雪松控股、完美日记、小鹏汽车等，进入榜单的广州新品牌的数量占比相对较少。

（3）从品牌行业分布范围来看：上榜品牌中有许多属于房地产、传媒、银行等传统行业，如恒大集团、南方日报、广发银行等。科技、互联网等高科技行业方面的上榜品牌数量较少，仅有网易、唯品会等出现在榜单中。

（4）从排名情况来看：广州缺少在全国品牌排行榜中排名顶尖的品牌，品牌的名次大都集中在100名之后。

不同榜单之间的纵向对比分析：

几份中国五百强榜单中大部分广州品牌相互重合，如富力地产、保利集团、欧派等，说明这些品牌在不同评估标准下，在品牌强度、品牌贡献、财务业绩等方面都表现出比较强劲的水平。

由于评判标准、品牌价值计算方式不同，不同榜单之间广州上榜品牌名、数量以及上榜品牌的排名并不完全一致。Brand Finance中出现较多的是财务表现较好的国有企业，如广州港、广州发展等；GYbrand中出现较多的是知名度较高的品牌，如三七互娱、蓝月亮等；World Brand Lab 中出现较多的是传播能力较强的品牌，如南方周末、羊城晚报、广东广播电视台等。

三、基于 2021 年 Brand Finance 中国最有价值品牌榜的北京、上海、广州、深圳品牌分析

北京作为国家首都，是全国政治中心、文化中心、国际交往中心和科技创新中心。北京是代表我们国家形象的一张重要名片，具有深厚的历史底蕴、独特的文化特征、丰富的经济资源和经济发展优势，承担着重要的历史使命。

上海位于苏浙两省交界、长江入海口，天然的深水港口使得上海在航运、商贸往来方面具有得天独厚的地理优势。以 1843 年开埠为起点，上海由一个江苏松江府边上的小城，成长为中国商业贸易最繁荣、金融资本投资最旺盛、文化传播力最强的城市之一。改革开放以来，中西文化的碰撞使得上海成为一座具有独特形象标签的都市。

深圳是一座改革开放之后迅速崛起的年轻城市，从全国各地而来的外来人员、雨后春笋般出现的大小企业使得深圳成为一座科技之城、创新之城。与其他一线城市相比，深圳的城市历史较短，拥有的主要是现代文化资源。

广州是一座千年商都，是秦汉以来的东方门户，书写了中国与西方交往的历史篇章。在清政府实行"一口通商"政策时，广州是唯一的外贸口岸，促进了中、西方贸易文化交流。改革开放时期，广州作为沿海开放城市和综合改革试验区的中心城市，得风气之先。在当今的历史节点上，广州仍然在我国对外开放事业当中发挥着不可替代的作用，与香港、澳门、深圳一起引领起粤港澳大湾区的建设发展。

对比其他三座城市，广州具有如下特点：与北京相比，广州更多地承担华南商业中心的角色，而非政治中心的角色。与上海相比，广州与上海都拥有较久的商业历史；但从地理特征上来看，广州的地理优势偏弱，广州海港集装箱吞吐量与上海有显著差距。与深圳相比，广州具有更浓厚的历史底蕴，以及独特的商业文化。北、上、广、深这些城市的不同点也对城市的本土品牌特征产生影响（见表 1-9）。

表1-9 2021年北京、上海、深圳、广州各行业中国最有价值品牌榜500强数量

（单位：家）

行业	北京	上海	深圳	广州
银行	16	10	4	3
媒体文化	14	3	1	4
工程建筑	11			
科技	9	2	11	3
房地产	4	1	3	5
零售	4	1		1
物流	4	5	1	2
保险	3	2	1	
汽车整车	3	5	5	1
石油燃气	3			
通信	3			
公共事业	2		1	1
公用事业	2			
航空航天和国防	2			
啤酒	2			
食品	2	1		
医药	2	2	2	1
采矿	1	1		
餐饮	1			
服饰	1	1		
航空	1	4	1	
化学化工	1			
旅游休闲	1		4	
汽车租赁	1			
商业服务	1	1	1	1
酒店		3		
机场		1		
非酒精饮品		1		

（续上表）

行业	北京	上海	深圳	广州
家居用品			1	1
美妆、日用品		3		
总计	94	47	36	23

数据来源：Brand Finance。

四、中国各大城市品牌水平对比

在各大品牌评估机构中，Brand Finance，GYbrand，World Brand Lab 都评选了中国最有价值的 500 个品牌，而 Interbrand 和 BrandZ 则是分别公布了前50 名、100 名的中国品牌名单。为了比较分析广州品牌与北京、上海、深圳品牌之间的差异，根据品牌评估机构的权威性，后文以 Brand Finance 公布的榜单为依据分析上述四大城市的品牌排名情况和行业分布情况。Brand Finance 中国五百强榜单中北京、上海、深圳和广州四大城市品牌排名分布情况如图1-3 所示。

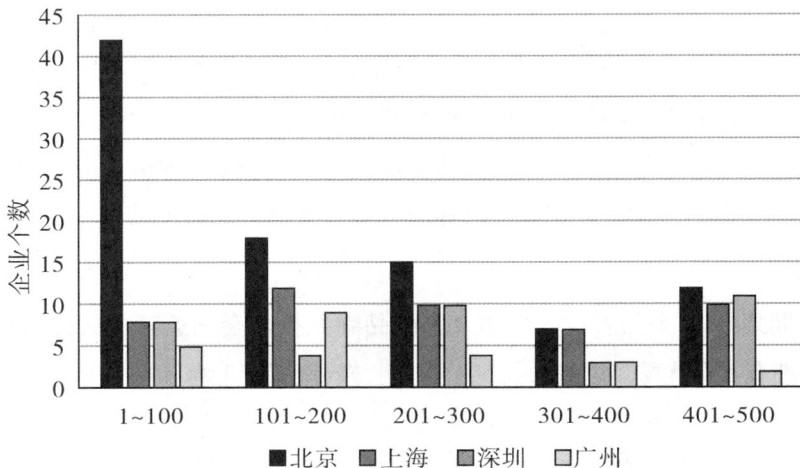

图1-3　北京、上海、深圳、广州品牌排名分布情况

（一）北京品牌

北京品牌在 Brand Finance 的中国榜单当中占比最高，共有 94 个品牌进入前 500 强，且排名集中在前部。在我国企业中，"三桶油"、四大行，以及通信、铁路等国家级企业历来都居于各类企业榜单前列，它们的注册地以及总部城市绝大部分是在首都北京。除了这类国家级企业之外，北京也有许多优秀的民营企业品牌进入 500 强的行列，且品牌排名处于靠前的位置，这些品牌大多属于与互联网科技相关的企业品牌，如京东、小米、百度、美团等。整体上看，北京的品牌实力是中国最强的。

从品牌分布结构来看，除了国有企业品牌之外，媒体文化、科技的品牌数量也较多。根据北京品牌具体排名情况分析，其中有不少品牌在榜单中的排名处于前列，包括 TikTok/抖音（第 24）、小米（第 45）、百度（第 53）、美团（第 55），说明北京互联网品牌发展势头较好，出现了众多相关行业当中的龙头品牌。

（二）上海品牌

共有 47 个上海品牌进入榜单，排名第二。从排名分布情况来看，上海品牌在不同排名段的分布较为均匀，说明上海品牌发展在结构上处于比较优良的状态。从品牌所处的具体行业来看，除了少部分的银行、航空等国有企业品牌之外，上海拥有众多优秀民营企业品牌，如拼多多、百雀羚、韵达快递等，上海在民营企业品牌的发展方面优势突出。

从分布结构来看，除了银行、航空之外，上海的品牌覆盖行业面更广，如酒店，服饰，美妆、日用品，商业服务等行业都有品牌上榜。

（三）深圳品牌

深圳共有 36 个品牌进入榜单，上榜品牌数排名全国第三。从排名结构来看，深圳有 6 个优秀品牌进入前 50 的行列，数量多于上海和广州，并且深圳出现众多在全国的品牌排名中名列前茅的民营企业品牌，其中腾讯居全国品牌第四名、华为居全国品牌第五名。深圳上榜的民营企业品牌无论是在盈利水平上还是在品牌认可度和影响力上，都处于行业中的领军位置。

从行业分布来看，深圳上榜品牌集中在科技类，数量达到 11 个，上榜品牌当中也有较多的汽车品牌。总体上看，深圳行业分布特征明显。

五、广州品牌与北、上、深品牌对比分析

（一）上榜数量对比

广州、深圳、北京、上海 500 强企业数量对比，如表 1 - 10 所示。

表 1 - 10　广州、深圳、北京、上海 500 强企业数量对比

（单位：家）

	Brand Finance	GYbrand	World Brand Lab
广州	23	32	22
深圳	36	46	21
北京	94	98	91
上海	47	57	42

注：在此仅对比三个公布中国 500 强品牌的机构的名单。

从榜单中各个品牌数量对比情况可知，广州品牌在几个城市当中上榜数量都较少，除了在 World Brand Lab 中与深圳基本持平之外，在其他两个榜单中品牌数量与其他三个城市相比都存在较大的差距。

（二）品牌实力对比

根据 Brand Finance 的各大城市品牌排名分布情况，广州品牌较少出现于榜单头部，品牌实力逊于北、上、深三个城市，排名前 100 的广州品牌有 5个，其他三个城市出现在前 100 名的品牌分别达到 42 个、8 个、8 个。

（三）品牌所属行业对比

在行业分布上，广州品牌主要集中于国有企业、房地产公司等非科技类行业，大多数品牌诞生年份较早，近 10 年随着互联网经济发展相关品牌排名有所提升，如网易、唯品会、虎牙直播等。北京排名靠前的品牌大部分是国有企业，但也有大批优秀的民营企业出现在榜单之中，如小米、京东、百度、新东方等，这些品牌知名度很高，且品牌实力雄厚。上海出现在榜单中的品牌，涵盖了日化用品、食品、医药等行业，优秀品牌行业分布广。深圳品牌

的行业分布则体现出较强的科技性，上榜品牌中科技型品牌数量最多，中国众多科技领域的优秀品牌如腾讯、华为、大疆等都来自深圳。

第三节　广州企业品牌发展的优势与不足

一、广州企业品牌发展的优势

（一）品牌推广机会丰富

品牌建设很重要的一方面是品牌推广。广州作为世界一级城市和国际都市，本土品牌拥有更多提升国际知名度的机会。广州独特的地理条件、承办的各类国际交流活动等都是广州品牌推广的优势所在。

首先，广州地处粤港澳大湾区的关键位置，毗邻港澳。香港和澳门曾分别被英国与葡萄牙占领，如今也是国际知名的金融中心和一线城市，在港澳两地设立的外资企业数量众多，并且多次举行国际交流活动。广州与这两个国际性城市加强合作，能够加深外国消费者对广州品牌的印象，促进广州品牌的推广。例如，广药集团在澳门成立了国际总部，借助与粤港澳大湾区在医药领域的合作，加快广药集团国际化布局进程，助力提升自己的国际知名度。

其次，广州多次承办国际交流活动，国际活动的承办也有利于广州品牌的推广。广交会、2017年《财富》全球论坛、2016年世界经济论坛商业圆桌会议、2018年世界航线发展大会等全球高端国家会议，以及家具博览会、国际服装节、汽车博览会等商业活动，都是全球重要的国际交往舞台。例如，广药集团通过《财富》全球论坛、博鳌亚洲论坛等国际会议，成功深化与世界500强企业在市场拓展方面的合作，在"走出去"上更进一步。

（二）政府对科技研发的支持力度大

品牌价值很大一部分取决于品质，而品质在很大程度上又取决于科技含量，因此，品牌建设需要创新驱动、深度融智。广州政府对创新科技的重视度和支持度都排在全国城市前列。政府对企业品牌科技研发的支持包括了内部支持和外部支持两个层面。

在内部支持方面，广州政府直接为企业品牌的科技研发提供金融支持。广州市统计局在 2020 年发布的数据显示，2019 年，广州全社会研究与试验发展经费（R&D）支出达 677.74 亿元，2016—2019 年年均增长 15.6%；全社会研发投入（R&D）占地区生产总值比重（即研发投入强度）由 2.1% 提高到 2.87%，增幅居国内主要城市首位，研发投入总量居全国第四。同时，广州正在着力落实好企业研发费用加计扣除等税收优惠政策。广州政府的资金支持和相关税收优惠政策能够有效引导企业品牌增加研发支出，促进企业品牌创新活动开展和科技成果产出。

在外部支持方面，广州积极"优化外围"，多将财政资金用于优化构建科技园区、搭建平台等，利用本地众多企业与科研院所之间天然的科技成果转化供需关系，让科技创新链发轫、延伸和发挥功能，间接提高广州企业品牌的科技含量。广州南端南沙科学城，北侧中新广州知识城正在建设当中，在这两大极点之间，同样聚集了大量国际一流的人才资源、科技基础设施、高等院校、科研机构和科技型企业。这些科技园区将使得专注于生产过程而非研发过程的中小型企业可以购买到更有科技创新含量的核心技术，提高自身产品质量，从而提高品牌价值。

（三）广州非遗文化活力强

广州作为历史悠久的千年商都，本身具有独特的文化属性，具有深厚的国民基础，利用非遗元素的广州品牌，在提高品牌辨识度、加强品牌亲和力方面相较其他品牌更具有优势。

一方面，广州企业品牌能够利用非遗元素打造区别于其他品牌的标识性商品，丰富品牌的文化价值，在品牌的核心效用之外赋予品牌独特的内涵，使品牌具有不可替代性，在市场上独树一帜。

另一方面，广州品牌可以利用广州非遗文化的群众基础，建立与消费者的情感联系。非遗文化经历了漫长的历史考验，直至今日仍然受到国家的传承与保护，在大众心中享有无可撼动的地位，拥有非常深厚的国民基础。企业将非遗元素加入自己的品牌，更可以获得国人的关注，有利于企业增强国民亲和力，从国内走向国际，获得消费者的青睐与认可。

（四）品牌建设意识和经验积淀丰富

在改革开放初期，大量外资企业在广州投资建厂，这使得广州品牌有初步的积淀和初具雏形的运营体系，因此具有先于其他地区的品牌建设意识和更加丰富的品牌建设经验。

在品牌建设意识方面，我国绝大部分企业对品牌建设的重视相比国外而言相对落后，品牌意识严重不足，近些年来，才开始有了一定的品牌建设计划；而在早期企业落户培养的人才的推动下，广州企业能够更早地具备品牌意识，更容易地察觉到市场动向，寻求市场差异化的产品，建立自己独特的品牌。因此，广州在品牌打造方面上占有先机。

在品牌建设经验方面，广州本地孕育孵化了许多知名的企业品牌，同时也有许多国内外大企业的重要分部入驻。这种特殊的经历，使得许多广州企业家、创始人接受过企业的专业培训，对品牌建设过程有一定了解，掌握了现代化的企业品牌管理方式，积累了早期品牌建设的经验，为广州本土品牌的崛起奠定了基础。

二、广州企业品牌发展的不足

（一）百强企业数量有限，缺乏大品牌、大资本

根据过硬研究院的数据，广州百强企业中互联网企业仅有 5 家，分别是网易、虎牙、酷狗、欢聚时代、浩云长盛，缺乏像阿里巴巴、百度、京东那样具有极大影响力的龙头互联网企业，无法获得龙头企业带来的技术、管理外溢效益。此外，广州企业品牌发展建设过程中缺乏庞大且活跃的资本市场。截至 2020 年，广州市创业投资机构数量为 134 家，与北京 1 433 家、上海 959 家、深圳 583 家相比仍有较大差距，广州相对缺乏企业发展所需要的庞大且活跃的资本市场。

（二）广州中小企业品牌发展意识不足，品牌管理能力有限

从广州企业品牌的行业分布来看，广州企业多分布于批发和零售业、租

赁和商务服务业、科学研究和技术服务业、住宿和餐饮业、制造业等。这些行业中的中小企业由于缺乏品牌发展的意识，使得企业生产出来的产品缺乏品牌知名度，同时品牌价值有限、在市场中的品牌竞争力也有限。由于产品同质化严重，许多企业生存已经面临一定的挑战，为了支付工人工资、生产成本等，他们不得不低价出售现有产品，这也逐步导致企业加入市场价格战，以至于企业利润越来越稀薄，缺乏坚实的经济基础来进行品牌建设和维护。

（三）新政策出台，广州龙头行业企业品牌受较大冲击

目前而言，广州百强品牌中，占比最大的行业仍是房地产（11/100），然而，近两年受政策及宏观环境影响，房地产行业整体处于下行阶段。除了影响资本市场投资输入外，销售市场也因为政策的转变而放缓，购房政策变化，消费者购买信心和热情下降。国家统计局数据显示，2022 年 2 月全国房地产开发投资实际到位资金为 87 474 亿元，合计累计增长为 −4.9%。在此宏观背景的影响下，广州房地产行业的发展亦受阻。此外，在国家管控房地产行业发展的总基调下，广州的购房政策常有变动，且各区政策有所不同，房地产行业发展不稳定。如 2021 年，增城和从化区对于持有广州户籍的单身（成年）人士实行不限购的政策，而中心五区（越秀、荔湾、海珠、天河、番禺）则采取限购 1 套的政策。对消费者而言，不稳定的政策使购房决策需投入的时间成本增加，需花费更多时间来预测其走向，加之房屋升值并不乐观的前景，相较于购房，更多人在短期内会选择租房。这对广州房地产行业的发展无疑是一大打击。

（四）疫情冲击，餐饮行业企业品牌发展面临严峻挑战

作为核心人口流动区，新冠肺炎疫情的出现及变化给广州各行各业品牌发展带来了严峻的挑战。餐饮业是受此次疫情冲击最大的行业之一，年夜饭被大范围取消、商场人流急剧下降、堂食服务被叫停等。危机之下，广州餐饮人通过关闭门店、转型外卖等方式，以求最大可能性地减少损失。广东省餐饮服务行业协会发布的《广东餐饮企业受疫情影响调查问卷》调查分析显示，春节期间 30% 的持续营业的餐饮企业同比营收下降五成以上，其中 30% 的餐饮企业收入几乎为零；参与调查的正餐类企业宴席同比减收达 2 亿元之多。

第四节　广州市促进品牌建设的政策扶持情况

一、制定《加强品牌建设十三条措施》

2021 年广州市市场监管局制定《加强品牌建设十三条措施》，以推动广州产品向广州品牌转变，提升广州品牌竞争力、影响力，促进经济社会持续发展。

《加强品牌建设十三条措施》的内容包括：①广州市市场监管局将加强各单位的沟通与合作，建立品牌建设协同联动机制；②进一步强化"政产学研检用六方联合"的产品质量国际比对提升机制，开展重点产品质量比对提升，提升广州品牌竞争力；③修订《广州市市长质量奖管理办法》，更好发挥市长质量奖的引导和激励作用，积极争创中国质量奖、省政府质量奖，催生更多的知名品牌；④健全知识产权运营服务体系，支持企业利用品牌资产质押融资；⑤加强对商标、专利的政策支持；⑥实施专利和商标维权资助，降低企业维权成本；⑦充分发挥"国家商标品牌创新创业（广州）基地"作用，支持广州市企业参加全国性、国际性商标品牌活动，助力广州品牌提速发展；⑧强化产品质量监管，推进产品质量安全"问诊治病"工作，严守质量安全底线，夯实品牌建设基础；⑨要大力扶持网络直播行业健康发展，推动老字号品牌提升线上营销能力；⑩组织各成员单位依法严厉打击侵犯知识产权和制售假冒伪劣商品的违法行为，保护企业知识产权，营造公平竞争市场环境；⑪建立广州市获质量奖企业、驰名商标企业重点保护名录，强化行政执法与刑事司法衔接；⑫严厉打击"傍名牌""傍字号"违法行为，完善企业名称自主申报禁限用字词库，把驰名商标、知名企业名称纳入库中，在企业名称申报过程中予以保护；⑬举办"广州国际品牌节"，推动"伦敦奖"等国际奖项落户广州，借助中国进出口商品交易会、中国品牌日、全国质量月等活动，宣传推介广州品牌，讲好广州品牌故事。

二、广州国际品牌节

举办广州国际品牌节，借助中国进出口商品交易会、中国品牌日、全国质量月等活动，宣传推介广州品牌，讲好广州品牌故事。广州国际品牌节为广州城市品牌和商业品牌搭建一个线上线下的展示与服务平台，通过汇集国际品牌资源、服务城市品牌建设、赋能企业品牌发展、推动行业人才培养等方式，助力优质企业资源向广州聚集，推动中国品牌的国际化进程。

据广州市市场监管局党组书记谭曼青介绍，近年来，广州市以创新举措激发品牌新活力，打造了一批知名度高、竞争力强、影响力大的广州品牌，全市拥有 140 个中国驰名商标，3 家企业获中国质量奖提名奖，8 家企业获广东省政府质量奖，18 家企业获广州市市长质量奖，13 家企业通过"湾区制造"评定，28 家企业参加云上 2020 中国品牌日活动，以及成立广州品牌建设专家智库助力品牌建设，推动广州经济高质量发展。

三、广州市质量月活动

2021 年 9 月 8 日，以"打造广州品牌 建设质量强市"为主题的广州市质量月活动启动，启动仪式现场发布广州市"百年·百品"质量品牌，展示了近年来广州质量提升和品牌建设的工作成果。品牌评选历时 3 个月，有近 400 家品牌企业参与，涵盖服务、制造、建筑和农业等行业，最终推选出 100 家具有广泛代表性，在全市全省全国乃至全球具有影响力的品牌企业（见表 1 – 11）。

表 1 – 11　广州"百年·百品"质量品牌

排名	公司名	排名	公司名
1	广汽乘用车有限公司	51	广州达安基因股份有限公司
2	广州珠江啤酒集团有限公司	52	广州粤华物业有限公司
3	广东燕塘乳业股份有限公司	53	广州市宝芝林大药房连锁有限公司
4	广州风行乳业股份有限公司	54	广州市高速公路有限公司
5	广州长隆集团有限公司	55	广州市朗声图书有限公司
6	欧派家居集团股份有限公司	56	中国电器科学研究院股份有限公司

（续上表）

排名	公司名	排名	公司名
7	广州市建筑集团有限公司	57	南海渔村集团有限公司
8	广州广电计量检测股份有限公司	58	广州逸仙电子商务有限公司
9	广州花园酒店有限公司	59	广州市锦泉眼镜有限公司
10	索菲亚家居股份有限公司	60	拓普基因科技（广州）有限责任公司
11	中船黄埔文冲船舶有限公司	61	广州酒家集团股份有限公司
12	广州友谊集团有限公司	62	中国大酒店
13	广州白云山陈李济药厂有限公司	63	广州羊城通有限公司
14	广州皇上皇集团股份有限公司	64	广州医药集团有限公司
15	广州市市政集团有限公司	65	粤旺农业集团有限公司
16	广州珠江实业集团有限公司	66	广州白云电器设备股份有限公司
17	广州虎牙信息科技有限公司	67	广州市白云化工实业有限公司
18	广州白云国际会议中心	68	广州香满楼乳业有限公司
19	广州市锐丰音响科技股份有限公司	69	广州市明道文化科技集团股份有限公司
20	广州珠江电缆有限公司	70	广东固生堂中医养生健康科技股份有限公司
21	广州南洋电缆集团有限公司	71	快尚时装（广州）有限公司
22	广州薇美姿实业有限公司	72	广州陶陶居有限公司
23	广州市广百股份有限公司	73	广州广电运通金融电子股份有限公司
24	广州立白企业集团有限公司	74	广州广日电梯工业有限公司
25	广州珠江钢琴集团股份有限公司	75	广州白云山潘高寿药业股份有限公司
26	金发科技股份有限公司	76	广东咏声动漫股份有限公司
27	广州数控设备有限公司	77	万力轮胎股份有限公司
28	名创优品（广州）有限责任公司	78	广州市格风服饰有限公司
29	广州市常春藤家居用品有限公司	79	广州塔旅游文化发展股份有限公司
30	广州白云山奇星药业有限公司	80	广州广之旅国际旅行社股份有限公司
31	广东南缆电缆有限公司	81	广州酒家集团利口福食品有限公司
32	广东冠粤路桥有限公司	82	广州岭南集团控股股份有限公司东方宾馆分公司

（续上表）

排名	公司名	排名	公司名
33	广东亚洲国际大酒店	83	广州小鹏汽车科技有限公司
34	汉森伯盛国际设计集团	84	广州王老吉大健康产业有限公司
35	广州地铁集团有限公司	85	广州致美斋食品有限公司
36	广州环亚化妆品科技有限公司	86	广州市昊志机电股份有限公司
37	广州市设计院集团有限公司	87	广东好太太科技集团股份有限公司
38	广州市浩洋电子股份有限公司	88	广州天赐高新材料股份有限公司
39	广州市珠江灯光科技有限公司	89	佳都科技集团股份有限公司
40	广州番禺巨大汽车音响设备有限公司	90	广州鹰金钱食品集团有限公司
41	广州质量监督检测研究院	91	广州双桥股份有限公司
42	广铝集团有限公司	92	广东芬尼克兹节能设备有限公司
43	广东温泉宾馆有限公司	93	广东海大集团股份有限公司
44	广州购书中心有限公司	94	广州达意隆包装机械股份有限公司
45	广州阿道夫个人护理用品有限公司	95	广州市江丰实业股份有限公司
46	广州东升农场有限公司	96	京信通信技术（广州）有限公司
47	广州同欣体育股份有限公司	97	广州万孚生物技术股份有限公司
48	广州金域医学检验集团股份有限公司	98	广州视源电子科技股份有限公司
49	广东粤海天河城商业有限公司	99	鸿利智汇集团股份有限公司
50	广州酷狗计算机科技有限公司	100	广州市宝生园股份有限公司

四、广州品牌建设行动计划

广州品牌建设行动计划是由广州市质量强市工作领导小组办公室在2020年策划并实施，以大力推动广州品牌高质量发展为目的的广州品牌建设工程。通过"政府搭台、企业唱戏、多方助力"三驱联动模式，积极为广州品牌亮嗓发声，聚力赋能广州品牌发展。

　　广州作为千年商都，随着时代的变迁，社会思潮的变化，广州品牌发展也面临不平衡局面，近半数消费者认为广州老品牌知名度不如从前。品牌如何实现年轻化并占据年轻市场，成为企业持续发展的关键。

　　该计划旨在深入贯彻落实习近平总书记提出的"三个转变"的指导方针，推动实施品牌战略，形成广州品牌建设长效机制，打造广州"国际品牌之都"的城市形象。广州品牌建设行动计划严格按照"政府搭台、企业唱戏、多方助力"三驱联动模式，以"成立广州品牌建设专家智库""整合媒体矩阵宣传广州优秀品牌""举办'品牌大家谈'"三大工作为抓手，加强广州品牌宣传，全面开展广州品牌、广州城市品牌双提升工作。

五、政策支持孵化网红品牌

　　广州市商务局出台《广州市直播电商发展行动方案（2020—2022 年）》从五个方面提出 16 条政策措施，大力发展直播电商，助力广州加快推进国际商贸中心建设，将广州打造成为全国著名的直播电商之都。

　　《广州市直播电商发展行动方案（2020—2022 年）》包括：

　　（1）加强直播电商顶层设计：建立直播电商行业智库，并定期发布行业分析报告，为政府决策引导、企业经营发展提供指导。

　　（2）打造直播电商产业集群：培育一批直播电商基地，推动直播电商产业快速发展；做大做强直播电商主体，综合利用广州市产业政策优惠、供应链完备等优势资源，着力引进一批头部网红、头部直播电商机构、MCN 机构在广州市集聚发展。

　　（3）推动直播电商在商贸领域的应用：推动直播电商赋能专业批发市场，启动专业市场直播电商全平台、全产业链的战略合作，打造产业链品牌 IP 化，实现线上线下商贸的全面繁荣；加快直播电商在扶贫领域的应用，通过直播电商引流带货，带动贫困地区增产增收；鼓励直播电商与"夜经济"融合发展：利用广州夜间经济传统优势，发挥直播电商"带货"神器功能，为广州夜间消费注入新动能；鼓励直播电商促进传统商贸领域转型升级，充分发挥直播电商全天候带货特点，引导商场最大限度利用品牌货和线下店两大资源，开拓"线下打烊、线上开播"新运营模式；探索多元化直播电商应用场景，发展"线上引流＋实体消费"的新模式。

（4）构建直播电商人才支撑体系：开展公益普及性培训；组织新人主播培养；扶持培育网红达人，力争培养一批头部网红。

（5）营造直播电商发展良好氛围：建立直播电商"诚信规范经营"认证机制；组织直播电商发展高峰论坛；举办直播电商带货大赛。

第二章　广州企业品牌价值评估：
广州上市企业品牌价值 100 强

第一节　品牌价值评估的分析方法

一、Interbrand 品牌价值评估方法

Interbrand 成立于 1974 年，是全球最大的综合性品牌咨询公司，致力于为全球大型品牌客户提供全方位一站式的品牌咨询服务。Interbrand 作为全球广告、营销和公司传播领域领导先驱——宏盟集团（Omnicom Group）的成员企业，拥有覆盖全球的资源网络，迄今已在 28 个国家设有 42 个办事处。

1988 年 Interbrand 在行业内率先开创了品牌价值研究。作为第一个通过 ISO10668 国际认证的品牌价值评估体系（概述了品牌货币估值的要求），Interbrand 的整个分析方法论被业界公认为是具有特殊战略管理价值的工具。Interbrand 在 2008 年第一次发布"最佳中国品牌价值排行榜"（每年 5 月份左右发布），该榜每年评选 50 个中国最佳品牌。

Interbrand 如何定义最佳全球品牌？一个品牌要被列入最佳全球品牌，必须是真正的全球性品牌，并成功超越了地理和文化界限。具体来说要求：第一，至少 30% 的收入来自品牌所在地区以外的地区；第二，该品牌必须在亚洲、欧洲和北美具有重要影响力，并在新兴市场具有地理覆盖范围；第三，必须有足够的关于品牌财务业绩的公开数据；第四，从长远来看，经济利润

必须是正的，提供高于品牌资本成本的回报；第五，该品牌必须在世界主要经济体中具有公众形象和足够的知名度；第六，品牌的"品牌强度得分"必须等于或高于50。Interbrand定义的最佳全球品牌，真正业务覆盖全球、财务数据公开透明、长期盈利持续增长、直接面向消费者，这也就解释了为什么那么多进入《财富》世界500强的中国巨头公司，被排除在了该榜单之外。

Interbrand以未来收益为基础评估品牌资产。评估主要通过三个关键维度：品牌化产品和服务的财务业绩、购买决策过程中的品牌作用力、品牌所拥有的贡献于未来收益的品牌强度。

品牌化产品和服务的财务业绩。品牌的财务表现衡量了组织投资者的整体财务回报或经济利润。Interbrand采用经济附加值（Economic Value Added，EVA）的概念来分析经济利润，即经济利润是品牌的税后营业利润减去用于产生品牌收入和利润的资本费用。

购买决策过程中的品牌作用力。品牌作用力衡量的是与其他因素（例如，价格、便利性或产品功能等购买驱动因素）不同的品牌购买决定部分。品牌作用力指数（Role of Brand Index，RBI）将作用力量化为百分比。品牌作用力基于不同行业的不同品牌对顾客购买决策的差异性影响进行分析，多维度评估品牌对无形资产收益的贡献率。确定品牌作用力指标时，要参考行业的历史数据，并进行交叉检验。

品牌所拥有的贡献于未来收益的品牌强度。品牌强度是衡量品牌为其所有者带来的长期收益的能力。品牌作用力通过10个关键指标来衡量（见表2-1），分别是内部因素中的品牌清晰度、品牌承诺（内部重视程度）、品牌管控、品牌响应，以及外部因素中的品牌真实性、品牌相关性、品牌差异性、品牌一致性、品牌存在感和品牌参与度。对这些维度的评估是相对于同行业中其他品牌进行的，通过这种分析，可以洞察品牌的优势和劣势，判断某个品牌在哪些方面最具品牌实力。

表 2-1 品牌作用力 10 个关键指标

指标	内涵
品牌清晰度	品牌价值观、品牌定位和品牌主张是否得到明确阐述，便于消费者迅速了解
品牌承诺	品牌在组织决策层面的高度，在运作时间、获得关注和投资方面的支持程度
品牌管控	品牌在各层面获得保护的程度，包括法律保护、专利成分和设计、制式、品牌地理分布、企业社会责任等
品牌响应	品牌的领导意识，与自我发展相伴的、应对变化的和主动创造新机会的能力
品牌真实性	品牌是否基于产品的实际能力，传达了明确的理念、良好的价值观，可以满足消费者的期望
品牌相关性	品牌在各类人群、各个地理区域中满足客户/消费者需求和期望的程度
品牌差异性	客户/消费者感知的品牌定位与竞争性品牌定位之间的区分度
品牌一致性	品牌在各个渠道或各种传播方式上进行一致的品牌形象、理念传播的程度
品牌存在感	相关受众对品牌的感觉无所不在，积极谈论品牌，并且当客户对该品牌的类别有需求时很容易回忆起该品牌的程度
品牌参与度	品牌有能力吸引客户和合作伙伴、创造对话感并鼓励参与和协作的程度

资料来源：Interbrand 官网。

二、BrandZ 品牌价值评估方法[①]

BrandZ 创建于 1998 年，属于英国 WPP（全球最大的传播集团）下的凯度华通明略的品牌研究项目，并从 2006 年开始每年发布"BrandZ 最具价值全

———————

① 本节资料来源于 BrandZ 官网。

球品牌 100 强"。

BrandZ 的研究对象是那些已经融入消费者日常生活之中的品牌。调研涵盖 400 万名消费者，50 个市场的 512 个类别的 18 000 个品牌。这项品牌估值研究采用了业内独有的调查方法，将企业的财务市场数据和一线调研数据相结合，综合考虑品牌的财务表现（根据凯度消费者指数和彭博的数据）以及根据消费者研究获得的品牌贡献值（Brand Contribution Index）。BrandZ 的估值方法是通过使用消费者的观点来评估品牌价值，在全球范围内进行持续的、深入的消费者定量研究，并在不同类别和不同市场的基础上评估品牌的全球形象。

BrandZ 的估值结合了两个重要因素：财务价值和品牌贡献。

财务价值是指考虑当前和预期的业绩，母公司的总价值中可以归因于该品牌的比例；品牌贡献是指量化由品牌资产直接驱动的财务价值的比例。即基于消费者感知，品牌通过引导消费者选择品牌而不是其他品牌或为它支付更多的钱，来为公司创造价值。品牌贡献代表着消费者选择某一特定品牌的倾向，以及确定品牌资产在品牌创造的利润中贡献的份额。

第一步，计算财务价值。首先，确定企业利润中有多少是来自该品牌的。然后，通过使用来自同一来源的其他财务数据，计算并应用一个被称为无形比率的指标。其次，需要确定上一步中的无形资产收益中直接归属于特定品牌的收益比例。为此，采用确定的无形收益并应用归因率（Attribution Rate），即将母公司无形收益的一部分归因到想要评价的品牌上。最后是考虑该品牌的预期收益，它衡量的是该品牌在未来产生盈利的能力，并需要计算最后一个指数——品牌乘数。财务价值公式如下：

财务价值 = 归属于特定品牌的企业收益 × 品牌乘数

第二步，计算品牌贡献。上一步计算的企业的品牌利润只有一部分来自品牌资产，即品牌贡献。品牌可以通过 3 种方式影响消费者行为并为企业贡献价值：当前的需求，即品牌可以影响消费者在当前选择它而不是其他品牌，从而为企业增加销量；价格溢价，即品牌可以影响消费者，使消费者愿意为其支付比其他品牌更高的价格，从而产生价值份额和利润；未来的需求和价格，即品牌可以影响消费者，使其在未来更多地购买该品牌或在未来第一次购买该品牌所需的价格增长量和价值份额。

第三步，计算品牌价值。计算公式如下：

品牌价值 ＝ 财务价值×品牌贡献（以财务价值的百分比呈现）

三、World Brand Lab 品牌价值评估方法

World Brand Lab 是一家国际化、专业性的品牌研究机构，总部在美国纽约。World Brand Lab 每年发布"中国 500 最具价值品牌""亚洲品牌 500 强"和"世界品牌 500 强"系列榜单，其研究成果已经成为许多企业并购过程中评估无形资产的重要依据。作为全球领先的品牌评估机构，World Brand Lab 独创的评估方法"品牌附加值"（BVA）评估模型得到企业界和金融界的普遍认可。

World Brand Lad 连续五年发布的"世界品牌 500 强"（The World's 500 Most Influential Brands）排行榜的评判依据是品牌影响力（Brand Influence）。品牌影响力是指品牌开拓市场、占领市场并获得利润的能力。World Brand Lab 按照品牌影响力的 3 项关键指标：市场占有率（Share of Market）、品牌忠诚度（Brand Loyalty）和全球领导力（Global Leadership）对世界级品牌进行了评分，1 分表示一般，5 分表示极强。

目前国际上通用的品牌价值评估方法主要有成本价格法、市场价值法、收入计算法、经济适用法等，World Brand Lab 经过 16 年研究与品牌测评，自 2019 年起采用调整后的收益现值法对品牌价值进行测评。收益现值法基于经济适用法，综合了消费者研究、竞争分析以及对企业未来收入的预测。这种计算方法充分考虑了企业品牌自身的经营状况（包括营业收入、增长率等）和品牌为企业带来的收益（品牌附加值指数以及品牌强度系数）。

品牌价值评估流程：

第一步，数据收集研究和市场分析研究，做出相关市场假设。

第二步，通过 BVA 工具箱分析得到 *BI*（品牌附加值指数），剔除与品牌因素无关的收益额。BVA 反映品牌对购买决策的重要性。此处 BVA 比率将由专业品牌评审团根据过去 5 年专利、版权或品牌相关收益额进行汇总分析后，结合行业特征与品牌联想度、品牌忠诚度、品牌认知度等因素综合得出。

第三步，相关财务预测分析。基于历史收益增长率，通过包括当年在内的公司前三年营业收益预测未来五年营业收益。若公司成立年份不足 3 年，则适当调整。

第四步，计算品牌加权平均资本成本。以影响公司品牌的各个项目，包括普通股、优先股、公司债及其他长期负债各自的资金成本或要求回报率为基础，对其权重加权得出品牌折现率。

第五步，根据 7 大维度计算品牌强度系数（见表 2 - 2）。

第六步，将品牌强度系数与折现后的收益相乘。

品牌价值计算公式：

$$BV = E \times BI \times S$$

E 为调整后的年业务收益额。是通过对包括当年在内的公司前三年的营业收益、未来五年营业收益的预测做出合理化分析，得出的持续经营年业务收益。

BI 为品牌附加值指数。运用"BVA 工具箱"计算出品牌对目前收入的贡献程度，表现为品牌附加值占业务收益的比例，这其中包含了对品牌附加值在经济附加值中的比例的计算。考虑到行业以及市场经济发展的特点，World Brand Lab 提出了品牌强度系数的 7 个维度：品牌领导力、品牌互动力、品牌趋势、品牌稳定性、品牌年龄、品牌行业性质和品牌全球化。

S 为品牌强度系数。

表 2 - 2　品牌强度系数维度表

项目	分数	定义	子项目	分数
品牌领导力	20	该品牌在所在行业的领导地位	品牌市场份额	20
品牌互动力	20	该品牌在社交媒体上的活跃度，包含粉丝数、与粉丝的互动量等因素	社交媒体活跃程度	10
			消费者沟通	5
			品牌活动	5
品牌趋势	20	该品牌在未来的发展趋势	财务趋势	10
			关键词热度趋势	10

（续上表）

项目	分数	定义	子项目	分数
品牌稳定性	15	品牌在近几年发展的稳定程度	客户满意度	10
			品牌履行社会责任	5
品牌年龄	10	品牌从创始至今的年份	成立年份	10
品牌行业性质	5	该品牌所在行业门槛高低	同行业对比	5
品牌全球化	10	品牌的全球化程度	国内外收入占比等	10

资料来源：World Brand Lab 中文官网。

四、本书品牌价值评估方法

结合上述主流的品牌价值计算方法，本书采用的品牌价值评估公式如下：

$$BV = E \times BS$$

E 为品牌资产强度。在评估品牌价值时，财务表现是很重要的一项指标。品牌资产强度的计算以财务数据为基础，品牌资产剔除了各项非品牌因素的资产价值，得出品牌自身的无形资产强度。

BS 为品牌强度。确定品牌强度的过程是一个品牌资产量化的过程，也是品牌评估的难点。考虑到行业以及市场经济发展的特点，本书结合成熟的品牌价值评估机构的方法提出了品牌强度系数的 4 个维度：品牌年龄、品牌收益、品牌市场强度、品牌科技创新。品牌年龄指品牌成立至今的年份。品牌收益同样参考其他成熟的品牌价值评价体系的做法，以财务数据为基础，销售业绩剔除了各项成本和非品牌因素带来的利润，得出品牌自身带来的收益。品牌市场强度是指企业在品牌建设中投入的费用，在本书中指销售费用。品牌科技创新是衡量企业创新能力的重要指标，本书以企查查的科技创新总含量为指标计算企业的科技创新能力，其包含了企业的商标以及专利申请数量。

第二节　2021 年广州上市企业品牌价值 100 强榜单

"2021 年广州上市企业品牌价值 100 强"全面统计了注册地在广州市的 A 股上市公司，品牌价值共计 3 579.30 亿元。

2021 年广州上市企业品牌价值 100 强榜单见表 2-3。

表 2-3　2021 年广州上市企业品牌价值 100 强榜单

证券代码	证券简称	公司名称	所在区	上市板	行业名称	品牌年龄	品牌价值（亿元）	排名
600048	保利集团	保利发展控股集团股份有限公司	海珠区	主板	房地产开发与经营业	18	398.29	1
600029	南方航空	中国南方航空股份有限公司	黄埔区	主板	航空运输业	25	349.41	2
600332	白云山	广州白云山医药集团股份有限公司	荔湾区	主板	医药制造业	23	298.37	3
601238	广汽集团	广州汽车集团股份有限公司	越秀区	主板	交通运输设备制造业	15	231.13	4
603233	大参林	大参林医药集团股份有限公司	荔湾区	主板	零售业	21	202.75	5
002027	分众传媒	分众传媒信息技术股份有限公司	黄埔区	中小企业板	计算机及相关设备制造业	19	135.69	6

（续上表）

证券代码	证券简称	公司名称	所在区	上市板	行业名称	品牌年龄	品牌价值（亿元）	排名
300616	尚品宅配	广州尚品宅配家居股份有限公司	天河区	创业板	家具制造业	16	96.07	7
603833	欧派	欧派家居集团股份有限公司	白云区	主板	家具制造业	26	74.50	8
603882	金域医学	广州金域医学检验集团股份有限公司	黄埔区	主板	卫生	14	61.03	9
002841	视源股份	广州视源电子科技股份有限公司	黄埔区	中小企业板	计算机、通信和其他电子设备制造业	15	57.61	10
300723	一品红	一品红药业股份有限公司	黄埔区	创业板	医药制造业	18	54.86	11
601900	南方传媒	南方出版传媒股份有限公司	越秀区	主板	新闻和出版业	11	46.20	12
002572	索菲亚	索菲亚家居股份有限公司	增城区	中小企业板	家具制造业	17	43.08	13
002461	珠江啤酒	广州珠江啤酒股份有限公司	海珠区	中小企业板	饮料制造业	18	42.25	14
300482	万孚生物	广州万孚生物技术股份有限公司	黄埔区	创业板	医药制造业	28	41.94	15
603608	天创时尚	天创时尚股份有限公司	南沙区	主板	皮革、毛皮、羽毛及其制品和制鞋业	16	41.12	16

（续上表）

证券代码	证券简称	公司名称	所在区	上市板	行业名称	品牌年龄	品牌价值（亿元）	排名
002030	达安基因	中山大学达安基因股份有限公司	黄埔区	中小企业板	生物制品业	19	37.94	17
600143	金发科技	金发科技股份有限公司	黄埔区	主板	塑料制造业	19	35.95	18
002152	广电运通	广州广电运通金融电子股份有限公司	黄埔区	中小企业板	专用设备制造业	15	33.87	19
002832	比音勒芬	比音勒芬服饰股份有限公司	番禺区	中小企业板	纺织服装、服饰业	17	28.44	20
688128	中国电研	中国电器科学研究院股份有限公司	海珠区	科创板	专业技术服务业	33	26.14	21
002187	广百股份	广州市广百股份有限公司	越秀区	中小企业板	零售业	18	25.81	22
603043	广州酒家	广州酒家集团股份有限公司	荔湾区	主板	食品制造业	28	25.35	23
000524	岭南控股	广州岭南集团控股股份有限公司	越秀区	主板	旅馆业	27	24.22	24
600393	粤泰股份	广州粤泰集团股份有限公司	越秀区	主板	房地产开发与经营业	32	23.90	25
002544	杰赛科技	广州杰赛科技股份有限公司	花都区	中小企业板	通信服务业	26	23.13	26
000523	广州浪奇	广州市浪奇实业股份有限公司	天河区	主板	化学原料及化学制品制造业	27	22.84	27

（续上表）

证券代码	证券简称	公司名称	所在区	上市板	行业名称	品牌年龄	品牌价值（亿元）	排名
300147	香雪制药	广州市香雪制药股份有限公司	黄埔区	创业板	医药制造业	23	22.46	28
002181	粤传媒	广东广州日报传媒股份有限公司	白云区	中小企业板	信息传播服务业	28	22.21	29
600894	广日股份	广州广日股份有限公司	天河区	主板	专用设备制造业	27	22.14	30
600684	珠江实业	广州珠江实业开发股份有限公司	越秀区	主板	房地产开发与经营业	28	21.96	31
300098	高新兴	高新兴科技集团股份有限公司	黄埔区	创业板	通信及相关设备制造业	23	21.42	32
600098	广州发展	广州发展集团股份有限公司	天河区	主板	电力、蒸汽、热水的生产和供应业	23	20.67	33
000531	穗恒运A	广州恒运企业集团股份有限公司	黄埔区	主板	电力、蒸汽、热水的生产和供应业	28	20.02	34
000539	粤电力A	广东电力发展股份有限公司	天河区	主板	电力、蒸汽、热水的生产和供应业	27	19.99	35
002045	国光电器	国光电器股份有限公司	花都区	中小企业板	电子元器件制造业	27	19.87	36

（续上表）

证券代码	证券简称	公司名称	所在区	上市板	行业名称	品牌年龄	品牌价值（亿元）	排名
000987	越秀金控	广州越秀金融控股集团股份有限公司	天河区	主板	多元金融	28	19.85	37
003013	地铁设计	广州地铁设计研究院股份有限公司	越秀区	中小企业板	专业技术服务业	27	19.73	38
600685	中船防务	中船海洋与防务装备股份有限公司	海珠区	主板	交通运输设备制造业	27	19.34	39
000429	粤高速A	广东省高速公路发展股份有限公司	白云区	主板	交通运输辅助业	27	19.19	40
603390	通达电气	广州通达汽车电气股份有限公司	白云区	主板	计算机、通信和其他电子设备制造业	26	19.16	41
300711	广哈通信	广州广哈通信股份有限公司	黄埔区	创业板	计算机、通信和其他电子设备制造业	25	18.55	42
300335	迪森股份	广州迪森热能技术股份有限公司	黄埔区	创业板	其他社会服务业	24	18.28	43
300238	冠昊生物	冠昊生物科技股份有限公司	黄埔区	创业板	专用设备制造业	21	18.16	44

（续上表）

证券代码	证券简称	公司名称	所在区	上市板	行业名称	品牌年龄	品牌价值（亿元）	排名
603002	宏昌电子	宏昌电子材料股份有限公司	黄埔区	主板	化学原料及化学制品制造业	25	18.08	45
002663	普邦股份	广州普邦园林股份有限公司	越秀区	中小企业板	土木工程建筑业	25	18.00	46
002967	广电计量	广州广电计量检测股份有限公司	天河区	中小企业板	专业技术服务业	18	17.02	47
002656	ST摩登	摩登大道时尚集团股份有限公司	黄埔区	中小企业板	零售业	18	16.87	48
002732	燕塘乳业	广东燕塘乳业股份有限公司	黄埔区	中小企业板	食品制造业	18	16.70	49
002888	惠威科技	广州惠威电声科技股份有限公司	南沙区	中小企业板	计算机、通信和其他电子设备制造业	23	16.68	50
603322	超讯通信	超讯通信股份有限公司	天河区	主板	软件和信息技术服务业	22	16.18	51
002999	天禾股份	广东天禾农资股份有限公司	越秀区	中小企业板	零售业	11	15.95	52
002192	融捷股份	融捷股份有限公司	天河区	中小企业板	化学原料及化学制品制造业	22	15.77	53
600428	中远海特	中远海运特种运输股份有限公司	黄埔区	主板	水上运输业	21	15.67	54

（续上表）

证券代码	证券简称	公司名称	所在区	上市板	行业名称	品牌年龄	品牌价值（亿元）	排名
300635	中达安	中达安股份有限公司	白云区	创业板	专业技术服务业	22	15.66	55
000893	亚钾国际	亚钾国际投资（广州）股份有限公司	南沙区	主板	商务服务业	22	15.66	55
002084	海鸥住工	广州海鸥住宅工业股份有限公司	番禺区	中小企业板	金属制品业	17	15.65	57
300297	蓝盾股份	蓝盾信息安全技术股份有限公司	天河区	创业板	计算机应用服务业	21	15.48	58
600004	白云机场	广州白云国际机场股份有限公司	白云区	主板	航空运输业	20	15.39	59
002709	天赐材料	广州天赐高新材料股份有限公司	黄埔区	中小企业板	化学原料及化学制品制造业	20	15.36	60
300438	鹏辉能源	广州鹏辉能源科技股份有限公司	番禺区	创业板	电气机械及器材制造业	19	15.29	61
603861	白云电器	广州白云电器设备股份有限公司	白云区	主板	电气机械及器材制造业	16	14.96	62
603535	嘉诚国际	广州市嘉诚国际物流股份有限公司	番禺区	主板	仓储业	20	14.61	63

（续上表）

证券代码	证券简称	公司名称	所在区	上市板	行业名称	品牌年龄	品牌价值（亿元）	排名
300448	浩云科技	浩云科技股份有限公司	番禺区	创业板	软件和信息技术服务业	19	14.51	64
002973	侨银股份	侨银城市管理股份有限公司	从化区	中小企业板	公共设施管理业	19	14.24	65
300781	因赛集团	广东因赛品牌营销集团股份有限公司	天河区	创业板	商务服务业	18	14.00	66
300310	宜通世纪	宜通世纪科技股份有限公司	天河区	创业板	通信服务业	19	13.94	67
603848	好太太	广东好太太科技集团股份有限公司	番禺区	主板	金属制品业	15	13.92	68
688026	洁特生物	广州洁特生物过滤股份有限公司	黄埔区	科创板	橡胶和塑料制品业	19	13.84	69
002060	粤水电	广东水电二局股份有限公司	增城区	中小企业板	土木工程建筑业	19	13.76	70
002177	御银股份	广州御银科技股份有限公司	天河区	中小企业板	专用设备制造业	19	13.75	71
002905	金逸影视	广州金逸影视传媒股份有限公司	天河区	中小企业板	广播、电视、电影和影视录音制作业	16	13.56	72
603898	好莱客	广州好莱客创意家居股份有限公司	黄埔区	主板	家具制造业	13	13.54	73

（续上表）

证券代码	证券简称	公司名称	所在区	上市板	行业名称	品牌年龄	品牌价值（亿元）	排名
688393	安必平	广州安必平医药科技股份有限公司	黄埔区	科创板	医药制造业	15	13.41	74
300808	久量股份	广东久量股份有限公司	白云区	创业板	电气机械及器材制造业	18	13.27	75
300625	三雄极光	广东三雄极光照明股份有限公司	番禺区	创业板	电气机械及器材制造业	10	13.18	76
300219	鸿利智汇	鸿利智汇集团股份有限公司	花都区	创业板	电子元器件制造业	16	13.11	77
603309	维力医疗	广州维力医疗器械股份有限公司	番禺区	主板	专用设备制造业	16	13.09	78
300155	安居宝	广东安居宝数码科技股份有限公司	黄埔区	创业板	其他电子设备制造业	16	13.00	79
300404	博济医药	广州博济医药生物技术股份有限公司	天河区	创业板	研究和试验发展	18	12.98	80
300530	达志科技	广东达志环保科技股份有限公司	黄埔区	创业板	化学原料及化学制品制造业	18	12.84	81
002683	宏大爆破	广东宏大爆破股份有限公司	天河区	中小企业板	采掘服务业	17	12.77	82
002465	海格通信	广州海格通信集团股份有限公司	黄埔区	中小企业板	通信及相关设备制造业	13	12.37	83

（续上表）

证券代码	证券简称	公司名称	所在区	上市板	行业名称	品牌年龄	品牌价值（亿元）	排名
002909	集泰股份	广州集泰化工股份有限公司	黄埔区	中小企业板	化学原料及化学制品制造业	14	11.95	84
300687	赛意信息	广州赛意信息科技股份有限公司	天河区	创业板	软件和信息技术服务业	15	11.94	85
002169	智光电气	广州智光电气股份有限公司	黄埔区	中小企业板	电器机械及器材制造业	15	11.90	86
300738	奥飞数据	广东奥飞数据科技股份有限公司	南沙区	创业板	软件和信息技术服务业	16	11.56	87
300833	浩洋股份	广州市浩洋电子股份有限公司	番禺区	创业板	电气机械及器材制造业	15	11.24	88
300503	昊志机电	广州市昊志机电股份有限公司	黄埔区	创业板	通用设备制造业	14	11.24	88
002209	达意隆	广州达意隆包装机械股份有限公司	黄埔区	中小企业板	专用设备制造业	14	11.23	90
300805	电声股份	广东电声市场营销股份有限公司	天河区	创业板	商务服务业	10	11.19	91
300424	航新科技	广州航新航空科技股份有限公司	黄埔区	创业板	铁路、船舶、航空航天和其他运输设备制造业	15	11.11	92

（续上表）

证券代码	证券简称	公司名称	所在区	上市板	行业名称	品牌年龄	品牌价值（亿元）	排名
603813	原尚股份	广东原尚物流股份有限公司	黄埔区	主板	道路运输业	15	10.72	93
002833	弘亚数控	广州弘亚数控机械股份有限公司	黄埔区	中小企业板	专用设备制造业	14	10.56	94
300521	爱司凯	爱司凯科技股份有限公司	黄埔区	创业板	专用设备制造业	14	10.25	95
003010	若羽臣	广州若羽臣科技股份有限公司	黄埔区	中小企业板	互联网和相关服务	9	10.05	96
002420	毅昌股份	广州毅昌科技股份有限公司	黄埔区	中小企业板	塑料制造业	13	9.86	97
002678	珠江钢琴	广州珠江钢琴集团股份有限公司	增城区	中小企业板	乐器制造业	12	9.67	98
300770	新媒股份	广东南方新媒体股份有限公司	越秀区	创业板	电信、广播电视和卫星传输服务	10	7.99	99
300499	高澜股份	广州高澜节能技术股份有限公司	黄埔区	创业板	电气机械及器材制造业	9	7.87	100

一、上榜品牌概述

2021 年广州上市企业品牌价值 100 强榜单中，企业平均品牌价值 35.79 亿元，中位数为 16.43 亿元；排名前三的企业分别为保利发展控股集团股份有限公司（398.29 亿元）、中国南方航空股份有限公司（349.41 亿元）以及广州白云山医药集团股份有限公司（298.37 亿元），所处行业分别为房地产开发与经营业、航空运输业、医药制造业。排名前 10 的企业品牌价值合计 1 904.85 亿元，占广州上市企业品牌价值 100 强的 53.22%；排名前 30 的企业品牌价值合计 2 548.70 亿元，占广州上市企业品牌价值 100 强的 71.21%；排名前 50 的企业品牌价值合计 2 928.24 亿元，占广州上市企业品牌价值 100 强的 81.81%。

二、上榜品牌上市板块分析

2021 年广州上市企业品牌价值 100 强榜单中，在主板上市的企业共计 34 家，品牌价值共计 2 179.20 亿元，占广州上市企业品牌价值 100 强的 60.88%；在深市中小板上市的企业共计 34 家，品牌价值共计 793.30 亿元，占广州上市企业品牌价值 100 强的 22.16%；在深市创业板上市的企业共计 29 家，品牌价值共计 553.39 亿元，占广州上市企业品牌价值 100 强的 15.46%；在沪市科创板上市的企业共计 3 家，品牌价值共计 53.39 亿元，占广州上市企业品牌价值 100 强的 1.49%。

三、上榜品牌年龄分析

2021 年广州上市企业品牌价值 100 强榜单中，品牌平均年龄 19.37 年，中位数为 18.5 年；品牌寿命最长的前三企业分别为中国电器科学研究院股份有限公司（33 年），广州粤泰集团股份有限公司（32 年），广州万孚生物技术股份有限公司、广州酒家集团股份有限公司、广东广州日报传媒股份有限公司、广州珠江实业开发股份有限公司、广州恒运企业集团股份有限公司、广州越秀金融控股集团股份有限公司（28 年，6 家公司并列第三）。品牌寿命最长的前三企业的品牌价值合计 201.37 亿元，占广州上市企业品牌价值 100 强的 5.63%。上榜企业中最年轻的品牌为若羽臣（9 年）以及高澜股份（9 年）。

四、上榜品牌行业分析

2021 年广州上市企业品牌价值 100 强榜单中，100 家企业来自 49 个行业

（见表 2 - 4），上榜企业数量占比前三的行业分别是专用设备制造业（8 家，占比第一）、电气机械及器材制造业和化学原料及化学制品制造业（6 家，并列占比第二），上榜企业数量排名前三的行业的品牌价值合计 305.69 亿元，占广州上市企业品牌价值 100 强的 8.54%；上榜企业品牌价值占比前三的行业分别是房地产开发与经营业（3 家，品牌价值共计 444.15 亿元，占比 12.41%）、医药制造业（5 家，品牌价值共计 431.04 亿元，占比 12.04%）、航空运输业（2 家，品牌价值共计 364.80 亿元，占比 10.19%），品牌价值占比排名前三的行业的品牌价值合计 1239.99 亿元，占广州上市企业品牌价值 100 强的 34.64%。

表 2 - 4　2021 年广州上市企业品牌价值 100 强行业品牌价值

行业名称	上榜企业数量	品牌价值合计（亿元）	占比（%）	排名
房地产开发与经营业	3	444.15	12.41	1
医药制造业	5	431.04	12.04	2
航空运输业	2	364.80	10.19	3
零售业	4	261.38	7.30	4
交通运输设备制造业	2	250.48	7.00	5
家具制造业	4	227.19	6.35	6
计算机及相关设备制造业	1	135.69	3.79	7
专用设备制造业	8	133.05	3.72	8
计算机、通信和其他电子设备制造业	4	112.00	3.13	9
化学原料及化学制品制造业	6	96.84	2.71	10
专业技术服务业	4	78.55	2.19	11
电气机械及器材制造业	6	75.81	2.12	12
卫生	1	61.03	1.71	13
电力、蒸汽、热水的生产和供应业	3	60.68	1.70	14
软件和信息技术服务业	4	54.19	1.51	15
新闻和出版业	1	46.20	1.29	16
塑料制造业	2	45.81	1.28	17

（续上表）

行业名称	上榜企业数量	品牌价值合计（亿元）	占比（%）	排名
饮料制造业	1	42.25	1.18	18
食品制造业	2	42.05	1.17	19
皮革、毛皮、羽毛及其制品和制鞋业	1	41.12	1.15	20
商务服务业	3	40.85	1.14	21
生物制品业	1	37.94	1.06	22
通信服务业	2	37.07	1.04	23
通信及相关设备制造业	2	33.79	0.94	24
电子元器件制造业	2	32.98	0.92	25
土木工程建筑业	2	31.76	0.89	26
金属制品业	2	29.57	0.83	27
纺织服装、服饰业	1	28.44	0.79	28
旅馆业	1	24.22	0.68	29
信息传播服务业	1	22.21	0.62	30
多元金融	1	19.85	0.55	31
交通运输辅助业	1	19.19	0.54	32
其他社会服务业	1	18.28	0.51	33
水上运输业	1	15.67	0.44	34
计算机应用服务业	1	15.48	0.43	35
仓储业	1	14.61	0.41	36
公共设施管理业	1	14.24	0.40	37
橡胶和塑料制品业	1	13.84	0.39	38
广播、电视、电影和影视录音制作业	1	13.56	0.38	39
其他电子设备制造业	1	13.00	0.36	40
研究和试验发展	1	12.98	0.36	41
采掘服务业	1	12.77	0.36	42
电器机械及器材制造业	1	11.90	0.33	43
通用设备制造业	1	11.24	0.31	44
铁路、船舶、航空航天和其他运输设备制造业	1	11.11	0.31	45

（续上表）

行业名称	上榜企业数量	品牌价值合计（亿元）	占比（%）	排名
道路运输业	1	10.72	0.30	46
互联网和相关服务	1	10.05	0.28	47
乐器制造业	1	9.67	0.27	48
电信、广播电视和卫星传输服务	1	7.99	0.22	49

五、上榜品牌区域分析

2021 年广州上市企业品牌价值 100 强榜单中，黄埔区上榜的企业数量最多，共 37 家，品牌价值共计 1 205.60 亿元，占广州上市企业品牌价值 100 强的 33.68%（见表 2－5）；排名第二的为天河区，共 18 家，品牌价值共计 370.14 亿元，占广州上市企业品牌价值 100 强的 10.34%；排名第三的为越秀区，共 10 家，品牌价值共计 434.91 亿元，占广州上市企业品牌价值 100 强的 12.15%；品牌价值最高的三个区分别为黄埔区（1 205.60 亿元，占比 33.68%）、荔湾区（526.47 亿元，占比 14.71%）、海珠区（486.02 亿元，占比 13.58%）。

表 2－5　2021 年广州上市企业品牌价值 100 强区域品牌价值

注册地所在区	上榜品牌数量	品牌价值合计（亿元）	占比（%）	排名
黄埔区	37	1 205.60	33.68	1
荔湾区	3	526.47	14.71	2
海珠区	4	486.02	13.58	3
越秀区	10	434.91	12.15	4
天河区	18	370.14	10.34	5
白云区	8	194.35	5.43	6
番禺区	9	139.93	3.91	7
南沙区	4	85.01	2.38	8

（续上表）

注册地所在区	上榜品牌数量	品牌价值合计（亿元）	占比（%）	排名
增城区	3	66.50	1.86	9
花都区	3	56.12	1.57	10
从化区	1	14.24	0.40	11

第三节　2021 年广州上市企业品牌收益指数 100 强榜单

品牌收益指数是以财务数据为基础，销售业绩剔除了各项成本和非品牌因素带来的利润，得出品牌自身带来的收益。

2021 年广州上市企业品牌收益指数 100 强榜单见表 2-6。

表 2-6　2021 年广州上市企业品牌收益指数 100 强榜单

证券代码	证券简称	公司名称	注册地所在区	上市板	行业名称	品牌年龄	品牌收益指数	排名
600048	保利集团	保利发展控股集团股份有限公司	海珠区	主板	房地产开发与经营业	18	100.00	1
600029	南方航空	中国南方航空股份有限公司	黄埔区	主板	航空运输业	25	87.43	2
601238	广汽集团	广州汽车集团股份有限公司	越秀区	主板	交通运输设备制造业	15	82.36	3
000987	越秀金控	广州越秀金融控股集团股份有限公司	天河区	主板	多元金融	28	58.04	15

（续上表）

证券代码	证券简称	公司名称	注册地所在区	上市板	行业名称	品牌年龄	品牌收益指数	排名
000539	粤电力A	广东电力发展股份有限公司	天河区	主板	电力、蒸汽、热水的生产和供应业	27	72.01	7
600332	白云山	广州白云山医药集团股份有限公司	荔湾区	主板	医药制造业	23	82.14	4
600098	广州发展	广州发展集团股份有限公司	天河区	主板	电力、蒸汽、热水的生产和供应业	23	73.45	6
600685	中船防务	中船海洋与防务装备股份有限公司	海珠区	主板	交通运输设备制造业	27	60.39	13
600143	金发科技	金发科技股份有限公司	黄埔区	主板	塑料制造业	19	74.79	5
600684	珠江实业	广州珠江实业开发股份有限公司	越秀区	主板	房地产开发与经营业	28	40.27	48
002060	粤水电	广东水电二局股份有限公司	增城区	中小企业板	土木工程建筑业	19	61.44	11
600004	白云机场	广州白云国际机场股份有限公司	白云区	主板	航空运输业	20	50.00	26
002027	分众传媒	分众传媒信息技术股份有限公司	黄埔区	中小企业板	计算机及相关设备制造业	19	60.93	12

（续上表）

证券代码	证券简称	公司名称	注册地所在区	上市板	行业名称	品牌年龄	品牌收益指数	排名
600428	中远海特	中远海运特种运输股份有限公司	黄埔区	主板	水上运输业	21	53.88	18
000429	粤高速A	广东省高速公路发展股份有限公司	白云区	主板	交通运输辅助业	27	45.82	31
603833	欧派	欧派家居集团股份有限公司	白云区	主板	家具制造业	26	63.50	9
002152	广电运通	广州广电运通金融电子股份有限公司	黄埔区	中小企业板	专用设备制造业	15	52.66	22
002465	海格通信	广州海格通信集团股份有限公司	黄埔区	中小企业板	通信及相关设备制造业	13	49.74	27
600393	粤泰股份	广州粤泰集团股份有限公司	越秀区	主板	房地产开发与经营业	32	42.84	42
000531	穗恒运A	广州恒运企业集团股份有限公司	黄埔区	主板	电力、蒸汽、热水的生产和供应业	28	44.64	33
002461	珠江啤酒	广州珠江啤酒股份有限公司	海珠区	中小企业板	饮料制造业	18	47.31	29
002841	视源股份	广州视源电子科技股份有限公司	黄埔区	中小企业板	计算机、通信和其他电子设备制造业	15	65.46	8

（续上表）

证券代码	证券简称	公司名称	注册地所在区	上市板	行业名称	品牌年龄	品牌收益指数	排名
603233	大参林	大参林医药集团股份有限公司	荔湾区	主板	零售业	21	63.36	10
600894	广日股份	广州广日股份有限公司	天河区	主板	专用设备制造业	27	53.38	20
601900	南方传媒	南方出版传媒股份有限公司	越秀区	主板	新闻和出版业	11	53.61	19
002572	索菲亚	索菲亚家居股份有限公司	增城区	中小企业板	家具制造业	17	56.11	16
002683	宏大爆破	广东宏大爆破股份有限公司	天河区	中小企业板	采掘服务业	17	52.63	23
300147	香雪制药	广州市香雪制药股份有限公司	黄埔区	创业板	医药制造业	23	43.08	39
002544	杰赛科技	广州杰赛科技股份有限公司	花都区	中小企业板	通信服务业	26	52.42	24
300297	蓝盾股份	蓝盾信息安全技术股份有限公司	天河区	创业板	计算机应用服务业	21	29.05	75
603861	白云电器	广州白云电器设备股份有限公司	白云区	主板	电气机械及器材制造业	16	42.89	41
002663	普邦股份	广州普邦园林股份有限公司	越秀区	中小企业板	土木工程建筑业	25	40.61	45
300438	鹏辉能源	广州鹏辉能源科技股份有限公司	番禺区	创业板	电气机械及器材制造业	19	45.30	32

（续上表）

证券代码	证券简称	公司名称	注册地所在区	上市板	行业名称	品牌年龄	品牌收益指数	排名
002030	达安基因	中山大学达安基因股份有限公司	黄埔区	中小企业板	生物制品业	19	50.28	25
603882	金域医学	广州金域医学检验集团股份有限公司	黄埔区	主板	卫生	14	55.93	17
300616	尚品宅配	广州尚品宅配家居股份有限公司	天河区	创业板	家具制造业	16	52.87	21
300098	高新兴	高新兴科技集团股份有限公司	黄埔区	创业板	通信及相关设备制造业	23	39.46	51
002709	天赐材料	广州天赐高新材料股份有限公司	黄埔区	中小企业板	化学原料及化学制品制造业	20	46.90	30
002169	智光电气	广州智光电气股份有限公司	黄埔区	中小企业板	电器机械及器材制造业	15	38.39	54
603898	好莱客	广州好莱客创意家居股份有限公司	黄埔区	主板	家具制造业	13	38.63	53
002999	天禾股份	广东天禾农资股份有限公司	越秀区	中小企业板	零售业	11	58.50	14
002181	粤传媒	广东广州日报传媒股份有限公司	白云区	中小企业板	信息传播服务业	28	19.62	86

（续上表）

证券代码	证券简称	公司名称	注册地所在区	上市板	行业名称	品牌年龄	品牌收益指数	排名
002678	珠江钢琴	广州珠江钢琴集团股份有限公司	增城区	中小企业板	乐器制造业	12	35.77	60
002045	国光电器	国光电器股份有限公司	花都区	中小企业板	电子元器件制造业	27	47.32	28
002973	侨银股份	侨银城市管理股份有限公司	从化区	中小企业板	公共设施管理业	19	42.01	43
000893	亚钾国际	亚钾国际投资（广州）股份有限公司	南沙区	主板	商务服务业	22	15.28	93
300482	万孚生物	广州万孚生物技术股份有限公司	黄埔区	创业板	医药制造业	28	41.92	44
002187	广百股份	广州市广百股份有限公司	越秀区	中小企业板	零售业	18	39.62	49
003013	地铁设计	广州地铁设计研究院股份有限公司	越秀区	中小企业板	专业技术服务业	27	36.62	58
002084	海鸥住工	广州海鸥住宅工业股份有限公司	番禺区	中小企业板	金属制品业	17	44.17	35
688128	中国电研	中国电器科学研究院股份有限公司	海珠区	科创板	专业技术服务业	33	40.50	46
603043	广州酒家	广州酒家集团股份有限公司	荔湾区	主板	食品制造业	28	43.96	37

（续上表）

证券代码	证券简称	公司名称	注册地所在区	上市板	行业名称	品牌年龄	品牌收益指数	排名
300219	鸿利智汇	鸿利智汇集团股份有限公司	花都区	创业板	电子元器件制造业	16	43.30	38
002832	比音勒芬	比音勒芬服饰股份有限公司	番禺区	中小企业板	纺织服装、服饰业	17	37.08	55
000524	岭南控股	广州岭南集团控股股份有限公司	越秀区	主板	旅馆业	27	36.67	57
603002	宏昌电子	宏昌电子材料股份有限公司	黄埔区	主板	化学原料及化学制品制造业	25	40.42	47
002967	广电计量	广州广电计量检测股份有限公司	天河区	中小企业板	专业技术服务业	18	36.41	59
300335	迪森股份	广州迪森热能技术股份有限公司	黄埔区	创业板	其他社会服务业	24	34.28	64
300770	新媒股份	广东南方新媒体股份有限公司	越秀区	创业板	电信、广播电视和卫星传输服务	10	31.06	70
000523	广州浪奇	广州市浪奇实业股份有限公司	天河区	主板	化学原料及化学制品制造业	27	44.20	34
300625	三雄极光	广东三雄极光照明股份有限公司	番禺区	创业板	电气机械及器材制造业	10	39.55	50

（续上表）

证券代码	证券简称	公司名称	注册地所在区	上市板	行业名称	品牌年龄	品牌收益指数	排名
300738	奥飞数据	广东奥飞数据科技股份有限公司	南沙区	创业板	软件和信息技术服务业	16	26.20	79
603608	天创时尚	天创时尚股份有限公司	南沙区	主板	皮革、毛皮、羽毛及其制品和制鞋业	16	36.67	56
002905	金逸影视	广州金逸影视传媒股份有限公司	天河区	中小企业板	广播、电视、电影和影视录音制作业	16	21.58	82
300805	电声股份	广东电声市场营销股份有限公司	天河区	创业板	商务服务业	10	43.98	36
300310	宜通世纪	宜通世纪科技股份有限公司	天河区	创业板	通信服务业	19	38.82	52
603535	嘉诚国际	广州市嘉诚国际物流股份有限公司	番禺区	主板	仓储业	20	30.30	72
603322	超讯通信	超讯通信股份有限公司	天河区	主板	软件和信息技术服务业	22	33.55	65
002833	弘亚数控	广州弘亚数控机械股份有限公司	黄埔区	中小企业板	专用设备制造业	14	35.29	61
300424	航新科技	广州航新航空科技股份有限公司	黄埔区	创业板	铁路、船舶、航空航天和其他运输设备制造业	15	31.09	69

（续上表）

证券代码	证券简称	公司名称	注册地所在区	上市板	行业名称	品牌年龄	品牌收益指数	排名
300499	高澜股份	广州高澜节能技术股份有限公司	黄埔区	创业板	电气机械及器材制造业	9	31.14	68
300723	一品红	一品红药业股份有限公司	黄埔区	创业板	医药制造业	18	35.19	62
603848	好太太	广东好太太科技集团股份有限公司	番禺区	主板	金属制品业	15	30.40	71
603390	通达电气	广州通达汽车电气股份有限公司	白云区	主板	计算机、通信和其他电子设备制造业	26	22.93	81
002420	毅昌股份	广州毅昌科技股份有限公司	黄埔区	中小企业板	塑料制造业	13	43.04	40
300503	昊志机电	广州市昊志机电股份有限公司	黄埔区	创业板	通用设备制造业	14	26.72	78
300687	赛意信息	广州赛意信息科技股份有限公司	天河区	创业板	软件和信息技术服务业	15	32.71	66
300833	浩洋股份	广州市浩洋电子股份有限公司	番禺区	创业板	电气机械及器材制造业	15	16.52	90
002177	御银股份	广州御银科技股份有限公司	天河区	中小企业板	专用设备制造业	19	6.31	98

（续上表）

证券代码	证券简称	公司名称	注册地所在区	上市板	行业名称	品牌年龄	品牌收益指数	排名
300155	安居宝	广东安居宝数码科技股份有限公司	黄埔区	创业板	其他电子设备制造业	16	27.62	76
300448	浩云科技	浩云科技股份有限公司	番禺区	创业板	软件和信息技术服务业	19	19.73	85
002909	集泰股份	广州集泰化工股份有限公司	黄埔区	中小企业板	化学原料及化学制品制造业	14	31.46	67
002209	达意隆	广州达意隆包装机械股份有限公司	黄埔区	中小企业板	专用设备制造业	14	27.52	77
603309	维力医疗	广州维力医疗器械股份有限公司	番禺区	主板	专用设备制造业	16	30.07	74
300808	久量股份	广东久量股份有限公司	白云区	创业板	电气机械及器材制造业	18	23.92	80
002732	燕塘乳业	广东燕塘乳业股份有限公司	黄埔区	中小企业板	食品制造业	18	34.88	63
688393	安必平	广州安必平医药科技股份有限公司	黄埔区	科创板	医药制造业	15	15.71	92
300635	中达安	中达安股份有限公司	白云区	创业板	专业技术服务业	22	20.61	83
002656	ST摩登	摩登大道时尚集团股份有限公司	黄埔区	中小企业板	零售业	18	19.75	84

（续上表）

证券代码	证券简称	公司名称	注册地所在区	上市板	行业名称	品牌年龄	品牌收益指数	排名
003010	若羽臣	广州若羽臣科技股份有限公司	黄埔区	中小企业板	互联网和相关服务	9	30.12	73
300238	冠昊生物	冠昊生物科技股份有限公司	黄埔区	创业板	专用设备制造业	21	17.69	89
300530	达志科技	广东达志环保科技股份有限公司	黄埔区	创业板	化学原料及化学制品制造业	18	1.00	100
002192	融捷股份	融捷股份有限公司	天河区	中小企业板	化学原料及化学制品制造业	22	16.20	91
688026	洁特生物	广州洁特生物过滤股份有限公司	黄埔区	科创板	橡胶和塑料制品业	19	19.54	87
300781	因赛集团	广东因赛品牌营销集团股份有限公司	天河区	创业板	商务服务业	18	13.63	94
300711	广哈通信	广州广哈通信股份有限公司	黄埔区	创业板	计算机、通信和其他电子设备制造业	25	13.15	95
300404	博济医药	广州博济医药生物技术股份有限公司	天河区	创业板	研究和试验发展	18	10.95	97
603813	原尚股份	广东原尚物流股份有限公司	黄埔区	主板	道路运输业	15	18.36	88

（续上表）

证券代码	证券简称	公司名称	注册地所在区	上市板	行业名称	品牌年龄	品牌收益指数	排名
300521	爱司凯	爱司凯科技股份有限公司	黄埔区	创业板	专用设备制造业	14	2.53	99
002888	惠威科技	广州惠威电声科技股份有限公司	南沙区	中小企业板	计算机、通信和其他电子设备制造业	23	11.20	96

一、上榜品牌概述

2021 年广州上市企业品牌收益指数 100 强榜单中，企业平均品牌收益指数为 39.80，中位数为 39.51；品牌收益指数排名前三的企业分别为保利发展控股集团股份有限公司（100.00）、中国南方航空股份有限公司（87.43）、广州汽车集团股份有限公司（82.36），所处行业分别为房地产开发与经营业、航空运输业、交通运输设备制造业；排名前 10 的企业品牌收益指数合计 764.50，占广州上市企业品牌收益指数 100 强的 19.21%；排名前 30 的企业品牌收益指数合计 1 838.82，占广州上市企业品牌收益指数 100 强的 46.20%；排名前 50 的企业品牌收益指数合计 2 690.94，占广州上市企业品牌收益指数 100 强的 67.61%。

二、上榜品牌上市板块分析

2021 年广州上市企业品牌收益指数 100 强榜单中，在主板上市的企业共计 34 家，品牌收益指数共计 1 722.17，占广州上市企业品牌收益指数 100 强的 43.27%；在深市中小企业板上市的企业共计 34 家，品牌收益指数共计 1 349.35，占广州上市企业品牌收益指数 100 强的 33.90%；在深市创业板上市的企业共计 29 家，品牌收益指数共计 833.06，占广州上市企业品牌收益指数 100 强的 20.93%；在沪市科创板上市的企业共计 3 家，品牌收益指数共计 75.75，占广州上市企业品牌收益指数 100 强的 1.90%。各板前 10 强见表 2-7 至表 2-9。

表 2-7　2021 年广州上市企业品牌收益指数 100 强之主板上市企业前 10 强

主板上市企业排名	公司名称	所在区	行业名称	品牌年龄	品牌收益指数	品牌收益指数排名
1	保利发展控股集团股份有限公司	海珠区	房地产开发与经营业	18	100.00	1
2	中国南方航空股份有限公司	黄埔区	航空运输业	25	87.43	2
3	广州汽车集团股份有限公司	越秀区	交通运输设备制造业	15	82.36	3
4	广州白云山医药集团股份有限公司	荔湾区	医药制造业	23	82.14	4
5	金发科技股份有限公司	黄埔区	塑料制造业	19	74.79	5
6	广州发展集团股份有限公司	天河区	电力、蒸汽、热水的生产和供应业	23	73.45	6
7	广东电力发展股份有限公司	天河区	电力、蒸汽、热水的生产和供应业	27	72.01	7
8	欧派家居集团股份有限公司	白云区	家具制造业	26	63.50	9
9	大参林医药集团股份有限公司	荔湾区	零售业	21	63.36	10
10	中船海洋与防务装备股份有限公司	海珠区	交通运输设备制造业	27	60.39	13

表 2-8　2021 年广州上市企业品牌收益指数 100 强之中小企业板上市企业前 10 强

中小板上市企业排名	公司名称	所在区	行业名称	品牌年龄	品牌收益指数	品牌收益指数排名
1	广州视源电子科技股份有限公司	黄埔区	计算机、通信和其他电子设备制造业	15	65.46	8
2	广东水电二局股份有限公司	增城区	土木工程建筑业	19	61.44	11
3	分众传媒信息技术股份有限公司	黄埔区	计算机及相关设备制造业	19	60.93	12
4	广东天禾农资股份有限公司	越秀区	零售业	11	58.50	14
5	索菲亚家居股份有限公司	增城区	家具制造业	17	56.11	16
6	广州广电运通金融电子股份有限公司	黄埔区	专用设备制造业	15	52.66	22
7	广东宏大爆破股份有限公司	天河区	采掘服务业	17	52.63	23
8	广州杰赛科技股份有限公司	花都区	通信服务业	26	52.42	24
9	中山大学达安基因股份有限公司	黄埔区	生物制品业	19	50.28	25
10	广州海格通信集团股份有限公司	黄埔区	通信及相关设备制造业	13	49.74	27

表 2-9　2021 年广州上市企业品牌收益指数 100 强之创业板上市企业前 10 强

创业板上市企业排名	公司名称	所在区	行业名称	品牌年龄	品牌收益指数	品牌收益指数排名
1	广州尚品宅配家居股份有限公司	天河区	家具制造业	16	52.87	21

（续上表）

创业板上市企业排名	公司名称	所在区	行业名称	品牌年龄	品牌收益指数	品牌收益指数排名
2	广州鹏辉能源科技股份有限公司	番禺区	电气机械及器材制造业	19	45.30	32
3	广东电声市场营销股份有限公司	天河区	商务服务业	10	43.98	36
4	鸿利智汇集团股份有限公司	花都区	电子元器件制造业	16	43.30	38
5	广州市香雪制药股份有限公司	黄埔区	医药制造业	23	43.08	39
6	广州万孚生物技术股份有限公司	黄埔区	医药制造业	28	41.92	44
7	广东三雄极光照明股份有限公司	番禺区	电气机械及器材制造业	10	39.55	50
8	高新兴科技集团股份有限公司	黄埔区	通信及相关设备制造业	23	39.46	51
9	宜通世纪科技股份有限公司	天河区	通信服务业	19	38.82	52
10	一品红药业股份有限公司	黄埔区	医药制造业	18	35.19	62

三、上榜品牌年龄分析

2021 年广州上市企业品牌收益指数 100 强榜单中，平均品牌年龄 19.37 年，中位数为 18.5 年；品牌寿命最长的前三企业分别为中国电器科学研究院股份有限公司（33 年），广州粤泰集团股份有限公司（32 年），广州万孚生物技术股份有限公司、广州酒家集团股份有限公司、广东广州日报传媒股份有限公司、广州珠江实业开发股份有限公司、广州恒运企业集团股份有限公司、广州越秀金融控股集团股份有限公司（28 年，6 家公司并列第三），品牌寿命最长的前三企业的品牌收益指数合计331.79，占广州上市企业品牌收益指数100强的8.34%。上榜企业中最年轻的品牌为若羽臣和高澜股份（9年）。

四、上榜品牌行业分析

2021年广州上市企业品牌收益指数100强榜单中，100家企业来自49个行业（见表2－10），上榜企业数量占比前三的行业分别是专用设备制造业（8家）、电气机械及器材制造业（6家）、化学原料及化学制品制造业（6家），排名前三的行业的品牌收益指数合计604.95，占广州上市企业品牌收益指数100强的15.20%；上榜企业品牌收益指数排名前三的行业分别是专用设备制造业（8家，品牌收益指数共计225.43，占比5.66%）、医药制造业（5家，品牌收益指数共计218.04，占比5.48%）、家具制造业（4家，品牌收益指数共计211.11，占比5.30%），品牌收益指数合计654.58，占广州上市企业品牌收益指数100强的16.45%。

表2－10　2021年广州上市企业品牌收益指数100强行业品牌收益指数

行业名称	上榜企业数量	品牌收益指数合计	占比（%）	排名
专用设备制造业	8	225.43	5.66	1
医药制造业	5	218.04	5.48	2
家具制造业	4	211.11	5.30	3
电气机械及器材制造业	6	199.33	5.01	4
电力、蒸汽、热水的生产和供应业	3	190.10	4.78	5
房地产开发与经营业	3	183.11	4.60	6
零售业	4	181.23	4.55	7
化学原料及化学制品制造业	6	180.19	4.53	8
交通运输设备制造业	2	142.75	3.59	9
航空运输业	2	137.42	3.45	10
专业技术服务业	4	134.13	3.37	11

（续上表）

行业名称	上榜企业数量	品牌收益指数合计	占比（％）	排名
塑料制造业	2	117.83	2.96	12
计算机、通信和其他电子设备制造业	4	112.74	2.83	13
软件和信息技术服务业	4	112.20	2.82	14
土木工程建筑业	2	102.05	2.56	15
通信服务业	2	91.24	2.29	16
电子元器件制造业	2	90.62	2.28	17
通信及相关设备制造业	2	89.20	2.24	18
食品制造业	2	78.85	1.98	19
金属制品业	2	74.57	1.87	20
商务服务业	3	72.88	1.83	21
计算机及相关设备制造业	1	60.93	1.53	22
多元金融	1	58.04	1.46	23
卫生	1	55.93	1.41	24
水上运输业	1	53.88	1.35	25
出版业	1	53.61	1.35	25
采掘服务业	1	52.63	1.32	27
生物制品业	1	50.28	1.26	28
饮料制造业	1	47.31	1.19	29
交通运输辅助业	1	45.82	1.15	30
公共设施管理业	1	42.01	1.06	31
电器机械及器材制造业	1	38.39	0.96	32
纺织服装、服饰业	1	37.08	0.93	33
皮革、毛皮、羽毛及其制品和制鞋业	1	36.67	0.92	34
旅馆业	1	36.67	0.92	34
乐器制造业	1	35.77	0.90	36
其他社会服务业	1	34.28	0.86	37
铁路、船舶、航空航天和其他运输设备制造业	1	31.09	0.78	38
电信、广播电视和卫星传输服务	1	31.06	0.78	38

（续上表）

行业名称	上榜企业数量	品牌收益指数合计	占比（%）	排名
仓储业	1	30.30	0.76	40
互联网和相关服务	1	30.12	0.76	40
计算机应用服务业	1	29.05	0.73	42
其他电子设备制造业	1	27.62	0.69	43
通用设备制造业	1	26.72	0.67	44
广播、电视、电影和影视录音制作业	1	21.58	0.54	45
信息传播服务业	1	19.62	0.49	46
橡胶和塑料制品业	1	19.54	0.49	46
道路运输业	1	18.36	0.46	48
研究和试验发展	1	10.95	0.28	49

五、上榜品牌区域分析

2021 年广州上市企业品牌收益指数 100 强榜单中，黄埔区上榜的企业数量最多（见表 2 - 11），共 37 家，品牌收益指数共计 1 380.62，占广州上市企业品牌收益指数 100 强的 34.69%；排名第二的为天河区，共 18 家，品牌收益指数共计 689.75，占广州上市企业品牌收益指数 100 强的 17.33%；排名第三的为越秀区，共 10 家，品牌收益指数共计 462.16，占广州上市企业品牌收益指数 100 强的 11.61%。品牌收益指数最高的三个区分别为黄埔区（1 380.62，占比 34.69%）、天河区（689.75，占比 17.33%）、越秀区（462.16，占比 11.61%）。

表 2 - 11 2021 年广州上市企业品牌收益指数 100 强区域品牌收益指数

注册地所在区	上榜品牌数量	品牌收益指数合计	占比（%）	排名
黄埔区	37	1 380.62	34.69	1
天河区	18	689.75	17.33	2

（续上表）

注册地所在区	上榜品牌数量	品牌收益指数合计	占比（%）	排名
越秀区	10	462.16	11.61	3
番禺区	9	293.12	7.36	4
白云区	8	289.29	7.27	5
海珠区	4	248.20	6.24	6
荔湾区	3	189.47	4.76	7
增城区	3	153.31	3.85	8
花都区	3	143.04	3.59	9
南沙区	4	89.36	2.24	10
从化区	1	42.01	1.06	11

第四节　2021 年广州上市企业品牌市场强度指数 100 强榜单

品牌市场强度是指企业在品牌建设中投入的费用，在本书中指销售费用。2021 年广州上市企业品牌市场强度指数 100 强榜单见表 2 - 12。

表 2 - 12　2021 年广州上市企业品牌市场强度指数 100 强榜单

证券代码	证券简称	公司名称	注册地所在区	上市板	行业名称	品牌年龄	品牌市场强度指数	排名
600048	保利集团	保利发展控股集团股份有限公司	海珠区	主板	房地产开发与经营业	18	100.00	1
600029	南方航空	中国南方航空股份有限公司	黄埔区	主板	航空运输业	25	96.45	2

（续上表）

证券代码	证券简称	公司名称	注册地所在区	上市板	行业名称	品牌年龄	品牌市场强度指数	排名
600332	白云山	广州白云山医药集团股份有限公司	荔湾区	主板	医药制造业	23	94.65	3
601238	广汽集团	广州汽车集团股份有限公司	越秀区	主板	交通运输设备制造业	15	91.66	4
603233	大参林	大参林医药集团股份有限公司	荔湾区	主板	零售业	21	91.03	5
002027	分众传媒	分众传媒信息技术股份有限公司	黄埔区	中小企业板	计算机及相关设备制造业	19	84.74	6
300616	尚品宅配	广州尚品宅配家居股份有限公司	天河区	创业板	家具制造业	16	80.71	7
603833	欧派	欧派家居集团股份有限公司	白云区	主板	家具制造业	26	76.49	8
002841	视源股份	广州视源电子科技股份有限公司	黄埔区	中小企业板	计算机、通信和其他电子设备制造业	15	74.80	9
603882	金域医学	广州金域医学检验集团股份有限公司	黄埔区	主板	卫生	14	74.56	10
300723	一品红	一品红药业股份有限公司	黄埔区	创业板	医药制造业	18	73.81	11
601900	南方传媒	南方出版传媒股份有限公司	越秀区	主板	出版业	11	71.72	12

（续上表）

证券代码	证券简称	公司名称	注册地所在区	上市板	行业名称	品牌年龄	品牌市场强度指数	排名
002572	索菲亚	索菲亚家居股份有限公司	增城区	中小企业板	家具制造业	17	71.20	13
603608	天创时尚	天创时尚股份有限公司	南沙区	主板	皮革、毛皮、羽毛及其制品和制鞋业	16	70.87	14
002461	珠江啤酒	广州珠江啤酒股份有限公司	海珠区	中小企业板	饮料制造业	18	70.80	15
002187	广百股份	广州市广百股份有限公司	越秀区	中小企业板	零售业	18	70.30	16
002030	达安基因	中山大学达安基因股份有限公司	黄埔区	中小企业板	生物制品业	19	69.38	17
002152	广电运通	广州广电运通金融电子股份有限公司	黄埔区	中小企业板	专用设备制造业	15	69.00	18
600143	金发科技	金发科技股份有限公司	黄埔区	主板	塑料制造业	19	68.77	19
300482	万孚生物	广州万孚生物技术股份有限公司	黄埔区	创业板	医药制造业	28	68.66	20
002832	比音勒芬	比音勒芬服饰股份有限公司	番禺区	中小企业板	纺织服装、服饰业	17	66.71	21
002999	天禾股份	广东天禾农资股份有限公司	越秀区	中小企业板	零售业	11	64.12	22
300147	香雪制药	广州市香雪制药股份有限公司	黄埔区	创业板	医药制造业	23	60.50	23

（续上表）

证券代码	证券简称	公司名称	注册地所在区	上市板	行业名称	品牌年龄	品牌市场强度指数	排名
300625	三雄极光	广东三雄极光照明股份有限公司	番禺区	创业板	电气机械及器材制造业	10	60.30	24
603043	广州酒家	广州酒家集团股份有限公司	荔湾区	主板	食品制造业	28	59.04	25
300098	高新兴	高新兴科技集团股份有限公司	黄埔区	创业板	通信及相关设备制造业	23	58.09	26
000524	岭南控股	广州岭南集团控股股份有限公司	越秀区	主板	旅馆业	27	58.02	27
002544	杰赛科技	广州杰赛科技股份有限公司	花都区	中小企业板	通信服务业	26	57.01	28
600098	广州发展	广州发展集团股份有限公司	天河区	主板	电力、蒸汽、热水的生产和供应业	23	56.02	29
603898	好莱客	广州好莱客创意家居股份有限公司	黄埔区	主板	家具制造业	13	55.85	30
002967	广电计量	广州广电计量检测股份有限公司	天河区	中小企业板	专业技术服务业	18	55.67	31
002656	ST摩登	摩登大道时尚集团股份有限公司	黄埔区	中小企业板	零售业	18	55.21	32

（续上表）

证券代码	证券简称	公司名称	注册地所在区	上市板	行业名称	品牌年龄	品牌市场强度指数	排名
300805	电声股份	广东电声市场营销股份有限公司	天河区	创业板	商务服务业	10	55.12	33
002732	燕塘乳业	广东燕塘乳业股份有限公司	黄埔区	中小企业板	食品制造业	18	54.68	34
000523	广州浪奇	广州市浪奇实业股份有限公司	天河区	主板	化学原料及化学制品制造业	27	53.91	35
003010	若羽臣	广州若羽臣科技股份有限公司	黄埔区	中小企业板	互联网和相关服务	9	53.67	36
603861	白云电器	广州白云电器设备股份有限公司	白云区	主板	电气机械及器材制造业	16	53.54	37
002084	海鸥住工	广州海鸥住宅工业股份有限公司	番禺区	中小企业板	金属制品业	17	53.48	38
603848	好太太	广东好太太科技集团股份有限公司	番禺区	主板	金属制品业	15	52.30	39
300238	冠昊生物	冠昊生物科技股份有限公司	黄埔区	创业板	专用设备制造业	21	52.26	40
002465	海格通信	广州海格通信集团股份有限公司	黄埔区	中小企业板	通信及相关设备制造业	13	51.74	41
600894	广日股份	广州广日股份有限公司	天河区	主板	专用设备制造业	27	51.20	42

（续上表）

证券代码	证券简称	公司名称	注册地所在区	上市板	行业名称	品牌年龄	品牌市场强度指数	排名
688128	中国电研	中国电器科学研究院股份有限公司	海珠区	科创板	专业技术服务业	33	50.12	43
688393	安必平	广州安必平医药科技股份有限公司	黄埔区	科创板	医药制造业	15	50.11	44
002181	粤传媒	广东广州日报传媒股份有限公司	白云区	中小企业板	信息传播服务业	28	48.12	45
002905	金逸影视	广州金逸影视传媒股份有限公司	天河区	中小企业板	广播、电视、电影和影视录音制作业	16	47.20	46
600684	珠江实业	广州珠江实业开发股份有限公司	越秀区	主板	房地产开发与经营业	28	46.72	47
002909	集泰股份	广州集泰化工股份有限公司	黄埔区	中小企业板	化学原料及化学制品制造业	14	45.98	48
300438	鹏辉能源	广州鹏辉能源科技股份有限公司	番禺区	创业板	电气机械及器材制造业	19	44.68	49
300219	鸿利智汇	鸿利智汇集团股份有限公司	花都区	创业板	电子元器件制造业	16	44.28	50
603309	维力医疗	广州维力医疗器械股份有限公司	番禺区	主板	专用设备制造业	16	44.11	51

（续上表）

证券代码	证券简称	公司名称	注册地所在区	上市板	行业名称	品牌年龄	品牌市场强度指数	排名
300155	安居宝	广东安居宝数码科技股份有限公司	黄埔区	创业板	其他电子设备制造业	16	43.45	52
300499	高澜股份	广州高澜节能技术股份有限公司	黄埔区	创业板	电气机械及器材制造业	9	41.91	53
300503	昊志机电	广州市昊志机电股份有限公司	黄埔区	创业板	通用设备制造业	14	40.43	54
300687	赛意信息	广州赛意信息科技股份有限公司	天河区	创业板	软件和信息技术服务业	15	40.34	55
002209	达意隆	广州达意隆包装机械股份有限公司	黄埔区	中小企业板	专用设备制造业	14	40.29	56
300335	迪森股份	广州迪森热能技术股份有限公司	黄埔区	创业板	其他社会服务业	24	40.10	57
002169	智光电气	广州智光电气股份有限公司	黄埔区	中小企业板	电器机械及器材制造业	15	39.95	58
600393	粤泰股份	广州粤泰集团股份有限公司	越秀区	主板	房地产开发与经营业	32	39.84	59
300781	因赛集团	广东因赛品牌营销集团股份有限公司	天河区	创业板	商务服务业	18	39.73	60

（续上表）

证券代码	证券简称	公司名称	注册地所在区	上市板	行业名称	品牌年龄	品牌市场强度指数	排名
600004	白云机场	广州白云国际机场股份有限公司	白云区	主板	航空运输业	20	39.51	61
002709	天赐材料	广州天赐高新材料股份有限公司	黄埔区	中小企业板	化学原料及化学制品制造业	20	39.16	62
002678	珠江钢琴	广州珠江钢琴集团股份有限公司	增城区	中小企业板	乐器制造业	12	38.80	63
300448	浩云科技	浩云科技股份有限公司	番禺区	创业板	软件和信息技术服务业	19	37.56	64
300770	新媒股份	广东南方新媒体股份有限公司	越秀区	创业板	电信、广播电视和卫星传输服务	10	35.43	65
000539	粤电力A	广东电力发展股份有限公司	天河区	主板	电力、蒸汽、热水的生产和供应业	27	35.17	66
300711	广哈通信	广州广哈通信股份有限公司	黄埔区	创业板	计算机、通信和其他电子设备制造业	25	34.92	67
600428	中远海特	中远海运特种运输股份有限公司	黄埔区	主板	水上运输业	21	34.08	68
002973	侨银股份	侨银城市管理股份有限公司	从化区	中小企业板	公共设施管理业	19	33.79	69

（续上表）

证券代码	证券简称	公司名称	注册地所在区	上市板	行业名称	品牌年龄	品牌市场强度指数	排名
002045	国光电器	国光电器股份有限公司	花都区	中小企业板	电子元器件制造业	27	33.42	70
603390	通达电气	广州通达汽车电气股份有限公司	白云区	主板	计算机、通信和其他电子设备制造业	26	33.39	71
002683	宏大爆破	广东宏大爆破股份有限公司	天河区	中小企业板	采掘服务业	17	32.86	72
002420	毅昌股份	广州毅昌科技股份有限公司	黄埔区	中小企业板	塑料制造业	13	31.33	73
002833	弘亚数控	广州弘亚数控机械股份有限公司	黄埔区	中小企业板	专用设备制造业	14	31.22	74
003013	地铁设计	广州地铁设计研究院股份有限公司	越秀区	中小企业板	专业技术服务业	27	30.87	75
300833	浩洋股份	广州市浩洋电子股份有限公司	番禺区	创业板	电气机械及器材制造业	15	30.72	76
300297	蓝盾股份	蓝盾信息安全技术股份有限公司	天河区	创业板	计算机应用服务业	21	30.63	77
603322	超讯通信	超讯通信股份有限公司	天河区	主板	软件和信息技术服务业	22	30.45	78
300808	久量股份	广东久量股份有限公司	白云区	创业板	电气机械及器材制造业	18	28.71	79

（续上表）

证券代码	证券简称	公司名称	注册地所在区	上市板	行业名称	品牌年龄	品牌市场强度指数	排名
300310	宜通世纪	宜通世纪科技股份有限公司	天河区	创业板	通信服务业	19	27.75	80
300424	航新科技	广州航新航空科技股份有限公司	黄埔区	创业板	铁路、船舶、航空航天和其他运输设备制造业	15	27.66	81
603535	嘉诚国际	广州市嘉诚国际物流股份有限公司	番禺区	主板	仓储业	20	26.77	82
002888	惠威科技	广州惠威电声科技股份有限公司	南沙区	中小企业板	计算机、通信和其他电子设备制造业	23	25.13	83
603002	宏昌电子	宏昌电子材料股份有限公司	黄埔区	主板	化学原料及化学制品制造业	25	24.75	84
688026	洁特生物	广州洁特生物过滤股份有限公司	黄埔区	科创板	橡胶和塑料制品业	19	24.73	85
300521	爱司凯	爱司凯科技股份有限公司	黄埔区	创业板	专用设备制造业	14	22.77	86
002060	粤水电	广东水电二局股份有限公司	增城区	中小企业板	土木工程建筑业	19	21.94	87
002663	普邦股份	广州普邦园林股份有限公司	越秀区	中小企业板	土木工程建筑业	25	21.94	87

（续上表）

证券代码	证券简称	公司名称	注册地所在区	上市板	行业名称	品牌年龄	品牌市场强度指数	排名
002177	御银股份	广州御银科技股份有限公司	天河区	中小企业板	专用设备制造业	19	21.77	89
600685	中船防务	中船海洋与防务装备股份有限公司	海珠区	主板	交通运输设备制造业	27	18.75	90
300404	博济医药	广州博济医药生物技术股份有限公司	天河区	创业板	研究和试验发展	18	18.72	91
300738	奥飞数据	广东奥飞数据科技股份有限公司	南沙区	创业板	软件和信息技术服务业	16	18.58	92
000531	穗恒运A	广州恒运企业集团股份有限公司	黄埔区	主板	电力、蒸汽、热水的生产和供应业	28	16.98	93
002192	融捷股份	融捷股份有限公司	天河区	中小企业板	化学原料及化学制品制造业	22	16.76	94
300530	达志科技	广东达志环保科技股份有限公司	黄埔区	创业板	化学原料及化学制品制造业	18	8.41	95
603813	原尚股份	广东原尚物流股份有限公司	黄埔区	主板	道路运输业	15	7.98	96
000429	粤高速A	广东省高速公路发展股份有限公司	白云区	主板	交通运输辅助业	27	7.38	97

（续上表）

证券代码	证券简称	公司名称	注册地所在区	上市板	行业名称	品牌年龄	品牌市场强度指数	排名
300635	中达安	中达安股份有限公司	白云区	创业板	专业技术服务业	22	7.38	97
000893	亚钾国际	亚钾国际投资（广州）股份有限公司	南沙区	主板	商务服务业	22	7.29	99
000987	越秀金控	广州越秀金融控股集团股份有限公司	天河区	主板	多元金融	28	1.00	100

一、上榜品牌概述

2021 年广州上市企业品牌市场强度指数 100 强榜单中，企业平均品牌市场强度指数为 46.12，中位数为 44.20；品牌市场强度指数前三的企业分别为保利发展控股集团股份有限公司（100.00）、中国南方航空股份有限公司（96.45）、广州白云山医药集团股份有限公司（94.65），所处行业分别为房地产开发与经营业、航空运输业、医药制造业；排名前 10 的企业品牌市场强度指数合计 865.09，占广州上市企业品牌市场强度指数 100 强的 18.76%；排名前 30 的企业品牌市场强度指数合计 2 165.27，占广州上市企业品牌市场强度指数 100 强的 46.95%；排名前 50 的企业品牌市场强度指数合计 3 185.26，占广州上市企业品牌市场强度指数 100 强的 69.07%。

二、上榜品牌上市板块分析

2021 年广州上市企业品牌市场强度指数 100 强榜单中，在主板上市的企业共计 34 家，品牌市场强度指数共计 1 069.26，占广州上市企业品牌市场强度指数 100 强的 23.18%；在深市中小企业板上市的企业共计 34 家，品牌市场强度指数共计 1 623.06，占广州上市企业品牌市场强度指数 100 强的

35.19%；在深市创业板上市的企业共计 29 家，品牌市场强度指数共计 1 173.60，占广州上市企业品牌市场强度指数 100 强的 25.45%；在沪市科创板上市的企业共计 3 家，品牌市场强度指数共计 124.96，占广州上市企业品牌市场强度指数 100 强的 2.71%。

三、上榜品牌年龄分析

2021 年广州上市企业品牌市场强度指数 100 强榜单中，平均品牌年龄 19.37 年，中位数为 18.5 年；品牌寿命最长的前三企业分别为中国电器科学研究院股份有限公司（33 年），广州粤泰集团股份有限公司（32 年），广州万孚生物技术股份有限公司、广州酒家集团股份有限公司、广东广州日报传媒股份有限公司、广州珠江实业开发股份有限公司、广州恒运企业集团股份有限公司、广州越秀金融控股集团股份有限公司（28 年，6 家公司并列第三），寿命最长的前三企业的品牌市场强度指数合计 330.47，占广州上市企业品牌市场强度指数 100 强的 7.17%。上榜企业中最年轻的品牌为若羽臣和高澜股份（9 年）。

四、上榜品牌行业分析

2021 年广州上市企业品牌市场强度指数 100 强榜单中，100 家企业来自 49 个行业，上榜企业数量占比前三的行业分别是专用设备制造业（8 家）、电气机械及器材制造业（6 家）、化学原料及化学制品制造业（6 家），排名前三的行业的品牌市场强度指数合计 781.47，占广州上市企业品牌市场强度指数 100 强的 16.94%；上榜企业品牌市场强度指数占比前三的行业分别是医药制造业（品牌市场强度指数为 347.72）、专用设备制造业（品牌市场强度指数为 332.63）、家具制造业（品牌市场强度指数为 284.25），排名前三的行业的品牌市场强度指数合计 964.60，占广州上市企业品牌市场强度指数 100 强的 20.91%。

表 2-13　2021 年广州上市企业品牌市场强度指数 100 强行业品牌市场强度指数

行业名称	上榜企业数量	品牌市场强度指数	占比（％）	排名
医药制造业	5	347.72	7.54	1
专用设备制造业	8	332.63	7.21	2
家具制造业	4	284.25	6.16	3
零售业	4	280.66	6.09	4
电气机械及器材制造业	6	259.87	5.63	5
化学原料及化学制品制造业	6	188.97	4.10	6
房地产开发与经营业	3	186.55	4.05	7
计算机、通信和其他电子设备制造业	4	168.24	3.65	8
专业技术服务业	4	144.03	3.12	9
航空运输业	2	135.97	2.95	10
软件和信息技术服务业	4	126.92	2.75	11
食品制造业	2	113.72	2.47	12
交通运输设备制造业	2	110.41	2.39	13
通信及相关设备制造业	2	109.83	2.38	14
电力、蒸汽、热水的生产和供应业	3	108.18	2.35	15
金属制品业	2	105.78	2.29	16
商务服务业	3	102.14	2.21	17
塑料制造业	2	100.10	2.17	18
通信服务业	2	84.76	1.84	19
计算机及相关设备制造业	1	84.74	1.84	20
电子元器件制造业	2	77.70	1.68	21
卫生	1	74.56	1.62	22
出版业	1	71.72	1.56	23
皮革、毛皮、羽毛及其制品和制鞋业	1	70.87	1.54	24
饮料制造业	1	70.80	1.54	25
生物制品业	1	69.38	1.50	26
纺织服装、服饰业	1	66.71	1.45	27
旅馆业	1	58.02	1.26	28

（续上表）

行业名称	上榜企业数量	品牌市场强度指数	占比（%）	排名
互联网和相关服务	1	53.67	1.16	29
信息传播服务业	1	48.12	1.04	30
广播、电视、电影和影视录音制作业	1	47.20	1.02	31
土木工程建筑业	2	43.89	0.95	32
其他电子设备制造业	1	43.45	0.94	33
通用设备制造业	1	40.43	0.88	34
其他社会服务业	1	40.10	0.87	35
电器机械及器材制造业	1	39.95	0.87	36
乐器制造业	1	38.80	0.84	37
电信、广播电视和卫星传输服务	1	35.43	0.77	38
水上运输业	1	34.08	0.74	39
公共设施管理业	1	33.79	0.73	40
采掘服务业	1	32.86	0.71	41
计算机应用服务业	1	30.63	0.66	42
铁路、船舶、航空航天和其他运输设备制造业	1	27.66	0.60	43
仓储业	1	26.77	0.58	44
橡胶和塑料制品业	1	24.73	0.54	45
研究和试验发展	1	18.72	0.41	46
道路运输业	1	7.98	0.17	47
交通运输辅助业	1	7.38	0.16	48
多元金融	1	1.00	0.02	49

五、上榜品牌区域分析

2021年广州上市企业品牌市场强度指数100强榜单中，黄埔区上榜的企业数量最多（见表2-14），共37家，品牌市场强度指数共计1 768.39，占广州上市企业品牌市场强度指数100强的38.34%；排名第二的是天河区，共18

家，品牌市场强度指数共计 695.02，占广州上市企业品牌市场强度指数 100 强的 15.07%；排名第三的是越秀区，共 10 家，品牌市场强度指数共计 530.60，占广州上市企业品牌市场强度指数 100 强的 11.50%。品牌市场强度指数最高的三个区分别为黄埔区（1 768.39，占比 38.34%）、天河区（695.02，占比 15.07%）、越秀区（530.60，占比 11.50%）。

表 2-14　2021 年广州上市企业 100 强区域品牌市场强度指数

注册地所在区	上榜品牌数量	品牌市场强度指数	占比（%）	排名
黄埔区	37	1 768.39	38.34	1
天河区	18	695.02	15.07	2
越秀区	10	530.60	11.50	3
番禺区	9	416.64	9.03	4
白云区	8	294.52	6.39	5
荔湾区	3	244.73	5.31	6
海珠区	4	239.67	5.20	7
花都区	3	134.71	2.92	8
增城区	3	131.95	2.86	9
南沙区	4	121.87	2.64	10
从化区	1	33.79	0.73	11

第五节　2021 年广州上市企业品牌科技创新指数 100 强榜单

品牌科技创新是衡量企业创新能力的重要指标，本书以企查查的科技创新总含量为指标计算企业的科技创新能力，其包含了企业的商标以及专利申请数量。2021 年广州上市企业品牌科技创新指数 100 强榜单见表 2-15。

表 2 - 15   2021 年广州上市企业品牌科技创新指数 100 强榜单

证券代码	证券简称	公司名称	注册地所在区	上市板	行业名称	品牌年龄	品牌科技创新指数	排名
002841	视源股份	广州视源电子科技股份有限公司	黄埔区	中小企业板	计算机、通信和其他电子设备制造业	15	100.00	1
601238	广汽集团	广州汽车集团股份有限公司	越秀区	主板	交通运输设备制造业	15	94.62	2
600143	金发科技	金发科技股份有限公司	黄埔区	主板	塑料制造业	19	90.33	3
002544	杰赛科技	广州杰赛科技股份有限公司	花都区	中小企业板	通信服务业	26	86.82	4
002152	广电运通	广州广电运通金融电子股份有限公司	黄埔区	中小企业板	专用设备制造业	15	80.73	5
002209	达意隆	广州达意隆包装机械股份有限公司	黄埔区	中小企业板	专用设备制造业	14	77.85	6
300503	昊志机电	广州市昊志机电股份有限公司	黄埔区	创业板	通用设备制造业	14	72.07	7
003013	地铁设计	广州地铁设计研究院股份有限公司	越秀区	中小企业板	专业技术服务业	27	71.21	8
002465	海格通信	广州海格通信集团股份有限公司	黄埔区	中小企业板	通信及相关设备制造业	13	69.93	9

（续上表）

证券代码	证券简称	公司名称	注册地所在区	上市板	行业名称	品牌年龄	品牌科技创新指数	排名
300098	高新兴	高新兴科技集团股份有限公司	黄埔区	创业板	通信及相关设备制造业	23	68.81	10
002709	天赐材料	广州天赐高新材料股份有限公司	黄埔区	中小企业板	化学原料及化学制品制造业	20	67.28	11
002967	广电计量	广州广电计量检测股份有限公司	天河区	中小企业板	专业技术服务业	18	65.03	12
300219	鸿利智汇	鸿利智汇集团股份有限公司	花都区	创业板	电子元器件制造业	16	65.02	13
688128	中国电研	中国电器科学研究院股份有限公司	海珠区	科创板	专业技术服务业	33	64.49	14
600048	保利集团	保利发展控股集团股份有限公司	海珠区	主板	房地产开发与经营业	18	64.03	15
600684	珠江实业	广州珠江实业开发股份有限公司	越秀区	主板	房地产开发与经营业	28	64.03	15
002060	粤水电	广东水电二局股份有限公司	增城区	中小企业板	土木工程建筑业	19	64.03	15
600393	粤泰股份	广州粤泰集团股份有限公司	越秀区	主板	房地产开发与经营业	32	64.03	15
300833	浩洋股份	广州市浩洋电子股份有限公司	番禺区	创业板	电气机械及器材制造业	15	63.58	19

（续上表）

证券代码	证券简称	公司名称	注册地所在区	上市板	行业名称	品牌年龄	品牌科技创新指数	排名
603848	好太太	广东好太太科技集团股份有限公司	番禺区	主板	金属制品业	15	63.25	20
300482	万孚生物	广州万孚生物技术股份有限公司	黄埔区	创业板	医药制造业	28	63.17	21
300335	迪森股份	广州迪森热能技术股份有限公司	黄埔区	创业板	其他社会服务业	24	62.28	22
002030	达安基因	中山大学达安基因股份有限公司	黄埔区	中小企业板	生物制品业	19	61.38	23
002045	国光电器	国光电器股份有限公司	花都区	中小企业板	电子元器件制造业	27	60.05	24
300448	浩云科技	浩云科技股份有限公司	番禺区	创业板	软件和信息技术服务业	19	57.59	25
600098	广州发展	广州发展集团股份有限公司	天河区	主板	电力、蒸汽、热水的生产和供应业	23	57.43	26
300438	鹏辉能源	广州鹏辉能源科技股份有限公司	番禺区	创业板	电气机械及器材制造业	19	56.35	27

（续上表）

证券代码	证券简称	公司名称	注册地所在区	上市板	行业名称	品牌年龄	品牌科技创新指数	排名
603390	通达电气	广州通达汽车电气股份有限公司	白云区	主板	计算机、通信和其他电子设备制造业	26	55.80	28
300155	安居宝	广东安居宝数码科技股份有限公司	黄埔区	创业板	其他电子设备制造业	16	55.18	29
300499	高澜股份	广州高澜节能技术股份有限公司	黄埔区	创业板	电气机械及器材制造业	9	55.06	30
002177	御银股份	广州御银科技股份有限公司	天河区	中小企业板	专用设备制造业	19	54.78	31
002084	海鸥住工	广州海鸥住宅工业股份有限公司	番禺区	中小企业板	金属制品业	17	54.68	32
603861	白云电器	广州白云电器设备股份有限公司	白云区	主板	电气机械及器材制造业	16	54.64	33
002169	智光电气	广州智光电气股份有限公司	黄埔区	中小企业板	电器机械及器材制造业	15	53.11	34
300147	香雪制药	广州市香雪制药股份有限公司	黄埔区	创业板	医药制造业	23	51.84	35
300297	蓝盾股份	蓝盾信息安全技术股份有限公司	天河区	创业板	计算机应用服务业	21	51.42	36

（续上表）

证券代码	证券简称	公司名称	注册地所在区	上市板	行业名称	品牌年龄	品牌科技创新指数	排名
002909	集泰股份	广州集泰化工股份有限公司	黄埔区	中小企业板	化学原料及化学制品制造业	14	51.30	37
002572	索菲亚	索菲亚家居股份有限公司	增城区	中小企业板	家具制造业	17	51.18	38
000523	广州浪奇	广州市浪奇实业股份有限公司	天河区	主板	化学原料及化学制品制造业	27	51.04	39
603833	欧派	欧派家居集团股份有限公司	白云区	主板	家具制造业	26	50.92	40
002678	珠江钢琴	广州珠江钢琴集团股份有限公司	增城区	中小企业板	乐器制造业	12	49.61	41
002663	普邦股份	广州普邦园林股份有限公司	越秀区	中小企业板	土木工程建筑业	25	48.80	42
300238	冠昊生物	冠昊生物科技股份有限公司	黄埔区	创业板	专用设备制造业	21	48.42	43
688026	洁特生物	广州洁特生物过滤股份有限公司	黄埔区	科创板	橡胶和塑料制品业	19	48.34	44
300808	久量股份	广东久量股份有限公司	白云区	创业板	电气机械及器材制造业	18	48.20	45
603882	金域医学	广州金域医学检验集团股份有限公司	黄埔区	主板	卫生	14	48.10	46
002683	宏大爆破	广东宏大爆破股份有限公司	天河区	中小企业板	采掘服务业	17	47.91	47

（续上表）

证券代码	证券简称	公司名称	注册地所在区	上市板	行业名称	品牌年龄	品牌科技创新指数	排名
300711	广哈通信	广州广哈通信股份有限公司	黄埔区	创业板	计算机、通信和其他电子设备制造业	25	47.33	48
002973	侨银股份	侨银城市管理股份有限公司	从化区	中小企业板	公共设施管理业	19	47.22	49
002420	毅昌股份	广州毅昌科技股份有限公司	黄埔区	中小企业板	塑料制造业	13	46.90	50
300625	三雄极光	广东三雄极光照明股份有限公司	番禺区	创业板	电气机械及器材制造业	10	45.67	51
600029	南方航空	中国南方航空股份有限公司	黄埔区	主板	航空运输业	25	44.36	52
603002	宏昌电子	宏昌电子材料股份有限公司	黄埔区	主板	化学原料及化学制品制造业	25	44.07	53
300310	宜通世纪	宜通世纪科技股份有限公司	天河区	创业板	通信服务业	19	43.60	54
600332	白云山	广州白云山医药集团股份有限公司	荔湾区	主板	医药制造业	23	43.57	55
688393	安必平	广州安必平医药科技股份有限公司	黄埔区	科创板	医药制造业	15	43.52	56
300521	爱司凯	爱司凯科技股份有限公司	黄埔区	创业板	专用设备制造业	14	42.05	57

（续上表）

证券代码	证券简称	公司名称	注册地所在区	上市板	行业名称	品牌年龄	品牌科技创新指数	排名
002833	弘亚数控	广州弘亚数控机械股份有限公司	黄埔区	中小企业板	专用设备制造业	14	41.93	58
603309	维力医疗	广州维力医疗器械股份有限公司	番禺区	主板	专用设备制造业	16	41.52	59
300404	博济医药	广州博济医药生物技术股份有限公司	天河区	创业板	研究和试验发展	18	41.32	60
300530	达志科技	广东达志环保科技股份有限公司	黄埔区	创业板	化学原料及化学制品制造业	18	39.99	61
300723	一品红	一品红药业股份有限公司	黄埔区	创业板	医药制造业	18	39.86	62
002888	惠威科技	广州惠威电声科技股份有限公司	南沙区	中小企业板	计算机、通信和其他电子设备制造业	23	39.76	63
002832	比音勒芬	比音勒芬服饰股份有限公司	番禺区	中小企业板	纺织服装、服饰业	17	39.47	64
603898	好莱客	广州好莱客创意家居股份有限公司	黄埔区	主板	家具制造业	13	39.07	65
600685	中船防务	中船海洋与防务装备股份有限公司	海珠区	主板	交通运输设备制造业	27	38.20	66

（续上表）

证券代码	证券简称	公司名称	注册地所在区	上市板	行业名称	品牌年龄	品牌科技创新指数	排名
300424	航新科技	广州航新航空科技股份有限公司	黄埔区	创业板	铁路、船舶、航空航天和其他运输设备制造业	15	37.78	67
002732	燕塘乳业	广东燕塘乳业股份有限公司	黄埔区	中小企业板	食品制造业	18	37.77	68
603322	超讯通信	超讯通信股份有限公司	天河区	主板	软件和信息技术服务业	22	37.46	69
300687	赛意信息	广州赛意信息科技股份有限公司	天河区	创业板	软件和信息技术服务业	15	36.56	70
002461	珠江啤酒	广州珠江啤酒股份有限公司	海珠区	中小企业板	饮料制造业	18	36.23	71
603535	嘉诚国际	广州市嘉诚国际物流股份有限公司	番禺区	主板	仓储业	20	36.01	72
603608	天创时尚	天创时尚股份有限公司	南沙区	主板	皮革、毛皮、羽毛及其制品和制鞋业	16	35.93	73
002656	ST 摩登	摩登大道时尚集团股份有限公司	黄埔区	中小企业板	零售业	18	33.87	74
300770	新媒股份	广东南方新媒体股份有限公司	越秀区	创业板	电信、广播电视和卫星传输服务	10	32.70	75

（续上表）

证券代码	证券简称	公司名称	注册地所在区	上市板	行业名称	品牌年龄	品牌科技创新指数	排名
300738	奥飞数据	广东奥飞数据科技股份有限公司	南沙区	创业板	软件和信息技术服务业	16	29.21	76
603813	原尚股份	广东原尚物流股份有限公司	黄埔区	主板	道路运输业	15	28.02	77
600428	中远海特	中远海运特种运输股份有限公司	黄埔区	主板	水上运输业	21	23.56	78
600004	白云机场	广州白云国际机场股份有限公司	白云区	主板	航空运输业	20	23.13	79
000429	粤高速A	广东省高速公路发展股份有限公司	白云区	主板	交通运输辅助业	27	23.13	79
601900	南方传媒	南方出版传媒股份有限公司	越秀区	主板	出版业	11	23.13	79
002181	粤传媒	广东广州日报传媒股份有限公司	白云区	中小企业板	信息传播服务业	28	23.13	79
002905	金逸影视	广州金逸影视传媒股份有限公司	天河区	中小企业板	广播、电视、电影和影视录音制作业	16	23.13	79
300805	电声股份	广东电声市场营销股份有限公司	天河区	创业板	商务服务业	10	23.13	79
300635	中达安	中达安股份有限公司	白云区	创业板	专业技术服务业	22	23.13	79

（续上表）

证券代码	证券简称	公司名称	注册地所在区	上市板	行业名称	品牌年龄	品牌科技创新指数	排名
003010	若羽臣	广州若羽臣科技股份有限公司	黄埔区	中小企业板	互联网和相关服务	9	23.13	79
300781	因赛集团	广东因赛品牌营销集团股份有限公司	天河区	创业板	商务服务业	18	23.13	79
002027	分众传媒	分众传媒信息技术股份有限公司	黄埔区	中小企业板	计算机及相关设备制造业	19	15.46	88
603233	大参林	大参林医药集团股份有限公司	荔湾区	主板	零售业	21	12.77	89
300616	尚品宅配	广州尚品宅配家居股份有限公司	天河区	创业板	家具制造业	16	7.31	90
002999	天禾股份	广东天禾农资股份有限公司	越秀区	中小企业板	零售业	11	6.64	91
000893	亚钾国际	亚钾国际投资（广州）股份有限公司	南沙区	主板	商务服务业	22	6.64	91
002187	广百股份	广州市广百股份有限公司	越秀区	中小企业板	零售业	18	6.64	91
000524	岭南控股	广州岭南集团控股股份有限公司	越秀区	主板	旅馆业	27	6.64	91

（续上表）

证券代码	证券简称	公司名称	注册地所在区	上市板	行业名称	品牌年龄	品牌科技创新指数	排名
000987	越秀金控	广州越秀金融控股集团股份有限公司	天河区	主板	多元金融	28	1.00	95
000539	粤电力A	广东电力发展股份有限公司	天河区	主板	电力、蒸汽、热水的生产和供应业	27	1.00	95
000531	穗恒运A	广州恒运企业集团股份有限公司	黄埔区	主板	电力、蒸汽、热水的生产和供应业	28	1.00	95
600894	广日股份	广州广日股份有限公司	天河区	主板	专用设备制造业	27	1.00	95
603043	广州酒家	广州酒家集团股份有限公司	荔湾区	主板	食品制造业	28	1.00	95
002192	融捷股份	融捷股份有限公司	天河区	中小企业板	化学原料及化学制品制造业	22	1.00	95

一、上榜品牌概述

2021年广州上市企业品牌科技创新指数100强榜单中，企业平均品牌科技创新指数为43.97，中位数为46.29；品牌科技创新指数前三的企业分别为广州视源电子科技股份有限公司（100.00）、广州汽车集团股份有限公司（94.62）、金发科技股份有限公司（90.33），所处行业分别为计算机、通信和其他电子设备制造业，交通运输设备制造业，塑料制造业；排名前10的企业的品牌科技创新指数合计812.37，占广州上市企业品牌科技创新指数100强的18.48%；排名前30的企业的品牌科技创新指数合计2 041.44，占广州上市企业品牌科技创新指数 100 强的 46.43%；排名前 50 的企业的品牌科技创新指数合计 3 047.18，占广州上市企业品牌科技创新指数 100 强的 69.30%。

二、上榜品牌上市板块分析

2021 年广州上市企业品牌科技创新指数 100 强榜单中，在主板上市的企业共计 34 家，品牌科技创新指数共计 1 270.44，占广州上市企业品牌科技创新指数 100 强的 28.90%；在深市中小企业板上市的企业共计 34 家，品牌科技创新指数共计 1 637.96，占广州上市企业品牌科技创新指数 100 强的 37.25%；在深市创业板上市的企业共计 29 家，品牌科技创新指数共计 1 331.76，占广州上市企业品牌科技创新指数 100 强的 30.29%；在沪市科创板上市的企业共计 3 家，品牌科技创新指数共计 156.35，占广州上市企业品牌科技创新指数 100 强的 3.56%。

三、上榜品牌年龄分析

2021 年广州上市企业品牌科技创新指数 100 强榜单中，品牌平均年龄 19.37 年，中位数为 18.5 年；品牌寿命最长的前三企业分别为中国电器科学研究院股份有限公司（33 年），广州粤泰集团股份有限公司（32 年），广州万孚生物技术股份有限公司、广州酒家集团股份有限公司、广东广州日报传媒股份有限公司、广州珠江实业开发股份有限公司、广州恒运企业集团股份有限公司、广州越秀金融控股集团股份有限公司（28 年，6 家公司并列第三），品牌寿命最长的前三企业的品牌科技创新指数合计 281.85，占广州上市企业品牌科技创新指数 100 强的 6.41%。上榜企业中最年轻的品牌为若羽臣和高澜股份（9 年）。

四、上榜品牌行业分析

2021 年广州上市企业品牌科技创新指数 100 强榜单中，100 家企业来自 49 个行业（见表 2-16），上榜企业品牌科技创新指数排名前三的行业分别是专用设备制造业（8 家，品牌科技创新指数共计 388.27，占比 8.83%）、电气机械及器材制造业（6 家，品牌科技创新指数共计 323.50，占比 7.36%）、化学原料及化学制品制造业（6 家，品牌科技创新指数共计 254.67，占比 5.79%），排名前三的行业的品牌科技创新指数合计 966.44，占广州上市企业品牌科技创新指数 100 强的 21.98%。

表 2-16　2021 年广州上市企业品牌科技创新指数 100 强行业品牌科技创新指数

行业名称	上榜企业数量	品牌科技创新指数	占比（%）	排名
专用设备制造业	8	388.27	8.83	1
电气机械及器材制造业	6	323.50	7.36	2
化学原料及化学制品制造业	6	254.67	5.79	3
计算机、通信和其他电子设备制造业	4	242.88	5.52	4
医药制造业	5	241.96	5.50	5
专业技术服务业	4	223.86	5.09	6
房地产开发与经营业	3	192.10	4.37	7
软件和信息技术服务业	4	160.82	3.66	8
家具制造业	4	148.48	3.38	9
通信及相关设备制造业	2	138.74	3.16	10
塑料制造业	2	137.23	3.12	11
交通运输设备制造业	2	132.82	3.02	12
通信服务业	2	130.42	2.97	13
电子元器件制造业	2	125.07	2.84	14
金属制品业	2	117.94	2.68	15
土木工程建筑业	2	112.83	2.57	16
通用设备制造业	1	72.07	1.64	17
航空运输业	2	67.49	1.54	18
其他社会服务业	1	62.28	1.42	19
生物制品业	1	61.38	1.40	20
零售业	4	59.93	1.36	21
电力、蒸汽、热水的生产和供应业	3	59.43	1.35	22
其他电子设备制造业	1	55.18	1.26	23

（续上表）

行业名称	上榜企业数量	品牌科技创新指数	占比（%）	排名
电器机械及器材制造业	1	53.11	1.21	24
商务服务业	3	52.91	1.20	25
计算机应用服务业	1	51.42	1.17	26
乐器制造业	1	49.61	1.13	27
橡胶和塑料制品业	1	48.34	1.10	28
卫生	1	48.10	1.09	29
采掘服务业	1	47.91	1.09	30
公共设施管理业	1	47.22	1.07	31
研究和试验发展	1	41.32	0.94	32
纺织服装、服饰业	1	39.47	0.90	33
食品制造业	2	38.77	0.88	34
铁路、船舶、航空航天和其他运输设备制造业	1	37.78	0.86	35
饮料制造业	1	36.23	0.82	36
仓储业	1	36.01	0.82	36
皮革、毛皮、羽毛及其制品和制鞋业	1	35.93	0.82	36
电信、广播电视和卫星传输服务业	1	32.70	0.74	39
道路运输业	1	28.02	0.64	40
水上运输业	1	23.56	0.54	41
信息传播服务业	1	23.13	0.53	42
交通运输辅助业	1	23.13	0.53	42
广播、电视、电影和影视录音制作业	1	23.13	0.53	42
出版业	1	23.13	0.53	42
互联网和相关服务行业	1	23.13	0.53	42
计算机及相关设备制造业	1	15.46	0.35	47
旅馆业	1	6.64	0.15	48
多元金融	1	1.00	0.02	49

五、上榜品牌区域分析

2021 年广州上市企业品牌科技创新指数 100 强榜单中，黄埔区上榜的企业数量最多（见表 2-17），共 37 家，品牌科技创新指数共计 1 854.83，占广州上市企业品牌科技创新指数 100 强的 42.18%；排名第二的是天河区，共 18 家，品牌科技创新指数共计 567.25，占广州上市企业品牌科技创新指数 100 强的 12.90%；排名第三的是越秀区，共 10 家，品牌科技创新指数共计 418.46，占广州上市企业品牌科技创新指数 100 强的 9.52%．品牌科技创新指数最高的三个区分别为黄埔区（1 854.83，占比 42.18%）、天河区（567.25，占比 12.90%）、番禺区（458.12，占比 10.42%）。

表 2-17　2021 年广州上市企业品牌科技创新指数 100 强区域品牌科技创新指数

注册地所在区	上榜品牌数量	品牌科技创新指数	占比（%）	排名
黄埔区	37	1 854.83	42.18	1
天河区	18	567.25	12.90	2
番禺区	9	458.12	10.42	3
越秀区	10	418.46	9.52	4
白云区	8	302.09	6.87	5
花都区	3	211.89	4.82	6
海珠区	4	202.95	4.62	7
增城区	3	164.83	3.75	8
南沙区	4	111.53	2.54	9
荔湾区	3	57.35	1.30	10
从化区	1	47.22	1.07	11

六、上榜品牌专利指数分析

2021 年广州上市企业品牌科技创新指数 100 强榜单中，平均品牌专利指数为 43.44，中位数为 44.98；品牌专利指数排名前三（见表 2-18）的企业分别为广州汽车集团股份有限公司（100.00）、金发科技股份有限公司

（88.57）、广州视源电子科技股份有限公司（86.81），品牌专利指数排名前三的企业的品牌科技创新指数合计284.95，占广州上市企业品牌科技创新指数100强的6.48%。

表 2 - 18　2021 年广州上市企业品牌科技创新指数 100 强之品牌专利指数企业前 10 强

品牌专利指数排名	公司名称	所在区	行业名称	品牌年龄	品牌专利指数	品牌科技创新指数	品牌科技创新指数排名
1	广州汽车集团股份有限公司	越秀区	交通运输设备制造业	15	100.00	94.62	2
2	金发科技股份有限公司	黄埔区	塑料制造业	19	88.57	90.33	3
3	广州视源电子科技股份有限公司	黄埔区	计算机、通信和其他电子设备制造业	15	86.81	100.00	1
4	索菲亚家居股份有限公司	增城区	家具制造业	17	75.73	51.18	38
5	广东好太太科技集团股份有限公司	番禺区	金属制品业	15	74.51	63.25	20
6	广东久量股份有限公司	白云区	电气机械及器材制造业	18	73.04	48.20	45
7	广州市浩洋电子股份有限公司	番禺区	电气机械及器材制造业	15	72.38	63.58	19
8	中国电器科学研究院股份有限公司	海珠区	专业技术服务业	33	68.04	64.49	14
9	广州万孚生物技术股份有限公司	黄埔区	医药制造业	28	66.77	63.17	21
10	比音勒芬服饰股份有限公司	番禺区	纺织服装、服饰业	17	66.60	39.47	64

七、上榜品牌商标指数分析

2021年广州上市企业品牌科技创新指数100强榜单中，平均品牌商标指数为43.33，中位数为48.02；品牌商标指数排名前三的企业（见表2-19）分别为广州视源电子科技股份有限公司（100.00）、广州白云山医药集团股份有限公司（83.69）、广州杰赛科技股份有限公司（83.64），品牌商标指数排名前三的企业的品牌科技创新指数合计230.39，占广州上市企业品牌科技创新指数100强的5.24%。

表2-19　2021年广州上市企业品牌科技创新指数100强之品牌商标指数企业前10强

品牌商标指数排名	公司名称	所在区	行业名称	品牌年龄	品牌商标指数	品牌科技创新指数	品牌科技创新指数排名
1	广州视源电子科技股份有限公司	黄埔区	计算机、通信和其他电子设备制造业	15	100.00	100.00	1
2	广州白云山医药集团股份有限公司	荔湾区	医药制造业	23	83.69	43.57	55
3	广州杰赛科技股份有限公司	花都区	通信服务业	26	83.64	86.82	4
4	广州广电运通金融电子股份有限公司	黄埔区	专用设备制造业	15	80.51	80.73	5
5	广州达意隆包装机械股份有限公司	黄埔区	专用设备制造业	14	77.23	77.85	6

（续上表）

品牌商标指数排名	公司名称	所在区	行业名称	品牌年龄	品牌商标指数	品牌科技创新指数	品牌科技创新指数排名
6	广东好太太科技集团股份有限公司	番禺区	金属制品业	15	73.07	63.25	20
7	广州地铁设计研究院股份有限公司	越秀区	专业技术服务业	27	73.02	71.21	8
8	广州市昊志机电股份有限公司	黄埔区	通用设备制造业	14	72.81	72.07	7
9	欧派家居集团股份有限公司	白云区	家具制造业	26	71.27	50.92	40
10	广州汽车集团股份有限公司	越秀区	交通运输设备制造业	15	70.61	94.62	2

附　录

附表 1　2021 年广州上市企业品牌价值 100 强之主板上市企业前 10 强

主板上市企业排名	公司名称	所在区	行业名称	品牌年龄	品牌价值（亿元）	品牌价值排名
1	保利发展控股集团股份有限公司	海珠区	房地产开发与经营业	18	398.29	1
2	中国南方航空股份有限公司	黄埔区	航空运输业	25	349.41	2
3	广州白云山医药集团股份有限公司	荔湾区	医药制造业	23	298.37	3
4	广州汽车集团股份有限公司	越秀区	交通运输设备制造业	15	231.13	4
5	大参林医药集团股份有限公司	荔湾区	零售业	21	202.75	5
6	欧派家居集团股份有限公司	白云区	家具制造业	26	74.50	8
7	广州金域医学检验集团股份有限公司	黄埔区	卫生	14	61.03	9
8	南方出版传媒股份有限公司	越秀区	出版业	11	46.20	12
9	天创时尚股份有限公司	南沙区	皮革、毛皮、羽毛及其制品和制鞋业	16	41.12	16
10	金发科技股份有限公司	黄埔区	塑料制造业	19	35.95	18

附表2　2021年广州上市企业品牌价值100强之中小企业板上市企业前10强

中小企业板上市企业排名	公司名称	所在区	行业名称	品牌年龄	品牌价值（亿元）	品牌价值排名
1	分众传媒信息技术股份有限公司	黄埔区	计算机及相关设备制造业	19	135.69	6
2	广州视源电子科技股份有限公司	黄埔区	计算机、通信和其他电子设备制造业	15	57.61	10
3	索菲亚家居股份有限公司	增城区	家具制造业	17	43.08	13
4	广州珠江啤酒股份有限公司	海珠区	饮料制造业	18	42.25	14
5	中山大学达安基因股份有限公司	黄埔区	生物制品业	19	37.94	17
6	广州广电运通金融电子股份有限公司	黄埔区	专用设备制造业	15	33.87	19
7	比音勒芬服饰股份有限公司	番禺区	纺织服装、服饰业	17	28.44	20
8	广州市广百股份有限公司	越秀区	零售业	18	25.81	22
9	广州杰赛科技股份有限公司	花都区	通信服务业	26	23.13	26
10	广东广州日报传媒股份有限公司	白云区	信息传播服务业	28	22.21	29

附表3　2021年广州上市企业品牌价值100强之创业板上市企业前10强

创业板上市企业排名	公司名称	所在区	行业名称	品牌年龄	品牌价值（亿元）	品牌价值排名
1	广州尚品宅配家居股份有限公司	天河区	家具制造业	16	96.07	7
2	一品红药业股份有限公司	黄埔区	医药制造业	18	54.86	11
3	广州万孚生物技术股份有限公司	黄埔区	医药制造业	28	41.94	15
4	广州市香雪制药股份有限公司	黄埔区	医药制造业	23	22.46	28
5	高新兴科技集团股份有限公司	黄埔区	通信及相关设备制造业	23	21.42	32
6	广州广哈通信股份有限公司	黄埔区	计算机、通信和其他电子设备制造业	25	18.55	42
7	广州迪森热能技术股份有限公司	黄埔区	其他社会服务业	24	18.28	43
8	冠昊生物科技股份有限公司	黄埔区	专用设备制造业	21	18.16	44
9	中达安股份有限公司	白云区	专业技术服务业	22	15.66	55
10	蓝盾信息安全技术股份有限公司	天河区	计算机应用服务业	21	15.48	58

附表4   2021年广州上市企业品牌价值100强之工业10强

工业企业排名	公司名称	所在区	上市板	行业名称	品牌年龄	品牌价值（亿元）	品牌价值排名
1	广州白云山医药集团股份有限公司	荔湾区	主板	医药制造业	23	298.37	3
2	广州汽车集团股份有限公司	越秀区	主板	交通运输设备制造业	15	231.13	4
3	分众传媒信息技术股份有限公司	黄埔区	中小企业板	计算机及相关设备制造业	19	135.69	6
4	广州尚品宅配家居股份有限公司	天河区	创业板	家具制造业	16	96.07	7
5	欧派家居集团股份有限公司	白云区	主板	家具制造业	26	74.50	8
6	广州视源电子科技股份有限公司	黄埔区	中小企业板	计算机、通信和其他电子设备制造业	15	57.61	10
7	一品红药业股份有限公司	黄埔区	创业板	医药制造业	18	54.86	11
8	索菲亚家居股份有限公司	增城区	中小企业板	家具制造业	17	43.08	13
9	广州珠江啤酒股份有限公司	海珠区	中小企业板	饮料制造业	18	42.25	14
10	广州万孚生物技术股份有限公司	黄埔区	创业板	医药制造业	28	41.94	15

附表5　2021年广州上市企业品牌价值100强之服务业10强

服务业企业排名	公司名称	所在区	上市板	行业名称	品牌年龄	品牌价值（亿元）	品牌价值排名
1	保利发展控股集团股份有限公司	海珠区	主板	房地产开发与经营业	18	398.29	1
2	中国南方航空股份有限公司	黄埔区	主板	航空运输业	25	349.41	2
3	大参林医药集团股份有限公司	荔湾区	主板	零售业	21	202.75	5
4	广州金域医学检验集团股份有限公司	黄埔区	主板	卫生	14	61.03	9
5	南方出版传媒股份有限公司	越秀区	主板	出版业	11	46.20	12
6	中国电器科学研究院股份有限公司	海珠区	科创板	专业技术服务业	33	26.14	21
7	广州市广百股份有限公司	越秀区	中小企业板	零售业	18	25.81	22
8	广州岭南集团控股股份有限公司	越秀区	主板	旅馆业	27	24.22	24
9	广州粤泰集团股份有限公司	越秀区	主板	房地产开发与经营业	32	23.90	25
10	广州杰赛科技股份有限公司	花都区	中小企业板	通信服务业	26	23.13	26

附表6　2021年广州上市企业品牌价值100强区域龙头品牌

注册地所在区	公司名称	品牌价值（亿元）	上市板	行业名称	品牌年龄
海珠区	保利发展控股集团股份有限公司	398.29	主板	房地产开发与经营业	18
黄埔区	中国南方航空股份有限公司	349.41	主板	航空运输业	25
荔湾区	广州白云山医药集团股份有限公司	298.37	主板	医药制造业	23
越秀区	广州汽车集团股份有限公司	231.13	主板	交通运输设备制造业	15
天河区	广州尚品宅配家居股份有限公司	96.07	创业板	家具制造业	16
白云区	欧派家居集团股份有限公司	74.50	主板	家具制造业	26
增城区	索菲亚家居股份有限公司	43.08	中小企业板	家具制造业	17
南沙区	天创时尚股份有限公司	41.12	主板	皮革、毛皮、羽毛及其制品和制鞋业	16
番禺区	比音勒芬服饰股份有限公司	28.44	中小企业板	纺织服装、服饰业	17
花都区	广州杰赛科技股份有限公司	23.13	中小企业板	通信服务业	26
从化区	侨银城市管理股份有限公司	14.24	中小企业板	公共设施管理业	19

附表7　2021年广州上市企业品牌收益指数100强之工业10强

工业企业排名	公司名称	所在区	上市板	行业名称	品牌年龄	品牌收益指数	品牌收益指数排名
1	广州汽车集团股份有限公司	越秀区	主板	交通运输设备制造业	15	82.36	3
2	广州白云山医药集团股份有限公司	荔湾区	主板	医药制造业	23	82.14	4
3	金发科技股份有限公司	黄埔区	主板	塑料制造业	19	74.79	5
4	广州发展集团股份有限公司	天河区	主板	电力、蒸汽、热水的生产和供应业	23	73.45	6
5	广东电力发展股份有限公司	天河区	主板	电力、蒸汽、热水的生产和供应业	27	72.01	7
6	广州视源电子科技股份有限公司	黄埔区	中小企业板	计算机、通信和其他电子设备制造业	15	65.46	8
7	欧派家居集团股份有限公司	白云区	主板	家具制造业	26	63.50	9
8	分众传媒信息技术股份有限公司	黄埔区	中小企业板	计算机及相关设备制造业	19	60.93	12
9	中船海洋与防务装备股份有限公司	海珠区	主板	交通运输设备制造业	27	60.39	13
10	索菲亚家居股份有限公司	增城区	中小企业板	家具制造业	17	56.11	16

附表8　2021年广州上市企业品牌收益指数100强之服务业10强

服务业企业排名	公司名称	所在区	上市板	行业名称	品牌年龄	品牌收益指数	品牌收益指数排名
1	保利发展控股集团股份有限公司	海珠区	主板	房地产开发与经营业	18	100.00	1
2	中国南方航空股份有限公司	黄埔区	主板	航空运输业	25	87.43	2
3	大参林医药集团股份有限公司	荔湾区	主板	零售业	21	63.36	10
4	广东水电二局股份有限公司	增城区	中小企业板	土木工程建筑业	19	61.44	11
5	广东天禾农资股份有限公司	越秀区	中小企业板	零售业	11	58.50	14
6	广州越秀金融控股集团股份有限公司	天河区	主板	多元金融	28	58.04	15
7	广州金域医学检验集团股份有限公司	黄埔区	主板	卫生	14	55.93	17
8	中远海运特种运输股份有限公司	黄埔区	主板	水上运输业	21	53.88	18
9	南方出版传媒股份有限公司	越秀区	主板	出版业	11	53.61	19
10	广东宏大爆破股份有限公司	天河区	中小企业板	采掘服务业	17	52.63	23

附表9　2021年广州上市企业品牌收益指数100强区域龙头品牌

注册地所在区	公司名称	品牌收益指数	上市板	行业名称	品牌年龄
海珠区	保利发展控股集团股份有限公司	100.00	主板	房地产开发与经营业	18
黄埔区	中国南方航空股份有限公司	87.43	主板	航空运输业	25
越秀区	广州汽车集团股份有限公司	82.36	主板	交通运输设备制造业	15
荔湾区	广州白云山医药集团股份有限公司	82.14	主板	医药制造业	23
天河区	广州发展集团股份有限公司	73.45	主板	电力、蒸汽、热水的生产和供应业	23
白云区	欧派家居集团股份有限公司	63.50	主板	家具制造业	26
增城区	广东水电二局股份有限公司	61.44	中小企业板	土木工程建筑业	19
花都区	广州杰赛科技股份有限公司	52.42	中小企业板	通信服务业	26
番禺区	广州鹏辉能源科技股份有限公司	45.30	创业板	电气机械及器材制造业	19
从化区	侨银城市管理股份有限公司	42.01	中小企业板	公共设施管理业	19
南沙区	天创时尚股份有限公司	36.67	主板	皮革、毛皮、羽毛及其制品和制鞋业	16

附表10 2021年广州上市企业品牌市场强度指数100强之主板上市企业前10强

主板上市企业排名	公司名称	所在区	行业名称	品牌年龄	品牌市场强度指数	品牌市场强度指数排名
1	保利发展控股集团股份有限公司	海珠区	房地产开发与经营业	18	100.00	1
2	中国南方航空股份有限公司	黄埔区	航空运输业	25	96.45	2
3	广州白云山医药集团股份有限公司	荔湾区	医药制造业	23	94.65	3
4	广州汽车集团股份有限公司	越秀区	交通运输设备制造业	15	91.66	4
5	大参林医药集团股份有限公司	荔湾区	零售业	21	91.03	5
6	欧派家居集团股份有限公司	白云区	家具制造业	26	76.49	8
7	广州金域医学检验集团股份有限公司	黄埔区	卫生	14	74.56	10
8	南方出版传媒股份有限公司	越秀区	出版业	11	71.72	12
9	天创时尚股份有限公司	南沙区	皮革、毛皮、羽毛及其制品和制鞋业	16	70.87	14
10	金发科技股份有限公司	黄埔区	塑料制造业	19	68.77	19

附表11　2021年广州上市企业品牌市场强度指数100强之中小企业板上市企业前10强

中小企业板上市企业排名	公司名称	所在区	行业名称	品牌年龄	品牌市场强度指数	品牌市场强度指数排名
1	分众传媒信息技术股份有限公司	黄埔区	计算机及相关设备制造业	19	84.74	6
2	广州视源电子科技股份有限公司	黄埔区	计算机、通信和其他电子设备制造业	15	74.80	9
3	索菲亚家居股份有限公司	增城区	家具制造业	17	71.20	13
4	广州珠江啤酒股份有限公司	海珠区	饮料制造业	18	70.80	15
5	广州市广百股份有限公司	越秀区	零售业	18	70.30	16
6	中山大学达安基因股份有限公司	黄埔区	生物制品业	19	69.38	17
7	广州广电运通金融电子股份有限公司	黄埔区	专用设备制造业	15	69.00	18
8	比音勒芬服饰股份有限公司	番禺区	纺织服装、服饰业	17	66.71	21
9	广东天禾农资股份有限公司	越秀区	零售业	11	64.12	22
10	广州杰赛科技股份有限公司	花都区	通信服务业	26	57.01	28

附表 12　2021 年广州上市企业品牌市场强度指数 100 强之创业板上市企业前 10 强

创业板上市企业排名	公司名称	所在区	行业名称	品牌年龄	品牌市场强度指数	品牌市场强度指数排名
1	广州尚品宅配家居股份有限公司	天河区	家具制造业	16	80.71	7
2	一品红药业股份有限公司	黄埔区	医药制造业	18	73.81	11
3	广州万孚生物技术股份有限公司	黄埔区	医药制造业	28	68.66	20
4	广州市香雪制药股份有限公司	黄埔区	医药制造业	23	60.50	23
5	广东三雄极光照明股份有限公司	番禺区	电气机械及器材制造业	10	60.30	24
6	高新兴科技集团股份有限公司	黄埔区	通信及相关设备制造业	23	58.09	26
7	广东电声市场营销股份有限公司	天河区	商务服务业	10	55.12	33
8	冠昊生物科技股份有限公司	黄埔区	专用设备制造业	21	52.26	40
9	广州鹏辉能源科技股份有限公司	番禺区	电气机械及器材制造业	19	44.68	49
10	鸿利智汇集团股份有限公司	花都区	电子元器件制造业	16	44.28	50

附表 13　2021 年广州上市企业品牌市场强度指数 100 强之工业 10 强

工业企业排名	公司名称	所在区	上市板	行业名称	品牌年龄	品牌市场强度指数	品牌市场强度指数排名
1	广州白云山医药集团股份有限公司	荔湾区	主板	医药制造业	23	94.65	3
2	广州汽车集团股份有限公司	越秀区	主板	交通运输设备制造业	15	91.66	4
3	分众传媒信息技术股份有限公司	黄埔区	中小企业板	计算机及相关设备制造业	19	84.74	6
4	广州尚品宅配家居股份有限公司	天河区	创业板	家具制造业	16	80.71	7
5	欧派家居集团股份有限公司	白云区	主板	家具制造业	26	76.49	8
6	广州视源电子科技股份有限公司	黄埔区	中小企业板	计算机、通信和其他电子设备制造业	15	74.80	9
7	一品红药业股份有限公司	黄埔区	创业板	医药制造业	18	73.81	11
8	索菲亚家居股份有限公司	增城区	中小企业板	家具制造业	17	71.20	13
9	天创时尚股份有限公司	南沙区	主板	皮革、毛皮、羽毛及其制品和制鞋业	16	70.87	14
10	广州珠江啤酒股份有限公司	海珠区	中小企业板	饮料制造业	18	70.80	15

附表 14　2021 年广州上市企业品牌市场强度指数 100 强之服务业 10 强

服务业企业排名	公司名称	所在区	上市板	行业名称	品牌年龄	品牌市场强度指数	品牌市场强度指数排名
1	保利发展控股集团股份有限公司	海珠区	主板	房地产开发与经营业	18	100.00	1
2	中国南方航空股份有限公司	黄埔区	主板	航空运输业	25	96.45	2
3	大参林医药集团股份有限公司	荔湾区	主板	零售业	21	91.03	5
4	广州金域医学检验集团股份有限公司	黄埔区	主板	卫生	14	74.56	10
5	南方出版传媒股份有限公司	越秀区	主板	出版业	11	71.72	12
6	广州市广百股份有限公司	越秀区	中小企业板	零售业	18	70.30	16
7	广东天禾农资股份有限公司	越秀区	中小企业板	零售业	11	64.12	22
8	广州岭南集团控股股份有限公司	越秀区	主板	旅馆业	27	58.02	27
9	广州杰赛科技股份有限公司	花都区	中小企业板	通信服务业	26	57.01	28
10	广州广电计量检测股份有限公司	天河区	中小企业板	专业技术服务业	18	55.67	31

附表 15   2021 年广州上市企业品牌市场强度指数 100 强区域龙头品牌

注册地所在区	公司名称	品牌市场强度指数	上市板	行业名称	品牌年龄
海珠区	保利发展控股集团股份有限公司	100.00	主板	房地产开发与经营业	18
黄埔区	中国南方航空股份有限公司	96.45	主板	航空运输业	25
荔湾区	广州白云山医药集团股份有限公司	94.65	主板	医药制造业	23
越秀区	广州汽车集团股份有限公司	91.66	主板	交通运输设备制造业	15
天河区	广州尚品宅配家居股份有限公司	80.71	创业板	家具制造业	16
白云区	欧派家居集团股份有限公司	76.49	主板	家具制造业	26
增城区	索菲亚家居股份有限公司	71.20	中小企业板	家具制造业	17
南沙区	天创时尚股份有限公司	70.87	主板	皮革、毛皮、羽毛及其制品和制鞋业	16
番禺区	比音勒芬服饰股份有限公司	66.71	中小企业板	纺织服装、服饰业	17
花都区	广州杰赛科技股份有限公司	57.01	中小企业板	通信服务业	26
从化区	侨银城市管理股份有限公司	33.79	中小企业板	公共设施管理业	19

附表 16　2021 年广州上市企业品牌科技创新指数 100 强之主板上市企业前 10 强

主板上市企业排名	公司名称	所在区	行业名称	品牌年龄	品牌科技创新指数	品牌科技创新指数排名
1	广州汽车集团股份有限公司	越秀区	交通运输设备制造业	15	94.62	2
2	金发科技股份有限公司	黄埔区	塑料制造业	19	90.33	3
3	保利发展控股集团股份有限公司	海珠区	房地产开发与经营业	18	64.03	15
4	广州珠江实业开发股份有限公司	越秀区	房地产开发与经营业	28	64.03	15
5	广州粤泰集团股份有限公司	越秀区	房地产开发与经营业	32	64.03	15
6	广东好太太科技集团股份有限公司	番禺区	金属制品业	15	63.25	20
7	广州发展集团股份有限公司	天河区	电力、蒸汽、热水的生产和供应业	23	57.43	26
8	广州通达汽车电气股份有限公司	白云区	计算机、通信和其他电子设备制造业	26	55.80	28
9	广州白云电器设备股份有限公司	白云区	电气机械及器材制造业	16	54.64	33
10	广州市浪奇实业股份有限公司	天河区	化学原料及化学制品制造业	27	51.04	39

附表17 2021年广州上市企业品牌科技创新100强之中小企业板上市企业前10强

中小企业板上市企业排名	公司名称	所在区	行业名称	品牌年龄	品牌科技创新指数	品牌科技创新指数排名
1	广州视源电子科技股份有限公司	黄埔区	计算机、通信及相关电子设备制造业	15	100.00	1
2	广州杰赛科技股份有限公司	花都区	通信服务业	26	86.82	4
3	广州广电运通金融电子股份有限公司	黄埔区	专用设备制造业	15	80.73	5
4	广州达意隆包装机械股份有限公司	黄埔区	专用设备制造业	14	77.85	6
5	广州地铁设计研究院股份有限公司	越秀区	专业技术服务业	27	71.21	8
6	广州海格通信集团股份有限公司	黄埔区	通信及相关设备制造业	13	69.93	9
7	广州天赐高新材料股份有限公司	黄埔区	化学原料及化学制品制造业	20	67.28	11
8	广州广电计量检测股份有限公司	天河区	专业技术服务业	18	65.03	12
9	广东水电二局股份有限公司	增城区	土木工程建筑业	19	64.03	15
10	中山大学达安基因股份有限公司	黄埔区	生物制品业	19	61.38	23

附表 18　2021 年广州上市企业品牌科技创新指数 100 强之创业板上市企业前 10 强

创业板上市企业排名	公司名称	所在区	行业名称	品牌年龄	品牌科技创新指数	品牌科技创新指数排名
1	广州市昊志机电股份有限公司	黄埔区	通用设备制造业	14	72.07	7
2	高新兴科技集团股份有限公司	黄埔区	通信及相关设备制造业	23	68.81	10
3	鸿利智汇集团股份有限公司	花都区	电子元器件制造业	16	65.02	13
4	广州市浩洋电子股份有限公司	番禺区	电气机械及器材制造业	15	63.58	19
5	广州万孚生物技术股份有限公司	黄埔区	医药制造业	28	63.17	21
6	广州迪森热能技术股份有限公司	黄埔区	其他社会服务业	24	62.28	22
7	浩云科技股份有限公司	番禺区	软件和信息技术服务业	19	57.59	25
8	广州鹏辉能源科技股份有限公司	番禺区	电气机械及器材制造业	19	56.35	27
9	广东安居宝数码科技股份有限公司	黄埔区	其他电子设备制造业	16	55.18	29
10	广州高澜节能技术股份有限公司	黄埔区	电气机械及器材制造业	9	55.06	30

附表19 2021年广州上市企业品牌科技创新指数100强之工业10强

工业企业排名	公司名称	所在区	上市板	行业名称	品牌年龄	品牌科技创新指数	品牌科技创新指数排名
1	广州视源电子科技股份有限公司	黄埔区	中小企业板	计算机、通信和其他电子设备制造业	15	100.00	1
2	广州汽车集团股份有限公司	越秀区	主板	交通运输设备制造业	15	94.62	2
3	金发科技股份有限公司	黄埔区	主板	塑料制造业	19	90.33	3
4	广州广电运通金融电子股份有限公司	黄埔区	中小企业板	专用设备制造业	15	80.73	5
5	广州达意隆包装机械股份有限公司	黄埔区	中小企业板	专用设备制造业	14	77.85	6
6	广州市昊志机电股份有限公司	黄埔区	创业板	通用设备制造业	14	72.07	7
7	广州海格通信集团股份有限公司	黄埔区	中小企业板	通信及相关设备制造业	13	69.93	9
8	高新兴科技集团股份有限公司	黄埔区	创业板	通信及相关设备制造业	23	68.81	10
9	广州天赐高新材料股份有限公司	黄埔区	中小企业板	化学原料及化学制品制造业	20	67.28	11
10	鸿利智汇集团股份有限公司	花都区	创业板	电子元器件制造业	16	65.02	13

附表20 2021年广州上市企业品牌科技创新指数100强之服务业10强

服务业企业排名	公司名称	所在区	上市板	行业名称	品牌年龄	品牌科技创新指数	品牌科技创新指数排名
1	广州杰赛科技股份有限公司	花都区	中小企业板	通信服务业	26	86.82	4
2	广州地铁设计研究院股份有限公司	越秀区	中小企业板	专业技术服务业	27	71.21	8
3	广州广电计量检测股份有限公司	天河区	中小企业板	专业技术服务业	18	65.03	12
4	中国电器科学研究院股份有限公司	海珠区	科创板	专业技术服务业	33	64.49	14
5	广州粤泰集团股份有限公司	越秀区	主板	房地产开发与经营业	32	64.03	15
6	广州珠江实业开发股份有限公司	越秀区	主板	房地产开发与经营业	28	64.03	15
7	广东水电二局股份有限公司	增城区	中小企业板	土木工程建筑业	19	64.03	15
8	保利发展控股集团股份有限公司	海珠区	主板	房地产开发与经营业	18	64.03	15
9	广州迪森热能技术股份有限公司	黄埔区	创业板	其他社会服务业	24	62.28	22
10	浩云科技股份有限公司	番禺区	创业板	软件和信息技术服务业	19	57.59	25

附表21 2021年广州上市企业品牌科技创新指数100强区域龙头品牌

注册地所在区	公司名称	品牌科技创新指数	上市板	行业名称	品牌年龄
黄埔区	广州视源电子科技股份有限公司	100.00	中小企业板	计算机、通信和其他电子设备制造业	15
越秀区	广州汽车集团股份有限公司	94.62	主板	交通运输设备制造业	15
花都区	广州杰赛科技股份有限公司	86.82	中小企业板	通信服务业	26
天河区	广州广电计量检测股份有限公司	65.03	中小企业板	专业技术服务业	18
海珠区	中国电器科学研究院股份有限公司	64.49	科创板	专业技术服务业	33
增城区	广东水电二局股份有限公司	64.03	中小企业板	土木工程建筑业	19
番禺区	广州市浩洋电子股份有限公司	63.58	创业板	电气机械及器材制造业	15
白云区	广州通达汽车电气股份有限公司	55.80	主板	计算机、通信和其他电子设备制造业	26
从化区	侨银城市管理股份有限公司	47.22	中小企业板	公共设施管理业	19
荔湾区	广州白云山医药集团股份有限公司	43.57	主板	医药制造业	23
南沙区	广州惠威电声科技股份有限公司	39.76	中小企业板	计算机、通信和其他电子设备制造业	23

专题研究篇

第三章 广州老字号品牌的复兴研究

第一节 广州老字号品牌的发展现状

广州作为文化历史名城，老字号品牌大多有着悠久的历史和鲜明的岭南风格，是一种重要的文化遗产和宝贵的经济文化遗产资源，是古老的文化标志之一。这些老字号品牌在创立之初，深受大众喜爱，但随着时代的变迁，老字号品牌的发展面临困境。

一、广州老字号品牌的分类及评定标准

广州老字号品牌分为三类：广州老字号、广东老字号、中华老字号（见表3–1）。三个老字号的评审标准的共同点是历史悠久，拥有世代传承的产品、技艺或服务，具有鲜明的中华民族传统文化背景和深厚的文化底蕴，并取得社会广泛认同，具备良好信誉。其中，广州老字号的评审要求品牌创立达50年或以上，门槛相对较低，但要求有鲜明的广州地域文化特征；广东老字号的评审要求商号已获得广东省内评级，相关商标已在境内注册，且有一定的岭南文化底蕴，评审按照项目得分高低进行认定；中华老字号的评审最权威，影响力大，入选的品牌也是人们公认的高质量的代名词。

表 3 - 1　广州老字号品牌的分类及评定标准

	广州老字号	广东老字号	中华老字号
背景信息	历史悠久，品牌创立时间达50年或以上，拥有世代传承的产品、技艺或服务，具有鲜明的中华民族传统文化背景和深厚的文化底蕴，取得社会广泛认同，形成良好信誉的品牌	历史较为悠久，拥有世代传承的产品、技艺或服务，具有鲜明的岭南传统文化背景和深厚的文化底蕴，有一定的社会认知认同度，形成良好信誉并经广东省老字号协会评定和确认的品牌	历史悠久，拥有世代传承的产品、技艺或服务，具有鲜明的中华民族传统文化背景和深厚的文化底蕴，取得社会广泛认同，形成良好信誉并经国家相关部门认定的品牌
评定标准	（1）品牌创立时间达50年或以上； （2）传承独特的产品、技艺或服务； （3）具有中华民族或岭南传统文化特色和鲜明的地域文化特征，具有历史价值和文化价值； （4）拥有代表性注册商标的所有权或使用权； （5）具有良好信誉，得到广泛的社会认同和赞誉； （6）经营状况良好，且具有较强的可持续发展能力； （7）在广州市区域内具有独立的经营场所，在广州开展经营活动累计达50年，现仍在利用该商号或品牌开展经营活动	（1）商号、商标或品牌创立时间达50年或以上； （2）商号、商标或品牌发源于广东，且具有岭南特色； （3）利用该商号、商标或品牌开展商业经营活动累计时间超过30年； （4）商号已获得广东省内评级，相关商标已在境内注册； （5）商号、商标或品牌经营者或持有人具有独立的经营场所，并仍在利用该商号、商标或品牌开展经营活动	（1）拥有商标所有权或使用权； （2）品牌创立于1956年（含）以前； （3）传承独特的产品、技艺或服务； （4）有传承中华民族优秀传统的企业文化； （5）具有中华民族特色和鲜明的地域文化特征，具有历史价值和文化价值； （6）具有良好信誉，得到广泛的社会认同和赞誉； （7）内地资本及港澳台资本相对控股，经营状况良好，且具有较强的可持续发展能力
认定机构	广州老字号协会	广东省老字号协会	商务部牵头设立的"中华老字号振兴发展委员会"
数量	71家	16家	37家

（续上表）

	广州老字号	广东老字号	中华老字号
名单	广州酒家、陈李济、陶陶居、王老吉、皇上皇、李占记、莲香楼、何济公、潘高寿、妙栈烧腊、第一福、新以泰、宝生园、生茂泰、虎头牌＋TIGERHEAD（广州虎辉照明科技公司）、555＋虎头牌（广州市虎头电池集团有限公司）、爱群（大酒店）、致美斋、趣香饼家、泮塘、泮溪（酒家）、鹰金钱、大同酒家、成珠楼、华华照相馆、银记（肠粉店）、清心堂、华厦大酒店、新华（大酒店）、心字牌、二天堂、南方面粉、金帆牌、广东大酒店、白宫酒店、北园（酒家）、妇儿公司、广州友谊商店、利工民、骆驼牌、555＋505（广州全新针织厂）、五羊自行车、广州绣品工艺厂、沧洲、广州电车、东方宾馆、天工牌、红棉牌、锦泉、广东省木偶剧团、双鱼、广州市新华书店、双桥、广州医药有限公司、敬修堂、健民、星群、奇星、明兴、禾穗、亚洲牌、风行牌、广印/人印、珠江钢琴、广州五羊表业、花城、南洋电器、广州市新亚大酒店、广州市鹤鸣鞋帽商店、广州市琳琅婚纱摄影（数据来源：广州老字号协会官网）	广印/人印、广州绣品工艺厂、心字牌、天工牌、珠江钢琴、广州友谊商店、二天堂、双鱼、金帆牌、锦泉、沧洲、红棉牌、采芝林、潘高寿、风行牌、银记（肠粉店）	广州酒家、趣香饼家、莲香楼、泮溪酒家、北园酒家、泮塘、陶陶居、王老吉、陈李济、潘高寿、何济公、敬修堂、健民、中一牌、奇星、星群、禾穗、明兴、采芝林、第一福、宝生园、生茂泰、鹰金钱、李占记、利工民、双狮牌（广州市南方厨具发展有限公司）、虎头牌＋TIGERHEAD（广州虎辉照明科技公司）、新华大酒店、致美斋、皇上皇、爱群大酒店、新以泰、红棉牌、广州市新亚大酒店、广州市鹤鸣鞋帽商店、广州市琳琅婚纱摄影（数据来源：商务部中华老字号信息管理平台）

按照以上老字号分类标准，其中被评为广州老字号的有 71 家，被评为广东老字号的有 16 家，被评为中华老字号的有 37 家，其中，同时属于三种分类的有红棉牌、采芝林、潘高寿，共 3 家；被评定为广东老字号的品牌大部分为广州老字号；同时属于广东老字号和中华老字号的有红棉牌、采芝林、潘高寿，共 3 家；被评定为中华老字号的品牌都为广州老字号。经过去重处理，本书以至少被评定为广州老字号、广东老字号、中华老字号其中一种称号的 72 个广州本土老字号品牌为研究对象。

为了保证数据的有效性和严谨性，本书做了以下处理：①由于广州老字号协会成立不久，还在不断纳入更多的老字号品牌过程中，因此，本书主要以广州老字号、广东老字号以及中华老字号为研究标准，寻找了 72 家老字号企业作为代表。②部分老字号在一部分国人心中属于"老字号"类别，但经过查找发现其并没有被包含在上述三类老字号称号中，缺乏一定的机构认证，故剔除了这部分老字号。

二、广州老字号品牌整体情况

本书选取的 72 家广州本土老字号主要集中在医药行业（17 家）、生活用品/服务行业（17 家）、食品制造行业（15 家）和餐饮行业（8 家）。这些老字号历史悠久，截至 2022 年，陈李济（422 年）、致美斋（414 年）、白云山（360 年）、敬修堂（232 年）、采芝林（216 年）5 个品牌均超过 200 年。

但是在互联网和数字经济的浪潮下，一批老字号利用新技术和平台积极转型。在本书调查的 72 家广州老字号中，在社交媒体营销的应用方面，完成"双微一抖"（微博、微信公众号和小程序、抖音）布局的占 88.7%，社交媒体运用的覆盖率较高；在电商网站入驻方面，均入驻淘宝和天猫的占 23.9%，电商网站利用程度较低；在市场拓展程度方面，第一福、新以泰等只在广州本地开设了门店，广州酒家、陶陶居和莲香楼等在外省有分店，而银记肠粉不仅在全国各地有分店，在其他国家或地区也有分店，在市场拓展方面做得较为出色。

然而，不少老字号的经营现状并不乐观，品牌老化、创新不足、市场萎缩、竞争力下降是老字号面临的主要问题。广州老字号中，仅有王老吉、广州酒家、皇上皇、陶陶居和莲香楼在年轻人中的知晓度较高。2018 年阿里研究院发布的《中华老字号品牌发展指数》20 强中，广州仅有王老吉上榜。

从收集到的资料可以看到，除了如广州酒家、王老吉等部分出名的广州老字号品牌完善了线上宣传渠道外，其余老字号品牌都没有专注开发多样化的营销维度。虽然存在部分老字号品牌，如皇上皇、陶陶居开展了抖音直播业务，利用直播带动商品经济的发展，但更多的还是只专注于线下渠道的经营，并没有考虑发展线上经营。在互联网时代，缺乏有效的宣传渠道，也是老字号品牌难以发展壮大的主要原因。

三、各行业广州老字号品牌现状

按行业类别划分，广州老字号企业集中在医药行业 17 家，食品制造行业 15 家，生活用品/服务行业（涵盖电器、交通、书籍、钢琴、眼镜、百货、印刷、服装类业务）17 家，餐饮行业 8 家，工艺品制造/零售行业 6 家，酒店住宿行业 7 家，体育用品行业 2 家。

（一）医药行业

广州有许多医药行业的企业，就老字号而言，有 17 家，其中较为出名的有王老吉、潘高寿、陈李济、星群（夏桑菊），主营业务是药品制造或药品买卖。

从经营状况来看，17 家公司里没有上市公司，其中，2019 年王老吉营收破百亿元，2020 年收入骤降 33.36%；广州医药股份有限公司业务稳步上升，2019 年实现销售收入 411.3 亿元，稳居全国同行业前五位；近两年间，陈李济的拳头产品销售持续保持超 30% 的增速，成为广药集团大南药板块的"排头兵"；敬修堂 2016 年药品市场销售规模达 8.6 亿元。2017 年大健康板块也蓬勃发展，销售规模已达 5.4 亿元，其中化妆品市场销售规模达 2.5 亿元，医疗器械市场销售规模达 0.8 亿元，凸显持续良好增长势头。

就数字化营销的深入程度来说，在社交媒体运用方面，实现了"双微一抖"布局的有 8 家，在搜集到的数据中占比约为 47%。其中星群在社交媒体中只进行了微博和微信营销，并没有开设抖音，但利用"夏桑菊"的商标和有效的内容运营在微博吸引了150万的粉丝。其余的医药企业或多或少都有一定的网络营销渠道，开设了微博的有12家，开设了微信媒体渠道的有14家，开设了抖音平台的有8家。什么都没有开通的有心字牌和中一牌。在电商平台入驻方面，在淘宝、京东均入驻的有王老吉、潘高寿、敬修堂、星群；仅入驻京东的有陈李济，仅入驻淘宝的有何济公、花城，入驻淘宝、京东任一电商平台的占搜集到的企业比例约为41.2%。

从市场拓展的成熟程度看，王老吉在全国各地有销售网络；清心堂门店分布在广东各地；二天堂在外省有门店。

医药行业老字号基本情况见表3－2。

表3－2 医药行业老字号基本情况

名称	知名度	主营业务	微博	微信	抖音	电商平台入驻	市场拓展程度（是否在其他地区有门店）
王老吉	热卖于广州的大街小巷	"王老吉"系列的药品＋食品；主要产品有王老吉系列、保济丸、保济口服液、小儿七星茶、清热暗疮片、克感利咽口服液、痰咳净、藿胆丸等	粉丝675万，发帖数9 956，转评赞1 250万	公众号、小程序、视频号	粉丝105万，作品数247，获赞1 438.6万	淘宝旗舰店，京东自营	在莆田、天津、合肥等多地设有网点
陈李济	是全国中药行业著名的老字号，素有"北有同仁堂，南有陈李济"之称	中药	粉丝2.1万，发帖数511，转评赞3.6万	小程序、视频号（不同集体）	粉丝1万，作品数36，获赞5 368	京东自营	否

（续上表）

名称	知名度	主营业务	微博	微信	抖音	电商平台入驻	市场拓展程度（是否在其他地区有门店）
潘高寿	是国务院首批认定的中华老字号企业，以生产止咳化痰药著称	中国首创的治咳川贝枇杷露、蛇胆川贝液、蛇胆川贝枇杷膏、蜜炼川贝枇杷膏等中成药产品	粉丝16.2万，发帖数3 322，转评赞30万	公众号、小程序、视频号	粉丝8万，作品数308，获赞13.8万（有很多账号主体）	广药白云山淘宝旗舰店，京东自营	否
何济公	商务部第一批认定的"中华老字号"企业；全国生产解热镇痛药和外用药规模最大的制药企业	解热镇痛药、外用药	粉丝4 453，发帖数3 071，转评赞1.3万	公众号、视频号	粉丝5.4万，作品数58，获赞55.1万	广药白云山淘宝旗舰店	否
敬修堂	中国专利奖、中华老字号、高新技术企业	食品、药妆、口腔护理产品；内科、儿科、妇科用药	粉丝348，发帖数334，转评赞246	公众号、小程序、视频号	粉丝81.5万，作品数100，获赞105.7万	淘宝旗舰店，京东自营	否
健民医药	1958年迁址到现北京路328号（原老威药房旧址）继续扩大经营，成为当时中南地区规模最大的国营医药零售商店之一	化学药制剂、化学原料药、生化药品、生物制品、中成药、中药饮片、医疗器械、保健器械、计生用品等	粉丝1.6万，发帖数41，转评赞273	公众号			否

（续上表）

名称	知名度	主营业务	微博	微信	抖音	电商平台入驻	市场拓展程度（是否在其他地区有门店）
中一牌	1988 年被评定为全国首批五家中成药国家级企业之一；1996 年荣获"全国五一劳动奖章"；为首批"广东省食品药品放心工程示范基地"；"中一牌"系列产品被评为"中国市场医药产品十佳畅销品牌"	生产成药有膏、丹、丸、散、茶、油、酒等七大类，均以治疗药为主					否
奇星	中华老字号、传统名优中药生产与保护示范基地	以心脑血管药物为主，儿科用药为辅，拥有丸剂、片剂、胶囊剂、颗粒剂、散剂、合剂六大剂型近80 多个品种	粉丝 1.5 万，发帖数 1 539，转评赞 14.3 万	公众号、视频号			否
星群	中华老字号、中国制药界佼佼者、高新技术企业	以胶丸、酊水糖浆、药油、颗粒冲剂四大剂型为主（夏桑菊）	粉丝 152.5万，发帖数5 377，转评赞 301.9 万	公众号、小程序、视频号		淘宝旗舰店，京东自营	否
禾穗	广东省著名商标	生产中西药制剂和药用包装材料					否
明兴	广东省著名商标	医药行业		公众号			否

（续上表）

名称	知名度	主营业务	微博	微信	抖音	电商平台入驻	市场拓展程度（是否在其他地区有门店）
采芝林	2006年，采芝林被商务部授予中华老字号称号，是广东首批及全省唯一一家获此称号的药品零售企业	药品零售业务	粉丝1 066，发帖数38，转评赞1 438	公众号、小程序、视频号	粉丝1 400，作品数58，获赞1 756		否
清心堂	"全国食品安全百佳先进单位""中国南方品牌保护与打假先进单位""广东省食品文化遗产""粤港澳三地非物质文化遗产""国家级非物质文化遗产"	凉茶	粉丝542，发帖数572，转评赞454	公众号、小程序、视频号	粉丝80，作品数4，获赞44		门店分布在广东各地
心字牌		医药行业					否
二天堂	广州市著名商标、广东省著名商标、广州老字号	主营业务遍及科研、制药、批发、医疗、化妆品、中药厂、药膳、中药材养殖地等项目，为社会提供多元的服务	粉丝2 523，发帖数2 402，转评赞446	公众号			在酒泉、毕节设有分店

（续上表）

名称	知名度	主营业务	微博	微信	抖音	电商平台入驻	市场拓展程度（是否在其他地区有门店）
花城	广州老字号	主要生产猴耳环消炎片、复方感冒灵片、重感灵片、藿胆丸、龟鹿补肾丸、抗病毒口服液、小儿止咳糖浆、养阴清肺膏、祛痰止咳颗粒、板蓝根颗粒、头孢氨苄胶囊、头孢拉定胶囊等	粉丝1万，发帖数33，转评赞58	公众号、视频号	粉丝116，作品数20，获赞329	广药白云山淘宝旗舰店	否
广州医药有限公司	华南地区最大的医药流通企业	医药		公众号			否

注：统计时间截至2021年11月，以下表格同。

（二）食品制造行业

广州老字号涵盖了15家食品制造行业企业，主营业务为食品加工或食品制造方面，如腊味、茶叶、调味品、面粉、零食、饮料等。

从经营业绩来看，这15家企业没有上市公司，其中致美斋2021年第一季度营收同比增长35%，利润总额同比增长200%，实现产品销售及创利水平均创同期历史新高的开门红，其余企业营收情况不明。

就数字化营销程度来说，在社交媒体运用方面，实现"双微一抖"布局的有皇上皇、致美斋、鹰金钱、宝生园、风行牌5个品牌，占行业内比例为33.3%。开通了微博的有6家，开设了微信媒体的有9家，开设了抖音平台的有7家。什么都没有开设的有泮塘、红棉牌、南方面粉、妙栈烧腊、生茂泰5家。较为出名的是皇上皇和风行牌，这两个品牌在网络上有一定的社会影响力，网络营销做得比较出色。致美斋、鹰金钱、宝生园虽然有"双微一抖"布局，但经营不善。剩下的品牌都没有完善建设"双微一抖"。通过所收集到的数据，大多数老字号会在微信媒体和抖音平台上进行运营，很少开通微博进行品牌建设（老字号中绝大多数都是这样的情况，微信用得比较勤）。在电商平台入驻方面，同时入驻淘宝和京东的有 7 家，占行业内比例为46.7%，仅入驻淘宝的有 1 家。

从市场拓展程度来看，皇上皇、致美斋在多个省份有销售网点；趣香饼家的销售网络遍布全国，产品出口到多个国家和地区；鹰金钱的销售中心分为广佛大区、粤西大区、粤东大区、北部大区、东部大区、西部大区。

食品制造行业老字号基本情况见表 3 - 3。

表 3 - 3　食品制造行业老字号基本情况

名称	知名度	主营业务	微博	微信	抖音	电商平台入驻	市场拓展程度（是否在其他地区有门店）
泮塘	广东老字号、中华老字号	一粉多用的纯正马蹄粉、葛粉、藕粉、慈姑粉，多用途即冲保健糊，多口味原色虾片、七彩鲜虾片，马蹄爽清凉饮料，马蹄枇杷糖，马蹄灌汤粉，马蹄水晶粉（通心、贝壳、螺丝），泮塘五秀系列糕糖，营养麦片，营养燕麦片等					否

（续上表）

名称	知名度	主营业务	微博	微信	抖音	电商平台入驻	市场拓展程度（是否在其他地区有门店）
皇上皇	广州著名特产、广州老字号	腊味	粉丝4万，发帖数1 113，转评赞6万	公众号、小程序、视频号	粉丝20.3万，作品数377，获赞5.1万	淘宝旗舰店，京东自营	上海、贺州、太原有网点
趣香饼家	1994年中秋创制的"趣香中华月饼王"被载入了世界吉尼斯大全；被国务院发展研究中心评定为"中国明星企业"；1995年被贸易部评为"全国商业信誉企业""全国广式月饼产销量最大、获政府奖项最多的企业"	糕点制作		公众号			销售网络遍布全国，并出口到多个国家和地区
致美斋	国内外著名的厂家之一	调味品生产	粉丝2 000，发帖数3 867，转评赞1.7万	公众号、小程序	粉丝204，作品数4，获赞277	淘宝旗舰店，京东自营	天津等地有销售网点
鹰金钱	广州市最大的食品制造企业和全国最强的罐头食品加工企业	各类罐头、饮料、糖果、饼干、酒、保健食品、食品工业原料粉	粉丝3 018，发帖数343，转评赞3 141	公众号、小程序、视频号	粉丝3 910，作品数42，获赞230	淘宝旗舰店，京东自营	销售中心分为广佛大区、粤西大区、粤东大区、北部大区、东部大区、西部大区

（续上表）

名称	知名度	主营业务	微博	微信	抖音	电商平台入驻	市场拓展程度（是否在其他地区有门店）
宝生园	中华老字号、广州老字号、中华老字号品牌企业100强、中国蜂产品龙头企业、国家"十五"科技攻关项目承担单位、国家部级与广东蜂产品质量检测中心双重监检、中国食品安全放心品牌	以蜂产品、茶叶、保健食品为主，集科研、生产、营销于一体	粉丝4 951，发帖数6，转评赞1 430	公众号、小程序	粉丝253，作品数48，获赞502	淘宝旗舰店，京东旗舰店	否
生茂泰	2000年被认定为"全国供销合作总社名牌产品"；2002年被认定为"中国食品安全优质放心品牌"	绿茶、红茶、青茶、普洱茶、白茶、花茶、名特优茶以及工业原料茶					否
妙栈烧腊	广州老字号	烧腊美食					否
南方面粉	广东省、广州市著名商标	面粉类，如红牡丹牌特精粉、白玉兰牌高级糕点粉等					否
金帆牌	广东省著名商标、广东省重点培育和发展的出口名牌以及广东省名牌产品，获国际茶叶大会金奖品牌、全国三绿工程茶叶放心服务品牌等几十项大奖	红茶、绿茶、乌龙茶、普洱茶、白茶、花茶、特种茶及各种小包装茶	粉丝119；发帖数114；转评赞278（2017年更新）	公众号、小程序		淘宝旗舰店，京东旗舰店	否

（续上表）

名称	知名度	主营业务	微博	微信	抖音	电商平台入驻	市场拓展程度（是否在其他地区有门店）
沧洲	广东老字号、广州老字号、最受欢迎"广州十大手信"	广式腊味、休闲肉脯等肉类食品		公众号			否
红棉牌	1968 年 3 月 12 日成立	果脯蜜饯、软包装饮料、果蔬罐头、速食米饭				淘宝旗舰店、京东自营	否
双桥	在质量较好的产品中广州双桥味精排名第一	味精生产，推出鸡粉、鸡汁、鸡精调味料		公众号	粉丝 1 702；作品数 57；获赞 6 195	淘宝旗舰店	否
亚洲牌	广州饮料的经典，广州近代生活的符号，广州老字号	啤酒、饮料（沙示、橙宝、碧柠）			粉丝 80，作品数 5，获赞 30		否
风行牌	广东省首批中国学生饮用奶定点生产企业	奶牛饲养、乳品加工与销售	粉丝 2.7 万，发帖数 2 103，转评赞 6.7 万	公众号、小程序、视频号	粉丝 4 万，作品数 38，获赞 5.6 万	淘宝旗舰店、京东自营	否

（三）生活用品/服务行业

就数字化营销程度来说，在社交媒体运用方面，利工民、广州友谊商店、珠江钢琴、广州市新华书店在微博、公众号、视频号、抖音的粉丝众多，新媒体营销布局较为完善；双狮牌、华华照相馆、骆驼牌无新媒体传播渠道，其余部分品牌均有运用微博或微信进行营销。在电商平台入驻方面，利工民积极利用淘宝、京东等电商平台。在市场拓展程度方面，虎头牌＋TIGERHEAD 和 555＋虎头牌销售网络遍布全国，而利工民除了在广东设有门店，在香港也设有门店。

生活用品/服务行业老字号基本情况见表 3－4。

表 3-4　生活用品/服务行业老字号基本情况

名称	知名度	主营业务	微博	微信	抖音	电商平台入驻	市场拓展程度（是否在其他地区有门店）
虎头牌 + TIGERHEAD	始创于1921年，并荣获中国驰名商标	照明灯具、插座、手电筒等		公众号			销售网络遍布全国，出口量大
555 + 虎头牌	中国规模最大的干电池生产经营企业，拥有自营进出口权，年产干电池达20亿只，出口创汇超3亿美元，其产销量、出口量、出口创汇等均雄踞中国电池行业之首。旗下主要有"555""虎头""TIHAD""Lighting"等品牌	电池等					出口创汇超3亿美元
利工民	始创于1923年，是全国针织行业第一家获得国家银质奖的著名国有老字号企业，也是岭南特色民间传统工艺的中华老字号企业之一	集织造、染整、制衣、家纺毛巾产品为一体，经营多元化	粉丝218，发帖数486，转评赞437	公众号、小程序、视频号	粉丝33，作品数11，获赞102	淘宝旗舰店、京东旗舰店	香港设有门店
双狮牌	广州市和广东省著名商标	厨具					否
华华照相馆	广州老字号（本地熟知）	照相业务					否

（续上表）

名称	知名度	主营业务	微博	微信	抖音	电商平台入驻	市场拓展程度（是否在其他地区有门店）
妇儿公司		预包装食品零售等		公众号	粉丝13，作品数1，获赞4		否
广州友谊商店	国有控股的大型综合性商业上市公司、广东省流通龙头企业	百货商店	粉丝4.2万，发帖数17，转评赞52	公众号、小程序、视频号	粉丝2 110，作品数224，获赞5.4万		否
骆驼牌							否
555＋505	产品多次获得国家、中纺部及广东省、广州市的优质奖，在国内外市场享有盛名	纯棉、丝光棉、化纤混纺交织内外衣和针织服装、T恤、童装、男女休闲服、绒衣运动套装、丝盖棉运动服、校服及各类针织面料布					否
五羊自行车	产品辐射全国，并远销20余个国家和地区	自行车		公众号		淘宝旗舰店	否
南洋电器	广东省先进企业、"中国500家最大电器机械及器材制造企业"、广东省著名商标	电器成套装置和高低压电器元件，机械工业		公众号、小程序			否

（续上表）

名称	知名度	主营业务	微博	微信	抖音	电商平台入驻	市场拓展程度（是否在其他地区有门店）
广州电车	广州市推进智能公交试点单位，获评"全国企业信息化建设典型示范单位"	无轨电车、公共汽车营运，电车输变电设备、线网的安装和维护，以及广告等业务，兼营电车、汽车维修及驾驶员培训等业务	粉丝3 880，发帖数3 601，转评赞1.2万	公众号			否
广印/人印	中国100家最大印刷企业、中国200强先进包装企业、国家高新技术企业、广东老字号、广东省著名商标	仿伪票据印刷、食品标签印刷、证书印刷、数码印刷等业务	粉丝34，发帖数7，转评赞5	小程序			否
珠江钢琴	"首批制造业单项冠军示范企业""国家文化产业示范基地""国家创新型试点企业""全国质量管理卓越企业""国家文化出口重点企业""国家AAAA级标准化良好行为企业""中国轻工业百强企业""广东500强企业"	钢琴、数码乐器、音乐教育、文化传媒	粉丝1.1万，发帖数6 517，转评赞7.7万	公众号、小程序、视频号	粉丝1.6万，作品数161，获赞1.3万	京东自营	否
广州市新华书店	广州市最有规模的图书零售企业	发行图书、音像制品为主	粉丝2 269，发帖数1 772，转评赞5 231	公众号、小程序、视频号	粉丝1 973，作品数58，获赞5 804		否

（续上表）

名称	知名度	主营业务	微博	微信	抖音	电商平台入驻	市场拓展程度（是否在其他地区有门店）
锦泉	广东老字号、广州老字号、广州市著名商标	眼镜零售		公众号、小程序、视频号	粉丝384，作品数18，获赞716		否
广州市琳琅婚纱摄影		摄影服务；照片扩印及处理服务；婚姻服务；房屋租赁等					否
广州市鹤鸣鞋帽商店		主要经营零售：鞋帽、皮革及制品、针纺织品、服装、日用百货					否

（四）餐饮行业

餐饮行业涵盖了8家老字号，大多都是茶楼，从事粤菜餐饮经营。

从经营业绩来看，上市公司仅有广州酒家集团股份有限公司，2019年所属公司完成了陶陶居100%股权收购。广州酒家2021年度报告显示，广州酒家2020年实现营业收入38.90亿元，同比增长18.33%。目前广州酒家有18家分店，经营状况良好。

就数字化营销程度来说，在社交媒体运用方面，实现"双微一抖"布局的有5家，占搜集到的企业数据比例为62.5%。在餐饮行业中，截至目前做得有一定成果并相对来说知名度较高的有广州酒家、莲香楼和陶陶居三家。这三家都实现了"双微一抖"布局，从新媒体角度去进行品牌运营并取得了一定成果。开通微博的有5家，开设微信媒体的有6家，开设抖音平台的有7家，什么都没开通的有成珠楼一家。布局较为完善且粉丝较多的是广州酒家、陶陶居。莲香楼、泮溪酒家、北园酒家这三家虽然实现了"双微一抖"布局，但从经营方面来看还未真正有效运营"双微一抖"，粉丝数量和网络影响力远远不如广州酒家和陶陶居，从新媒体时代下品牌复兴的角度来看，需要进一步加强新媒体建设，做到有效运营。而对于成珠楼、大同酒家、银记肠粉来说，"双微一抖"的布局是需要尽快建设的，这样才不会被时代淘汰。在电商平台入驻方面，同时入驻淘宝和京东的有3家，占搜集到的企业数据比例为37.5%，广州酒家、莲香楼和陶陶居的电商平台销售渠道较为完善。

从市场拓展程度来看，广州酒家、陶陶居和莲香楼均在外省有分店，而银记肠粉不仅在全国各地有分店，在其他国家或地区也有分店。

餐饮行业老字号基本情况见表3-5。

表3-5　餐饮行业老字号基本情况

名称	知名度	主营业务	微博	微信	抖音	电商平台入驻	市场拓展程度（是否在其他地区有门店）
广州酒家	素有"食在广州第一家"的美誉	粤菜餐饮服务、食品工业经营和物业租赁	粉丝 33.5万，发帖数993，转评赞98.1万	公众号、小程序、视频号	粉丝4.7万，作品数200，获赞25万	淘宝旗舰店，京东自营	上海、厦门有陶陶居授权经营的餐饮门店
莲香楼	中华老字号、"国家特级酒家"、"莲蓉第一家"	粤式名菜，主要是中式礼饼	粉丝283，发帖数107，转评赞119	公众号、视频号	粉丝 134，作品数0，获赞0	淘宝旗舰店，京东自营	在香港设有分店
泮溪酒家	中华老字号、国家特级酒家、广州市著名商标	餐饮	粉丝889，发帖数447，转评赞1 089	公众号	粉丝 317，作品数10，获赞1 001		否
北园酒家	中华老字号、国家特级酒家	餐饮	粉丝297，发帖数159，转评赞218	公众号	粉丝46，作品数1，获赞19		否

（续上表）

名称	知名度	主营业务	微博	微信	抖音	电商平台入驻	市场拓展程度（是否在其他地区有门店）
陶陶居	"月饼泰斗"、中华老字号、国家特级酒家	茶点、月饼、菜肴	粉丝1.2万，发帖数350，转评赞8 409	公众号、小程序、视频号	粉丝1.6万，作品数19，获赞8 000	淘宝旗舰店、京东自营	上海、厦门有陶陶居授权经营的餐饮门店
成珠楼	广州老字号	茶楼					否
大同酒家	中华老字号、国家特级酒家	以经营正宗粤菜为主，在挖掘传统名菜的同时，还吸收了香港菜式的特点，在菜式、点心制作上锐意创新			粉丝908，作品数21，获赞1.5万		否
银记肠粉	中华名小吃	主营肠粉、粥等美食		公众号、小程序	多个账号主体，但平均粉丝数不多		分店众多，国内外均有分店

（五）工艺品制造/零售行业

就数字化营销的成熟程度来说，在社交媒体运用方面，第一福、李占记、广州绣品工艺厂有限公司都有运用公众号和小程序等微信媒体，其中第一福在抖音获关注度最高；广州绣品工艺厂有限公司、广州五羊表业、天工牌、广东省木偶剧团较少利用新媒体传播渠道，应加强新媒体营销。在电商平台入驻方面，仅有第一福入驻了淘宝。在市场拓展程度方面，李占记先后在香港、广州、澳门开设多家门店。

工艺品制造/零售行业老字号基本情况见表3-6。

表3-6 工艺品制造/零售行业老字号基本情况

名称	知名度	主营业务	微博	微信	抖音	电商平台入驻	市场拓展程度（是否在其他地区有门店）
第一福	广东省、广州市著名商标，广东省老字号协会会员，广东省黄金协会副会长单位	金银首饰		公众号、小程序、视频号	粉丝1 153，作品数44，获赞644	淘宝旗舰店	否
李占记	中华老字号、广州市第一批老字号	瑞士梅花表、依波路表		公众号			在香港、广州、澳门开设多家门店
广州绣品工艺厂有限公司	广州十大手信、广东十大手信生产企业、广州老字号、广东老字号、中华老字号传承创新先进单位	刺绣，以广绣为主导产品		公众号、小程序			否
广州五羊表业	复兴知名老字号品牌	集机芯研发、制造、加工、组装、检验于一体			粉丝11，作品数7，获赞21		否
天工牌	始创于1955年，具有国企性质	牙雕传统工艺					否
广东省木偶剧团	深受老少观众的喜爱	木偶制作、木偶演练（文化艺术）					否

（六）酒店住宿行业

就数字化营销程度来说，在社交媒体运用方面，华厦大酒店、东方宾馆开设了微博、公众号、视频号、抖音，但已许久未更新，最近更新时间为一年前或更长；广东大酒店、白宫酒店只开设了公众号；各企业均未入驻电商平台。

就市场拓展程度来说，新华大酒店、华厦大酒店、白宫酒店在全国各地有门店。

酒店住宿行业老字号基本情况见表3-7。

表3-7 酒店住宿行业老字号基本情况

名称	知名度	主营业务	微博	微信	抖音	电商平台入驻	市场拓展程度（是否在其他地区有门店）
爱群大酒店	"南中国之冠"，是广州地标性建筑、文物保护单位	酒店业务、住宿、餐饮、娱乐设施等	粉丝219，发帖数115，转评赞125	公众号			否
新华大酒店	二星级旅游饭店，中华老字号	酒店服务	粉丝437，发帖数62，转评赞14	公众号			广州、苏州、济宁等地均有网点
华厦大酒店	具有"华侨之家"的美誉	酒店业务	粉丝734，发帖数572，转评赞929	公众号、小程序、视频号	粉丝328，作品数24，获赞356		广州、广西、浙江、四川等地均有网点
广东大酒店	国际二星级，广州老字号，省级先进企业	酒店业务		公众号			否
白宫酒店	历史悠久	酒店业务		公众号			全国各地均有网点
东方宾馆	"国际五星钻石奖""中国酒店金星奖"	旅游酒店业务	粉丝2.2万，发帖数1897，转评赞1.3万	公众号	粉丝107，作品数6，获赞38		否
广州市新亚大酒店	有"南华第一楼"美称	酒店业务					否

（七）体育用品行业

就数字化营销程度来说，在社交媒体运用方面，新以泰无新媒体传播渠道，应加强对新媒体营销的运用；而双鱼在微博、公众号、视频号、抖音的粉丝众多，随着电商时代的来临，双鱼也与时俱进，建立了线上线下多渠道销售模式。双鱼以高效有序的物流体系和成熟稳定的互联网科技，搭建起覆盖面更广的服务体系，遍及全国的销售网络，新媒体营销布局较为完善。

从市场拓展程度来看，双鱼在全国各地设有门店，市场拓展程度高。

体育用品行业老字号基本情况见表3-8。

表3-8　体育用品行业老字号基本情况

名称	知名度	主营业务	微博	微信	抖音	电商平台入驻	市场拓展程度（是否在其他地区有门店）
新以泰	广州老字号	各类体育用品、文娱用品、专业运动服装、专业运动鞋、健身器材、大型运动器械、运动体育设备、各类球场设计安装，新增桑拿、蒸汽设备、桌球系列、弓箭用品等					否
双鱼	第一个走出国门的中国运动品牌	乒乓球运动器材、羽毛球运动器材、足篮排球运动器材、运动服饰等	粉丝10万，发帖数927，转评赞6.1万	公众号、小程序、视频号	粉丝1 739；作品数45；获赞4.6万	淘宝旗舰店，京东自营	全国各地设有分店

第二节　广州老字号品牌复兴的机遇与挑战

广州老字号品牌在复兴过程中跟随时代发展进程，获得了机会，但也经历着持续的挑战。在这一背景下，如何抓住机会、迎接挑战，将成为老字号品牌成功"复活"的重要依据。

一、广州老字号品牌复兴的机遇

广州老字号品牌在复兴过程中面临很多机遇，其中最值得关注并加以利用的机遇有 Z 世代（指出生在 1995—2010 年之间的青年）人群消费观念的转变、数字化营销的兴起和人口老龄化带来的新商机。

（一）Z 世代人群消费观念转变

在目前的社会化媒体阶段中，新兴消费主力人群——Z 世代的崛起是品牌得以发展的重要驱动因素。随着国民教育的发展和提升，Z 世代青年以传统为傲，掀起了国潮风的热潮。他们追捧有关的传统老字号品牌，并在各个平台上发布自己的见解，使老字号品牌实现了二次传播和扩散的宣传效果。广州老字号品牌的复兴机会就在于此：抓住 Z 世代的消费心理，打造符合年轻人的文化圈层，针对国潮风等潮流，适时宣扬老字号的品牌特性。在未来的发展阶段中，Z 世代主导的消费观念将会是老字号品牌得以创新发展的大好机会，是品牌营销的新风口。

（二）数字化营销的兴起

数字化营销是指在互联网时代下使用数字传播渠道进行的一系列营销活动，包括但不限于直播电商、短视频营销、内容营销等。其中，电商直播是老字号品牌一个新的"盈利巨头"。从消费人群上看，目前 Z 世代是主力人群，而视频、直播等形式是其获取信息的主要渠道。从销售方式上看，结合了时代特色的直播带货作为一种新型的销售方式，能带来大幅度的利润增长，这无疑是老字号杀出重围的利器。广州老字号品牌可以紧随该营销趋势，抓住数字化的尾巴，将传统与数字化进行结合，打通多方面的营销渠道，获得自身品牌的发展机会，并在大背景趋势的带动下不断改进创新。

（三）"银发市场"迎来新商机

中国有近3亿的老龄人口，人口老龄化趋势的背后是无法估量的市场需求。广州有许多老字号品牌目前尚未能完全实现"品牌的年轻化转型"，品牌跨界存在一定阻碍。在这种情况下，紧紧抓住中老年群体需求成了老字号持续发展的源泉。更多的消费者偏爱老字号品牌的传统，并且不希望其做出过多改变。广州老字号品牌最大的机会之一是来自"银发市场"的需求，要利用好品牌传统，针对中老年群体展开有关"养老""保健"的项目，在该领域上抓住养老红利，开启新业务。

二、广州老字号品牌复兴的挑战

广州老字号品牌在复兴过程中同时面临很多挑战，其中最值得关注的是品牌定位不准确；营销观念落后，产品创新不足；数字化经营能力弱，缺少宣传；相关保护制度尚未完善，等等。

（一）品牌定位不准确

随着时代的不断发展和变化，消费趋势也发生了一定的改变。部分老字号在面对时代的挑战时仍坚持着之前的品牌定位，不肯针对新消费人群适当改变定位。对于定位不准确的品牌来说，其价值观也不能有效传递给大众。新的时代应该开发新的价值观，将价值观与现代社会发展结合起来，在大众中建立一个新的老字号品牌形象，传达符合时代发展的品牌价值观。

（二）营销观念落后，产品创新不足

作为成立已久的老字号来说，由于传承了传统，其部分想法、观念也有一定的"传统性"。第一，广州老字号品牌普遍采用传统的管理和营销机制，缺乏与时俱进的制度创新，在经营方面采用的也是传统商业运作形式，在技术驱动消费的时代下，故步自封的管理方式非常容易被时代淘汰，原来拥有的优势资源会因为"落后"而逐渐消失。第二，部分广州老字号缺乏"商标保护"意识。没有商标的认证保护，传统老字号不会被大众所认同。老字号品牌需要加快商标认证，保护好原有传统并不断宣扬。第三，广州老字号缺乏创新能力。以广州的餐饮老字号来说，其普遍的产品就是糕点点心，产品之间不存在明显的差异。由于创新不足，很多老字号在疫情的冲击下无法及时应对危机，导致了营业收入的下滑。

（三）数字化经营能力弱，缺少宣传

从搜集到的资料中可以看到，除了广州酒家、王老吉等部分出名的广州老字号品牌完善了线上宣传渠道以外，其他老字号品牌都没有重点关注宣传方面的营销。部分老字号如皇上皇、陶陶居等开展了抖音直播业务，利用直播带动商品经济的发展。但总的来说，大部分广州老字号只专注于线下渠道的经营，并没有着力建设"双微一抖"的完整布局。在社交媒体方面，缺乏有效的宣传渠道，这也是老字号难以发展壮大的主要原因。未来，打破宣传壁垒，开拓并发展社交媒体渠道是老字号品牌复兴路上面临的挑战之一。

（四）相关保护制度尚未完善

虽然国家建立了保护老字号品牌的措施和制度，但对于传统品牌来说，保护力度仍然不够。在国家不断完善保护机制的同时，老字号的技术创新、商标注册以及标志符号等方面都有可能受到威胁。在此背景下，广州老字号品牌面临的是法律和知识产权方面的挑战。

第三节　广州老字号品牌复兴策略

广州老字号品牌是广州文化的根基之一，是展现广府文化的重要窗口。文化传播不可耽误，老字号品牌的复兴亟须解决。本书融合了"变与不变"，对广州老字号品牌的复兴和传承提出了一些改进策略。

一、打造独特卖点，明确品牌定位

品牌定位是老字号首先要实现创新的部分，只有契合时代发展要求、满足绝大部分消费者需求的定位策略才能不被时代所淘汰。在进行品牌定位的时候，老字号需要转换思维方式，不能只专注于"银发市场"的开拓，还要注重 Z 世代人群的需求开发。因此，要结合潮流发展趋势，针对自身的个性特色，打造独特卖点吸引 Z 世代人群。

对于还未熟练应用数字化技术的老字号品牌来说，可以引进先进技术或人才，绘制目标人群的数字化用户画像。注重用数字说话，在大数据的基础上了解餐饮行业的目标人群特征，为品牌的市场定位奠定精准化的数字基础。之后再深入了解消费人群的内在需求，不能仅仅满足其最基本的外在需求，而是要通过开发新的卖点、明确品牌定位，同消费者建立长久、深刻的连接。更重要的是，在定位之初就要着手打造品牌个性化，给消费者独一无二的体验，品牌在定位时也可考虑打造独树一帜的品牌标识特色和针对特定群体的独特卖点。

二、凝练广府文化，推进有特色的品牌布局

品牌布局阶段需要对品牌形象进行个性化的、有特色的包装，包括但不限于外在形象和内在文化等，然后进一步打通相关的渠道，为品牌传播打下坚实的基础。

不同行业的产品根据其可以加工改造的部分，进行有广府文化特色的包装，如饮食行业可以创新性地赋予产品名称新内涵，将部分产品与时下最热门的选秀节目结合起来：泮塘五秀变成饮食选秀界出道的 5 位"妹妹"；首饰行业在包装方面可以结合中国风元素，推出特定礼盒包装……广州老字号需要在文化创意上进行打磨，开发出年轻人喜爱的文化创意产品，或是可以引入年轻创作者对产品进行设计，实现 UGC（用户原创内容）的生产和发挥二次传播效应，推动新资产与老资产的有机融合；抑或是自行根据营销节点推出符合品牌形象的限定文创产品，增加关注度。

除了要注重创新，老字号品牌还应该注重怀旧复古的传承。在品牌布局上，针对具有强烈怀旧情怀的消费者使用复古策略，突出产品的复古风格；在无形服务上体现广州传统文化，如装修、菜单或是餐具等用品都可以采用新的设计，突出国潮风格。

三、推进故事化营销，实行多维度品牌战略

品牌战略最重要的一个环节就是实现年轻化转型。部分老字号因为故步自封，不肯跟随时代潮流的变化而改变，从而遭到淘汰；但也有部分老字号品牌尚未能以破竹之势实现年轻化转型，仍需要在不摒弃传统的情况下逐步实现转型。总而言之，转型是复兴之路的首要创新之举，但切忌"一步登天"。

俗话说得好："一根筷子容易折，一把筷子难折断"，老字号品牌的复兴也是如此。每个老字号都有专属于自己的文化圈层，可以将广州老字号品牌集结起来，创建一个传统的大文化圈，这个文化圈里包含各种各样的品牌特色，以此实现老字号的"先富带动后富"。除此之外，故事化的营销策略也是战略之一。在弘扬老字号品牌时，可以采用故事化的叙述形式将品牌展现在大众面前，通过特色化的情感体验，吸引广大消费者的关注。

此外，老字号还可以发挥自身优势，构建怀旧社区，激活品牌故事，改善品牌老化的问题，从而调动起消费者的怀旧情绪。可以尝试开通社群运营，针对消费者构建一个老字号社区，在社区内定时输出品牌故事和产品特点来吸引消费者，增强消费者对品牌的黏性，做到有效运营。

四、布局新媒体营销，进行多渠道品牌传播

老字号的品牌传播也需要创新化重整。在从前甚至是现在，老字号的传播方式大多靠人们的"口耳相传"。相较于新兴品牌，老字号在宣传上的投入明显逊色。

对于知名度较低的老字号来说，可以考虑开展一些另类的展览或设立属于自身品牌的博物馆，创新性地加入当代潮流元素。例如，皇上皇与咖啡跨界推出了"腊肠咖啡"新品，融合了咖啡圈层，吸引了不少人的关注。以此类推，餐饮行业可以举办传统技艺大赛，向众人展示广州工艺的同时也传播了品牌文化；医药行业可以开展健康讲座，普及大众知识，宣传品牌宗旨，等等。在丰富品牌内涵的同时，还可以尝试参加地方文化宣传活动，在一些影视或文学作品中留下老字号的足迹，扩大宣传面。此外，多媒体宣传是现

代营销最快速且成本最低的宣传方式。在多媒体传播渠道中，最基本的是"双微一抖"全布局。开通微信公众号、视频号，实时更新产品信息和企业动态，减少与消费者之间因为信息差而产生的沟通成本；开通微信小程序，结合当下数字化支付的热潮，便利消费者购买产品；开通微博官方账号，参与社会话题，以官方的角度输送价值观，与消费者互动，建立品牌黏性，加强品牌资产；开通抖音号，尝试直播带货，利用短视频流量将线上流量引流到线下门店，打通全渠道布局。

五、设计品牌延伸，促进品牌优化

经历了品牌定位、品牌布局、品牌战略和品牌传播的过程后，品牌优化是检验老字号是否有一定竞争力的重要因素。在经营过程中，需要不断通过各种细微的事件发现问题并解决问题。首先，最有效的方法就是定期进行市场调研，避免品牌脱离外部市场而存在，争取与时俱进，创新发展。在社会趋势变化时，也要持续跟进相关时事热点，紧贴社会发展，不断优化品牌战略，实现老字号的长久发展。

当老字号主业务发展到一定程度之后，可以尝试着进行品牌延伸，即向其他相关联的业务发展，如医药行业可以向老年健身业务发展，创办老年人健身房，指导健康运动；餐饮行业可以向酒店类业务发展，为 VIP 顾客提供住宿或是开发相关联的酒店业务……发展多元化业务，形成品牌的业务矩阵，既有利于强化品牌形象、提高知名度，也在一定程度上增强了老字号的生存力、竞争力。

老字号的品牌优化不是一蹴而就的，需要经过长时间的思考和探索才能达到的。

第四章　广州企业品牌数字化建设研究

第一节　广州企业品牌数字化建设现状

一、广州市数字信息基础设施建设水平位居全国前列

近年来，广州数字信息基础设施建设水平稳步上升，按照新华社连续三年公布的《中国城市数字经济指数白皮书》，自 2018 年以来广州信息基础设施建设水平一直位于全国城市前五。

近几年广州突出抓好光纤网络、公共区域无线局域网的建设，全面推进光网城市的建设，升级加快宽带无线网络，积极打造珠三角世界级宽带城市群和全国信息化先导区，积极开展城中村宽带光纤化网络改造，成功推行"村社自建、电信运营企业和第三方投资建设相结合"的模式。目前，广州市是中国大陆最大的互联网出口城市，互联网国际出口带宽已经超 2 000G（占全国 58%）。

同时广州积极培育壮大工业互联网平台，打造了致景科技、中船互联、博依特等行业领先本土平台，引进了树根互联、阿里云、航天云网等国内知名平台。全市 157 家工业互联网平台商和解决方案服务商入选了广东省工业互联网产业生态供给资源池，数量居全省第一。另外，作为全国首批 5G 建设试点城市之一，广州以实现 5G 网络走在全国前列为目标，加快推进 5G 试验，推动 4G 向 5G 的平滑演进及规模组网。

二、广州市专业市场创新发展在数据赋能下取得阶段性成果

在推动专业市场"数字化"方面，广州一直走在国家前列。自 2019 年启动《广州市加快推进专业批发市场转型疏解三年行动方案（2019—2021 年）》以来，广州已累计实现专业批发市场转型疏解 239 家，取得了阶段性成果。无论是"吐旧纳新"式的改良，还是"壮士断腕"式的改革，各专业市场无不结合双循环的发展格局，以数字技术连接产业上下游、通过大数据为传统交易赋能、构建打通线上线下销售渠道的新平台等。同时，各专业市场加快产业升级、服务升级和发展新业态，不断开辟新领域，形成新供给，打造传统专业市场创新发展的"广州模式"。

三、广州市在数字产业化方面展现出良好的发展势头

数字产业是广州经济增长最活跃的因素。2019 年广州电子及通信设备制造业增加值上涨 24.1%、软件和信息技术服务业务收入增长 18.5%、跨境电商总值增长 80.1%。广州市统计局发布数据，2020 年广州全市规模以上互联网、软件和信息技术服务业累计实现营业收入 3 037.70 亿元，同比增长 14.3%。广州人工智能与数字经济试验区正在加快建设，而琶洲试验区作为核心片区，肩负着数字经济发展排头兵的时代重任。2021 年，琶洲试验区集聚企业超 3.2 万家，同比增长 13.5%；实现主营业务收入 3 668.52 亿元，同比增长 23%。2021 年琶洲试验区的软件和信息技术服务业企业数量近 2 800 家，琶洲试验区累计催生培育独角兽企业 6 家、未来独角兽企业 10 家，已逐渐成为聚焦数字经济发展、独角兽集聚的沃土。

第二节　广州企业品牌数字化建设的机遇与挑战

一、广州企业品牌数字化建设的机遇

（一）数字时代的加速到来为企业的品牌数字化建设提供了外在动力

企业没有危机感，才是最大的危机。随着数字时代的到来，传统的企业品牌建设已经不能满足企业需求，为了使企业可以在数字技术蓬勃发展的市场环境中生存下来，企业必须进行品牌数字化建设。也就是说，数字化为企业进行品牌数字化建设提供了外在的动力。企业的核心要务是满足市场需求，数字时代下消费者的需求也得到了升级。为了更好地满足市场需求，不被其他企业赶超或市场淘汰，企业会通过品牌数字化建设更敏捷地捕捉和响应市场变化，提高企业营销和服务效率。此外，由于数字技术能够帮助企业解决日益复杂的生产和组织问题，促进企业内部各部门之间更紧密地协作，提高企业应对突发事件的能力和生产经营效率。因此，为了降低成本，赢得更多的利润，取得更高的绩效，改变企业在市场的不利地位，企业会积极推动品牌数字化的建设。

（二）广州市数字化政策的出台为企业的品牌数字化建设提供了良好环境

近年来，广州市频繁发布促进企业数字化的特色政策、措施和相关文件。广州市人民政府印发了《广州市加快打造数字经济创新引领型城市的若干措施》和《广州市推进制造业数字化转型若干政策措施》，明确广州未来几年在信息基础设施、统一支撑平台、产业支撑、城市治理等领域的重点建设任务，高标准打造集数字政府、数字经济和数字社会于一体的广州智慧城市。《广州市数字经济促进条例》提出要注重推动数字技术与产业、消费融合发展，明确了市、区人民政府及有关部门应当对数字经济领域的新产业、新业态、新模式等创新活动在法律法规允许的范围内实行包容审慎监管，为企业的品牌数字化建设提供了公平有序的市场环境。

（三）广州身处大湾区中心，为企业的品牌数字化建设提供了广阔前景

粤港澳大湾区作为我国对外开放程度最高、经济活力最强和数字经济发展程度最高的区域之一，发展潜力巨大。《粤港澳大湾区发展规划纲要》中将广州定位为粤港澳大湾区区域发展的核心引擎之一，从地理区位和与内地的紧密联系功能来看，广州是粤港澳大湾区最核心的城市，是大湾区联系内地、辐射内地最佳的桥梁和纽带。因此，粤港澳大湾区的各种优势都可以成为广州企业进行品牌数字化建设的机会。首先，粤港澳大湾区建设蓄势待发，为广州的企业带来了广阔的市场空间，目标市场不再仅仅局限于广州市，而是可以放眼至整个大湾区市场。其次，政府发布支持大湾区建设的政策文件，如国务院发布的《粤港澳大湾区发展规划纲要》以及《关于金融支持粤港澳大湾区建设的意见》等文件，这些文件提出要加大金融对粤港澳大湾区的助力和支持，并大力发展高端智能制造，进而为身处大湾区的广州企业进行品牌数字化建设提供政策支持。最后，广州企业可以主动对接粤港澳大湾区丰富的科技创新资源、品牌宣传媒体资源以增强品牌的知名度。

二、广州企业品牌数字化建设的挑战

（一）统筹布局不够完善，引导作用有待加强

首先，企业没有把品牌数字化建设上升到战略层面，没有清晰认识到其在未来经济发展中的领导地位。品牌数字化是广州市推动数字化、产业化的重要成果，明确品牌数字化的战略定位对今后广州市的经济发展和企业的快速提升具有重要的意义。

其次，缺乏统一的品牌数字化建设规划和指导，各企业的品牌数字化建设缺少互相借鉴与学习。如果把品牌建设看作是企业个体的行为，则会过于依靠市场机制，没有统一的政策指导，企业很难从全局、长远、可持续的角度构建品牌的数字化，从而导致了资源的浪费和低效使用。

最后，有关的制度和政策种类繁多、分布分散。品牌数字化建设是一个具有跨行业、跨领域特征的大型综合项目，所涉及的政策体系种类繁多、分

布分散，必须对其进行有效的梳理，以凸显品牌建设的导向功能，提高执行的准确性。

（二）资源共享程度较低，集聚作用不明显

首先，信息资源的共享程度不高，公共数据和特殊数据的应用还需要进一步拓展。广州市的数据资源共享程度较低，数据融合程度低，企业不能及时全面地感知数据的分配和更新，公共数据和特殊数据的应用还有待进一步拓展。

其次，核心的数字化技术和相关的第三方服务的缺失。分析发现，企业目前采用的都是通用的数字化解决方案，因此必须要有战略咨询、架构设计、数据运营等核心业务，以解决数字化进程中的特定问题。

最后，市场资源和创新要素的管理分散，企业的品牌聚集程度低。品牌数字化的重要特点有跨界经营和品牌融合发展，但当前品牌建设和创新要素的共享还不充分，大部分企业仍坚持传统经营理念，将品牌建设视为自身行为，难以推动品牌数字化建设做大做深。

（三）企业配套政策有待健全，激励效果不足

首先，资金紧张导致企业持观望态度。数字品牌建设涉及数字资源、市场资源等资源的整合与分配，但缺乏资金、渠道狭窄、融资成本高等制约着品牌数字化的积极性。

其次，考虑到实际收益对投资的短期影响。由于品牌的数字化建设成本高、边际成本低，因此，许多公司更愿将资金用于供应链、现有产品的简单技术升级。

最后，人才不足导致企业缺乏品牌数字化的创新能力。品牌数字化人才的需求标准和培养方向尚不清晰，人才引进、培养、使用、评价、激励和保障等人才政策体系尚不完善，数字人才的供应与企业的战略迭代速度不匹配，这些问题都制约着企业的品牌数字化创新能力的发展。

（四）缺乏全触点衡量基准，市场监管力度不强

首先，数字化时代用户触点分散，品牌与消费者的互动渠道多。数字化用户触点涵盖不同的应用和消费场景，使原本集中投放的资源优势变得分散。

同时，触点不同的用户，其自身需求也存在一定的差异性。此外，互动形式也日益多样化，从简单的文字短评到互动视频、直播等，玩法层出不穷。"多触点＋多互动"的营销方式使品牌难有一个统一的基准进行跨平台比较，难以实现有针对性的优化和效果提升。

其次，企业品牌数字化中存在众多运用大数据的场景，从根本上来说，企业的大数据沉淀并且反馈到运营是企业品牌数字化的重要组成部分。长期以来品牌资产建设的反馈采取线下调研的方式，通常以季度、半年为周期开展整体效果评估，但由于品牌数字化投资周期缩短，市场变化迅速，无法使品牌在数字化背景下进行快速、有针对性的响应，进而导致企业缺乏科学有效的市场调研信息。

最后，在企业品牌数字化建设的过程中，数据作为新的生产要素，在提高生产效率的同时，容易出现数据产权不清晰、数据安全难以保障、敏感信息泄露等问题，而目前还没有完备的政策和法律对这些问题进行规制。数据治理体系不完善为企业数字化技术的应用带来了较大的风险与挑战，使数据要素难以在企业生产和运营环节充分发挥其作用。

第三节　广州企业品牌数字化建设的政策建议

一、完善数据化基础设施建设，推动数据的高效配置和流通

要加大新型基础设施的建设力度，厚植数字经济的创新土壤。要推动新基建改造和提升传统行业，加快大数据中心、人工智能等新型基础设施的建设，打造高效集约、经济适用、安全可靠的现代化基础设施体系，同时推进新型基础设施资源共享、设施共建、空间共用，增强广州市经济发展新动能。从国家层面到各级地方政府，要加强统筹协调，合力攻坚，牢牢掌握核心技术，加大支持力度，进一步厚植企业数字化创新发展的沃土。因此，市工业和信息化局应大力促进数字化核心产业企业与传统企业交流合作，鼓励企业

共享公共数据资源，推进品牌数字化的专用资源的供需双方无障碍对接。市科学技术局应进一步聚焦为广大企业，特别是小规模企业提供强有力的基础技术支持与保障，着力于通过规模和技术的不断提升降低企业品牌数字化的转型成本。建立健全品牌专用数据资源的产权交易机制，进一步培育规范的公共和专用数据交易平台和市场主体，构建相关数据的配置标准与规则，搭建品牌数字化资源的评估、登记结算、交易撮合、争议仲裁等市场运营体系。制定公共数据的共享和品牌建设专用数据采集、整合汇聚、市场交易的基础性规则，完善相关数据收集、获取、利用、交易、共享和销毁的标准化规范。建立健全公共和品牌专用数据的资源管理制度体系，出台数据管理办法，制定数据资源分类分级管理规则，建立相关数据开放清单管理制度，依法依规确保数据在品牌建设中的高效合理使用。

二、加强品牌数字化顶层设计，推进品牌数字化统筹及督促评估

全面加强对广州市品牌数字化工作的统筹规划，制订全市品牌数字化建设发展总体规划与发展方案，加强对数据资源的系统化调度与协调，逐步推进企业进行信息化和数字化改造升级。以市发展和改革委员会为主导，以品牌数字化建设专项小组为核心，从全局着手统筹规划广州市品牌数字化发展方案，设定品牌数字化发展目标，加强品牌数字化发展重点工程的系统推进和跟踪评估工作。专项小组和委员会必须明确加快品牌数字化对于企业做大做强的重要意义，必须精细化领导小组分工，设立直接问题负责人，坚持问题导向，抓住问题关键，狠抓品牌数字化建设。制定体系化的品牌数字化评估标准，定期评估重点企业品牌数字化的进程，及时了解重点企业在品牌数字化进程中遇到的疑难问题，并及时地做出资源分配和政策上的调整。积极开展促进品牌数字化的宣传活动和主题讲座，促使企业认识到品牌数字化的紧迫性与重要性，逐步引导企业进行品牌数字化转型升级。

三、建立健全品牌数字化监管体系，发挥品牌数字化示范效应

政府通过出台一些政策法规加强对企业数字化建设的监管，进而营造一个规范有序的经营环境。数字经济作为新型经济形态，还没有现成的管理经验可资借鉴，要坚持发展和规范并重原则，加快制定完善与企业数字化发展相适应的政策法规体系，依法依规加强互联网平台的经济监管，有效遏制垄断经营和不正当竞争。要加强关键信息基础设施保护，研究制定和发布网络数据处理安全规范等国家标准，推动落实《中华人民共和国个人信息保护法》等法律法规，筑牢网络安全防线，为企业数字化发展提供重要保障。

数字化转型是一个渐进的互动过程，要消除企业的畏难情绪，可以通过加强宣传引导来解决。在公共媒体、公共场所、公共渠道加强企业品牌数字化建设的宣传，举办数字化转型专题论坛，促进国内外交流。可以市商务局为主导，组织专家团队对企业品牌数字化发展状况进行评估，颁发"品牌数字化模范企业"荣誉牌匾，并充分利用各媒体平台进行宣传报道，支持一些互联网展示中心，选择一些率先转型成功的案例作为示范，宣传推广数字化建设的优秀案例，让更多的企业了解与学习，让企业切身感受到数字化应用的好处。也可以从技术服务入手，帮助企业解决数字化应用过程中遇到的各种困难。

四、加大品牌数字化资金扶持力度，为企业提供坚实保障

强化专项资金的支持与监管作用。市财政局应为品牌数字化企业设立专项扶持资金，帮助中小企业解决品牌数字化建设中融资难、融资贵等问题。同时，市地方金融监督管理局应做好相应的审批与监管工作，严管专项资金的使用和流向。进一步完善有关品牌数字化的税收和补贴政策。对积极进行品牌数字化升级的企业给予优厚的资金支持与税收优惠。优化税收减免申报制度，建立健全数字化专项补贴的分配机制。

进一步拓宽融资渠道。鼓励商业银行等各类金融机构加大对广州企业实施数字化转型升级的信贷支持力度，有针对性地创新数字化转型金融产品，为企业数字化转型提供融资服务。依托广州信息化产业发展基金等各类基金，

采用股权投资等方式，支持企业数字化建设服务商加快发展。鼓励有条件的金融机构在业务范围内与互联网企业按照依法合规、风险可控的原则开展合作，探索建立基于生产数据的征信系统，提供个性化、精准化的金融产品和服务。推动企业信用体系建设、优化中小企业品牌数字化融资的政策扶持，进一步发展多层次的资本市场，允许符合资质的互联网金融企业向品牌数字化企业提供专项贷款。

五、大力促进教产深度融合，形成"研—用—研"的良性循环

搭建品牌数字化科研平台，促进校企无障碍化合作。引导企业与高校、研究基地的合作，收集企业品牌数字化建设中的共同需求与定制化需求，寻找相应的科研机构，助推问题的解决。大力推动校企资源定向对接，促进数据资源在校企间高效流通与融合，完善校企合作机制，加强品牌科研机构的规范化管理与运作模式创新，重点建立科研成果的实践性与可行性评价标准，强化对科研机构的定期考核。促进科研与企业品牌数字化实践的良性互动。鼓励科研机构对优秀品牌数字化案例的挖掘与研究，进一步推动研究成果的落地应用，加强科研机构对成果实施与应用状况的跟踪和记录，并对新的品牌实践做进一步研究，以供企业适时调整实践策略。开展品牌数字化转型典型的征集，挖掘出一批典型的数字化复兴的"老字号"品牌，应用科研成果，落实品牌数字化建设试点项目，打造品牌数字化模范企业。争取国家允许，为粤港澳联合设立的高校、科研机构建立专用的科研网络，实现科研数据跨境互联，建立对外交流合作机制，允许品牌建设中的特定数据的有序流动。拓宽与品牌数字化程度高的国际企业交流，谋求与相关企业的更多的合作，促进国际品牌数字化创新要素向大湾区集聚，引导国内外品牌数字化发展领域高端团队和原始创新项目在广州落地、转化和发展。

第五章　广州企业品牌国际化建设研究

第一节　广州企业品牌国际化建设现状

　　品牌是企业和产品区别于竞争对手的关键标志，是消费者愿意额外支付高附加值的核心驱动因素，是引领经济高质量发展的重要抓手，也是衡量城市经济实力的重要指标。为促进"广州制造"向"广州品牌"的跃升，广州市出台了一系列相应的政策，促进广州品牌的建设。过去5年，广州市坚持深入实施质量强市战略，扎实开展质量提升行动，大力加强品牌建设。先后出台了《广州市市长质量奖评审管理办法》《广州市市场监督管理局国际品牌服装产品质量监督抽查实施细则》等一系列质量提升政策。以政府奖励为手段，以优化企业治理体系为途径，引导和激励全市企业加强质量管理，提高产品、服务和工程质量，增强广州自主创新能力和综合竞争力。然而，到目前为止，广州的品牌建设相关政策，更多落脚在质量标准建设和质量提升上，重视打响产品知名度，对丰富品牌价值内涵、构建体系化品牌建设战略等方面缺乏指导和重视，使得广州品牌国际化发展进程难以加速推进。

　　具体来看，根据全球品牌研究权威机构WPP集团每年发布的最具价值中国品牌100强榜单，相比于北京、上海、深圳，广州明显处于劣势。自2010年榜单发布以来，尚未有广州品牌能够位列前20，突出了广州目前缺乏龙头品牌引领的问题。纵向比较看，近几年广州入选品牌数量逐年下滑，从2017年的6家下滑至2020年的3家，体现了当前广州龙头品牌在市场竞争中逐步落入下风的现状。横向比较看，广州 2020 年入榜品牌仅有 3 家，分别是保利地产（第 50 名，品牌价值 34.56 亿美元）、南方航空（第 63 名，品牌价值 24.73 亿美元）、唯品会（第 70 名，品牌价值 21.46 亿美元）。与之相比，北京、上海、深圳则分别有 39、14、14 家品牌入选，广州品牌的发展劣势尽显。

再到品牌的国际化建设上，广州也不尽如人意。根据凯度携手 Google 所制作的"BrandZ 中国全球化品牌 50 强榜单"，前 50 强中北京占据 14 个席位，深圳占据 10 个席位，上海占据 6 个席位，而广州则仅仅只有 3 家。横向对比后，广州与其他 3 个一线城市差距显著。

不仅如此，这 3 家上榜的广州企业也未必称得上成功。上榜的 3 家广州企业分别为广州市百果园信息技术有限公司、三七互娱（上海）科技有限公司、网易。广州市百果园信息技术有限公司是欢聚时代在原移动新产品部基础上成立的独立公司，其在互联网语音、视频算法、传输方面有多年积淀，拥有多项专利。三七互娱（上海）科技有限公司于 2011 年在上海注册成立，总部位于广州，其业务涵盖游戏、在线教育等板块，同时积极布局影视、音乐、艺人经纪、动漫、泛文娱媒体、元宇宙、文化健康、社交、新消费等文娱领域。网易则是一家领先的中国老牌互联网技术公司，由其开发和运营的电脑和手机游戏中不乏备受全球玩家欢迎的经典之作。公司还提供基于互联网的服务，包括电子邮件、在线购物、在线广告等。整体看，这三家都是互联网企业，专注于文创开发。尽管这三家企业上榜，撑起了广州国际化品牌的门面，但是，百果园和三七互娱体量太小，属于文创行业中的小玩家，无法与字节跳动、快手比肩。而网易，自创始人丁磊将办公地点迁到杭州，网易就形成了广州—杭州共总部的格局。在大部分国人眼中，网易俨然是杭州的一张名片。这些都体现了广州品牌国际化建设的尴尬。

品牌对于企业来说是一个复合性概念，不仅仅局限于名称、标志、口号、象征物等识别符号，更承载了企业和产品内在的功能利益及顾客长期体验、积累的情感烙印。品牌除了为企业和产品提供基本的识别功能外，更重要的意义在于建立顾客对企业和产品的精神内涵和价值认知，提高顾客对品牌的情感认同。因此，产品质量是品牌的翅膀，而价值是品牌的灵魂，两者相辅相成、互为依托，需要并行发展。唯有不断丰富品牌内涵，不断提高制造企业品牌的文化附加值，增强国内外消费者对品牌精神内涵的认同，广州品牌才能改变寿命不长、综合效益不高的国际化发展现状。

第二节　广州企业品牌国际化的机遇与挑战

一、广州企业品牌国际化的机遇

（一）广州拥有非常完善的产业链，科技基础扎实

广州以先进制造业为主导，以汽车、电子、石化三大支柱产业为引擎，以汽车、船舶及海洋工程装备、核电装备、数控设备、石油化工和精品钢铁等六大优势先进制造业基地为基础，以50多个产业集聚区及园区为载体；东部以汽车、石化、电子业为主，南部以临港装备制造业为主，北部以空港经济为主。

改革开放以来，从建立完善制造业体系到全面实施制造业强市战略，广州发展成为国家重要的先进制造业基地。一是建立了门类齐全的制造业行业体系，是华南地区制造业门类最齐全的城市。二是制造业高端化发展成效明显。2020年，先进制造业增加值占规模以上工业增加值比重达到59.7%，高技术制造业增加值占规模以上工业增加值比重达到15.5%，高新技术产业产值占规模以上工业总产值比重上升至50%，制造业结构调整的技术密集型和创新驱动的效应进一步体现。三是三大支柱产业地位稳固。2020年，全市规模以上汽车制造业、电子产品制造业和石油化工制造业三大支柱产业工业总产值为10 278.48亿元，占全市规模以上工业总产值的比重为50.61%，主导地位突出。四是战略性新兴产业加快发展，"十三五"时期广州重点发展新一代信息技术、生物与健康、新材料与高端装备、时尚创意、新能源汽车、新能源与节能环保六大战略性新兴产业。同时，广州也是珠江流域的进出口岸和中国远洋航运的优良海港，亦是铁路的交汇点和华南民用航空交通中心，

便利的交通条件，也为品牌国际化奠定了很好的基础。

（二）国家有力的政策扶持，助推广州企业的品牌国际化

广州作为华南地区的核心城市之一，一直以来都备受国家的政策优待。一方面，2021 年在全国二十多座城市打造国际消费中心城市的"竞逐"中，广州凭借成熟的商贸体系、高水平的对外开放以及通达四方的枢纽建设，成为由国务院批准的首批国际消费中心城市前五名。广州下一步将锚定"国际"重要方向、"消费"核心功能、"中心"关键定位，坚持湾区联动、优势互补，供需互促、双向协调，大力实施尚品、提质、强能、通达、美誉"五大工程"，加快建成具有全球影响力、美誉度的国际消费中心城市。另一方面，2019 年 2 月 18 日，中共中央、国务院正式印发《粤港澳大湾区发展规划纲要》，中央相关部委和三地政府一直以创新开放的思维寻求政策突破，共同推进粤港澳大湾区发展。深圳的高端制造和创新能力、广州和东莞的制造业优势，以及香港作为国际金融中心和人民币中心的地位——大湾区完全有能力同时成为并购、投融资活动的国际中心。有效地整合资本、高科技、创新和制造能力将会为区内企业更好地把握境外商机提供保障。大湾区庞大的交易市场，与国际市场的紧密关联，都是广州企业品牌国际化建设的有力支撑。

（三）全球的商业形态向互联网变迁，为广州企业品牌出海提供宝贵机会

全球品牌营销迎来全新的变革力量，科学与技术突破性发展，媒体版图瓦解并被重新定义和强化。个人被赋予权力，并对众多事物持怀疑态度。文化、社会、环境、地缘政治面临根本性挑战。颠覆性的商业模式和营收模式相继出现，让市场应接不暇。而身处出海行业的玩家们，这两年可以明显感觉到，整个跨境商业都在加速移动化、内容化、品牌化。TikTok 下载量超过社媒巨头 Facebook 成为世界第一；移动内容软件的风靡也正加速海外形成从图文到短视频的内容电商环境；出海先辈 SHEIN 完成 150 亿元融资、安克创新（Anker）创业板上市，中国品牌陆续开始在全球市场熠熠生辉。一个个机会正在被趋势缔造，正在崛起又充满野心的中国企业家们要抓住空前的红利机会。中国移动互联网的全球布局即将培养出新一代海外消费者；内容电商的全球化趋势会为早已深谙短视频、直播等新兴营销打法的中国品牌提供天

然的出征优势；超级品牌成功全球化的故事为中国跨境玩家、品牌玩家提供新的增长可能。2022 年，将是品牌全球化的元年。一切仿佛都在预示着中国正从货物出口大国，转型蜕变进入品牌大国的时代。中国品牌出海已经迎来了最好的时机。

二、广州企业品牌国际化的挑战

（一）对中国的不信任感增强，为品牌获取国外消费者的信任带来挑战

国内品牌在国际上的影响力虽然逐步上升，但总的来说，外国消费者对中国品牌缺乏信任。例如，20 年前当 IBM 来到中国的时候，微软也来到了中国，但那时没有人质疑外国企业在用我们的数据做什么。而现在，反过来，外国人开始质疑"华为在用我的数据做什么？"字节跳动旗下的 TikTok 是另一个典型例子。TikTok 在国际市场取得巨大成功后，字节跳动开始面临急剧恶化的国际环境，这导致字节跳动不得不强化 TikTok 的独立性，为企业的长期发展埋下巨大的威胁的种子。特朗普上台后，越来越多的中国品牌受到美国和欧盟国家的制裁。在欧美负面舆论的不断抹黑下，中国品牌受到消费者越来越多的质疑。因此，信任可能是中国品牌面临的最大挑战，这些品牌必须让外国人相信，它们只是一个想要发展的消费品牌。

（二）文化的差异往往是品牌国际化进程的绊脚石

文化冲突今天已经成为品牌国际化进程中的一大障碍，通俗来讲就是品牌走出国门以后是否还被认可？具体应对措施包含以下两个方面：其一，中国品牌要思考如何建设具有更强大的文化包容度的品牌。其二，对当地消费文化和消费趋势的研究非常重要。不同国家的文化对于品牌发展都有着不同的要求，如何植根于当地国家的文化环境，如何深度把握当地市场、社会环境及消费环境成为中国品牌走向国际化的重要一步。东西方文化差异阻碍了中国品牌的国际化发展，从跨国公司以往的品牌国际化的经验来看，在进行品牌营销之前，对当地文化进行深入考察是必不可少的。文化具有很强的隐蔽性，我国企业又缺乏在国际上推行品牌的经验，对国外文化了解不够深入。很多在我们观念之中是对的事情，在别的国家不一定适用。在国外进行销售

活动相对容易，但建立国际品牌很困难，企业需要深刻理解当地的文化和理念，讲好品牌故事。企业的故事需要以人性化和激动人心的方式讲述；产品需要用普通人能够理解的语言解释。大多数中国公司失败在策略上——只销售而不去讲述。策略决定着品牌的生死，速度与策略必不可少，但这两种要素要融入庞大的舆论势力才真正有效。

（三）从知名品牌向令人向往的品牌转变是一项极具挑战的工作

从知名品牌向令人向往的品牌转变意味着不仅要得到全球消费者、监管机构的信任，还需要让品牌变成消费者主动选择，以及"自豪拥有"。数据显示，从2000年开始，受人追捧的企业品牌的回报率比标准普尔指数都要高出17%。而这样的企业，无一不是公认的成功的跨国企业，如苹果、谷歌、微软、星巴克、耐克等，这些企业已经进入了品牌发展的较高阶段。实事求是地看，能达到这个阶段的中国企业，少之又少。这也自然成了所有中国企业出海后在品牌建设上的核心目标。

要达到这个目标，企业需要逐一完成一些具体的看似枯燥但可以量化的指标。比如在消费者层面，品牌可以注重安全性、新鲜感、归属感和优质性，相应的品牌策略则是注重质量稳定、开发前沿技术、为消费者进行卓越的创新和设计等，由此给消费者带来更广阔的想象空间，如使用品牌后，能够带给消费者"让我觉得自己很优秀、很成功""生活更美好、更充实"等方面的体验感。广州企业通过雇佣全球优秀的品牌管理人员、实行整套的全球品牌策略，假以时日就能实现品牌国际化。

第三节　广州企业品牌国际化的实施路径

如何推动品牌全球化？首先要有一个全球品牌战略。拓展全球市场，成就世界品牌，是一条相对漫长的道路，而且是一项系统的复杂的工程，因此必须有一个清晰的战略规划。在全球战略规划之下，要提出明确的全球品牌理念，同时还要建立全球品牌话语体系和全球品牌组织体系。

一、制定全球品牌战略

制定全球品牌战略主要包括使命、定位和路径三个层面。第一，使命。就像阿里巴巴的使命——"让天下没有难做的生意"，打造全球品牌，不仅需要在全球市场拓展的业务能力，还需要足够的家国情怀、人类责任和历史使命。第二，全球市场定位。定位就是定方向，找准目标市场，进行全球资源分配和全球运营体系建设。第三，设计路径。清晰描绘全球市场路线图，其中要明确一点即中国市场是最大的全球市场，企业做中国市场就是在做全球市场，在当下，企业要用全球视野、全球标准来做今天的国内市场，这样才能更快地融入全球化的进程。

在全球品牌战略实施过程中，要注意扩张和成长不是一个概念。企业每当进入一个新市场、推出一项新业务、加入一个新品牌，其实都是对企业整体品牌的一次认知更新、一次形象稀释，都是一次品牌建设的再考验，此时要谨慎处理好业务扩张和品牌成长的动态平衡，争取实现业务增长和品牌成长的双赢。

二、构建全球品牌理念

构建全球品牌理念就是要建立全球消费者共同认可的品牌价值观。华为"构建万物互联的智能世界"，联想"世界因联想而美好"，万科"让建筑赞美生命"，无印良品"Simple is best"（简单的就是最好的），麦当劳"I'm lovin'it"（我就喜欢）等，这些全球品牌都有一个可以和全球消费者产生共鸣的品牌理念。这些理念超越了"电池待机时间很长"这样的产品实用主义，而上升到可以触动人类情感和精神世界更高层面的"品牌理想"。

全球化不是一体化，全球品牌理念需要因地制宜地落地执行。麦当劳是"全球化思维，本土化行动"的典范，其在"I'm lovin'it"统一品牌理念的指导下，在世界各地根据不同国家的文化、风俗差异，推出不同的产品。如德国麦当劳出售"麦当劳热狗"，还卖啤酒；印度麦当劳专门为不吃牛肉的印度教徒提供"鸡肉巨无霸"；在中国推出正式的米饭菜单等。麦当劳的这些做法被总结为"框架内的自由"（Freedom within a Framework），并在全球进行推广。

三、建立全球品牌话语体系

建立全球品牌话语体系即要找到与全球用户沟通、对话，能够产生共鸣的语言和载体。我们可以从一些全球品牌的成功做法中得到启发，总结出一些规律性的话题：一是人类社会责任，围绕绿色、环保、能源、气候和可持续性发展等全球性话题和人类共同关注的问题，发展品牌创意，构筑品牌大厦；二是全球顶级活动，2014 年第 86 届奥斯卡颁奖典礼上，主持人艾伦·德杰尼勒斯（Ellen DeGeneres）在节目直播过程中邀请众明星一起拍照，在明星们专注看着镜头时，更多的人看到了那台纯白色的三星 Galaxy Note3。这张群星自拍里尽是全球最顶尖的影星，主持人将其传到 Twitter 后，就以 35 分钟 81 万次的转发数量成为史上转发量最大的 Twitter 照片之一。借助奥斯卡，三星 Galaxy Note3 一夜之间风靡全球。

做好全球品牌表达。通过全球化的沟通方式、表达方式，给予消费者对产品和品牌"相信的理由"。一是选好全球品牌大使。中国企业出海，大多由企业领导人扮演全球品牌大使的角色，而联想的不同做法值得学习。2013 年联想选用刚刚在电影《乔布斯传》中扮演苹果创始人乔布斯的美国演员阿什顿·库彻（Ashton Kutcher），担任其 Windows PC 产品的代言人及产品工程师，由他组织全球消费者调研座谈，并在联想产品全球推介会上宣讲。联想非常巧妙地借助库彻，把苹果及乔布斯的形象映射到自身品牌上，大大提升了联想的全球品牌影响力。二是讲好全球品牌故事。很多欧洲的大品牌往往围绕品牌的发源、品牌的历史以及企业发展过程中的经典时刻和精彩片段，挖掘和发展自己的品牌故事。半世纪前，物理学家马克思·胡伯（Max Huber）面部烧伤，他便自行研发出一种海藻提取物，以治愈其皮肤。海蓝之谜"LA MER"由此诞生，这也是 LA MER 品牌的原点，即成就了它的全球品牌故事。

四、打造全球品牌组织体系

打造全球品牌组织体系，一方面要使内部组织全球化，这是最重要也是最困难的。完善的全球品牌组织体系主要包括全球人才、全球品牌管理团队和组织系统的全球化。

聘用世界通用的人才，推崇"全球公民"精神，是组织全球化的基础和关键。品牌全球化首先需要员工全球化，需要全员用全球化的标准要求自己。例如，复星集团的发展战略是 Glocal，Glocal 由全球化（Global）与本土化（Local）组合而来。复星对全球每一个员工承诺，只要加入复星，无论国籍、肤色、性别，都是复星人，复星欢迎来自全球的精英。2016 年，复星推出全球合伙人战略，30 位全球合伙人中，有 5 位来自法国、瑞士、德国等国家。

另一方面，要善于联动各种资源，提升全球品牌影响力。中国企业出海面对的是海外市场的多方利益相关者，要整合资源，抱团出海，实现合作共赢。

第四节　广州企业品牌国际化建设的措施建议

全球化浪潮势不可挡，品牌出海是必然趋势，愈来愈多中国企业在国际舞台上崭露锋芒。2019 年奥美《新经济局势下让全球化的中国品牌更有意义：中国 CMO 报告》中提到，80% 的受访高管表示："开拓新市场以实现业务增长"是企业进入国外市场的主要动机。尽管中国企业出海雄心勃勃，但企业如何在陌生的海外市场中生存与发展依旧是巨大的挑战。在此背景下，广州品牌又该如何加速国际化进程，融入新发展格局。为此，我们立足广州品牌建设的现实背景，为广州品牌出海提供新洞见。

一、走出产品出海等于品牌出海的误区，增强创新意识和创新能力

品牌价值是评估一个品牌整体财务价值的过程。它是超出商品的使用价值以外的，包括精神、文化、价值观在内的溢价，也就是顾客对于品牌的信任度、认可度、忠诚度，即商品内看不到但确实存在的溢价。在日趋激烈的国际市场竞争中，中国商品的溢价率很低。而我国企业（尤其是中小企业）多以贴牌为主的出口，除了价格低廉，并不能在消费者心中产生任何的品牌

溢价。对于广州企业而言，产品出海已经不再是难事。然而产品出海不代表品牌产品，广州品牌要走出去首先要摆脱贴牌销售的现状。代工模式让中国的企业有机会接触到先进的产品，其生产工艺和管理水平得到了一定的发展，但其弊端也无法忽视。品牌最重要的产品研发设计和销售渠道都牢牢掌握在委托商手里，代工企业只负责生产环节，在价值链的最低端，缺乏议价能力、利润空间低，还要承担建设工厂、设备折旧和生产管理方面的风险，一旦出现市场波动，订单无法保障，企业就会面临生存危机。

很多中小企业认为品牌建设需要雄厚的资金以及技术，需要持续几十年的投入，只有大企业做得起，与自己没有任何关系，因此在日常的工作中根本不把品牌建设作为一项工作进行，更不用说纳入公司战略发展中。此外，大多数企业对品牌的理解停留在简单的 Logo 的设计以及广告投放上，并没有对品牌建设形成系统的认识。据经济合作与发展组织统计，知名品牌占全球商标总量比重仅为3%，却占据全球市场40%的份额和50%的销售额。在全球经济竞争中，知名品牌作为一种高度稀缺的资源，正被少数发达国家所垄断。品牌价值日益成为影响企业在市场上获得竞争优势的重要因素。因此，广州品牌出海首先要重视品牌建设，摆脱对贴牌模式的依赖。

同时，打造品牌的前提是要具备创新意识和创新能力，从低端制造转向高端制造是企业打造品牌的重要保障。高端制造具有高技术密集、高附加值、高资本投入、高度品牌化等特点，处于产业链的顶端，反映一国制造业的综合实力，因而成为各国战略竞争的制高点。我国也正在推动制造业技术向中高端层面发展，明确了高端制造领域的主攻方向，突出以工业化与信息化深度融合为抓手，推动中国由制造大国向制造强国转变、从中低端向高端跃升。

二、利用大湾区丰富的国际化人才资源，锻造国际化人才队伍

中国品牌全球化不仅仅是语言说得好、硬件也"杠杠的"，而是需要真正拥有全球化思维、全球知识体系、全球化战略表达，并具备海纳百川、尊重不同、就事论事职业精神的人才。特别是那些掉进大坑里依然百折不挠，爬起来拍掉泥巴，继续勇往直前的人才。这也是中国品牌全球化中人才群体需

要跳跃的"路障"。

要打造一支能够支撑企业国际化品牌建设的团队，企业需要七种人才：

（1）在中国总部具有战略思维的帅才。

（2）在所在国控盘公司运营的将才。

（3）熟悉本地化市场运营的副总裁人才。

（4）胜任最小作战单元的敏捷管理人才。

（5）后台运维和沟通的人才。

（6）熟悉本地化财税的人才。

（7）公关、人资、法律、物流等保障方面的人才。

而这些人才还要拥有这两点特质，一是具有强烈的跨文化包容性思维；二是愿意与海外企业共同成长。

企业要重视人才培养，为品牌创新提供源源不断的动力。广州身处大湾区腹地，在组建和培养优秀人才上有很大的优势。香港地区有大量具有世界水平、精通全球商业规则的中英文互通人才，随着国家认同感的强化，这些人才可以吸纳进广州企业品牌全球化发展的重要人才库。

对于国际化的人才，企业也可以"两条腿走路"，一方面直接从外面引进经验丰富的综合性人才，另一方面可以在企业内部培养对企业文化认可的综合性人才，这样可以使企业的人才储备趋于良性发展。同时设置差异化的激励机制，降低人员的流动率。在人才储备上，企业可以依托华南地区的高等院校和国家、省级科研机构最为密集的优势以及门类丰富的产业体系，为企业的研发创新提供源泉。

三、尊重文化差异，洞察海外消费者的真实需求

不了解海外市场消费者的偏好，不符合海外消费者的审美，缺乏与海外消费者的沟通，这是全球企业开拓国际市场时的常见问题，这种现象反映了企业品牌国际化实施策略的误区。部分企业假定国际市场的消费者与国内消费者的消费观念一样，这样造成的结果就是产品不被接纳，甚至是被排斥。解决这个问题，品牌首先要学会"因地制宜"，尊重和理解当地的文化和价值观。

广州企业品牌出海时一定要致力于本土化，要学会在当地建立品牌，以当地人的思维方式，用在当地洞察的数据做决策、研发产品，使研发的产品符合当地不同用户人群的喜好。根据《益普索 Ipsos：2021 全球消费新趋势与中国品牌出海》报告，"分化、健康、环保、科技向善"是当下全球消费市场趋势变化的四个关键词，这背后涉及全球消费市场蕴藏着的广阔发展空间，品牌出海的重要机会再次来临。

把握全球消费市场趋势，洞察当地消费者需求以及为其持续提供所需产品，是中国企业在海外市场立足和提升品牌的根本保证。无论定位高端市场还是中低端市场，新晋品牌在品牌国际化初期，都可采用同样品质、价格更低策略或同样价格、品质更高的高性价比策略，以便让海外消费者有物超所值的感觉，这是打动海外消费者的重要手段。真诚服务客户，为客户创造价值是中国品牌赢得世界消费者认同和尊重的基石。具有强大的研发能力和拥有行业领先技术，则是在发达国家市场树立高端品牌的基本保证。品牌价值的表现内容和表现方式与当地文化习俗和消费者价值观相匹配，是打动海外消费者内心的前提条件。广州企业在进行品牌国际化的过程中，应该首先深入了解不同地区的海外消费者的差异化需求，适应当地文化，以保证品牌形象能够精准表达并能打动用户。

四、善用社交媒体，把控品牌国际化建设的最重要阵地

在美国，社交媒体和在线数字广告仍然是了解中国品牌最重要的渠道，且中国品牌的曝光度连年上升。根据《中国品牌海外传播报告》，相较于2017 年的 23%，在 2021 年已有 47% 的美国受访者表示通常从社交媒体中了解中国品牌。这与近年来中国品牌在 Instagram、TikTok 等海外社交媒体上的辛勤耕耘是密不可分的。除社交媒体和在线广告之外，中国品牌在电子邮件营销领域的营销业绩也有所提高，但仍有较大上升空间。与国内市场不同，电子邮件营销在美国市场的渗透率非常高，但同时美国市场对邮件内容质量的要求也更高。值得一提的是，仍旧有 30% 的美国受访者表示他们从电视广告中了解中国品牌，由此可见，电视仍是美国民众获取信息的重要来源，因此，中国品牌在打入北美地区时不能放弃电视广告这一传统的有效渠道。

　　社交媒体是各国消费者认识品牌、了解产品资讯的最重要渠道之一。海外受众依旧需要时间来培养在社交媒体 App 上直接购买的习惯。《中国品牌海外传播报告》表明，大型电商平台，如亚马逊、eBay、Shopee、Mercado 等仍然占据着主导地位。社交媒体平台，尤其是 Instagram，正主推在其 App 内完成购买，在发达国家这一习惯似乎尚未养成，但在巴西、菲律宾和尼日利亚等发展中国家，在社交媒体平台上"有时""至少每周一次"和"每周数次"进行购买的受访者则显著多于欧美发达国家。此外，在品牌独立站进行购买的受访者比例也都逐渐与在亚马逊等电商平台进行购买的受访者比例持平，这体现出独立站的重要性以及消费者对其较高的接受程度。有 56.08% 的美国受访者表示经常在品牌独立站购物，法国占到了 55.77%，德国为 45.54%，尼日利亚为 50%，巴西为 45.63%，菲律宾为 50.48%，由此可见，品牌独立站已经成为全球越来越多消费者的购物选择。而对于复购率较高的产品，大多数消费者还是选择在亚马逊、eBay 等电商平台购物。独立站依然是中国品牌出海的首选，这些结果表明社交媒体购物习惯还需要很长时间的培育。更多用户还是习惯使用电商或者在品牌独立站上完成购买流程。

　　对于如今的广州企业品牌而言，通过社交媒体展示品牌魅力、与用户建立联结已经成为家常便饭，但海外的社交媒体环境和用户习惯与国内存在很大的差别。如何做好本地化，如何把握本土潮流、如何迎合当地用户喜好，解决好这些问题，广州企业品牌才能在海外社交媒体平台上稳步前行。

行业分析篇

第六章　广州传统优势产业的品牌发展研究

　　传统优势产业是指一定区域内产业规模较大，集中度较高，存续时间长，拥有一定自主知识产权和自由，在国内外具有较高的市场占有率和知名度，以生产传统产品为主的产业。根据广东省统计口径，纺织服装、美妆日化、箱包皮具、珠宝首饰、食品饮料等传统优势产业集群（以下简称"五大产业集群"）是广州市传统优势产业，拥有较为完整的产业链，产业聚集效应明显。但是，这些传统产业的品牌发展现代化程度较低，整体效率低下，疫情期间更是受到了严重冲击。在现实和技术的双重打击下，传统产业的品牌化改造升级刻不容缓。

第一节　广州传统优势产业品牌建设现状

一、广州传统优势产业的品牌发展现状

　　广州作为千年商都，是一个历史悠久的老城市。习近平总书记曾说过应让广州这座老城市重新焕发活力。这既是总书记的期望，也是广州政府、企业和公民的时代使命。广州拥有体量较大的传统优势产业，要持续焕发活力，

就需要将这些传统优势产业的品牌建设置于时代创新的背景下，让新的技术赋予其新的优势和品牌活力。目前广州传统产业的品牌发展现状如下。

（一）纺织服装行业，品牌整体大而不强

2016—2020 年，广州市纺织服装行业规模以上企业服装产量占全国比重整体呈现下降的趋势。2020 年，中国服装行业规模以上企业累计完成服装产量 223.73 亿件，广州市规模以上企业服装产量为 3.29 亿件，占比 1.47%，且常年占比低于 2%。这说明广州市服装产量在全国占比较小，相比于其他城市，产业的竞争优势不明显。

据不完全统计，广州本土出产的自有服装品牌超过 1 000 个，但多为中小品牌，知名品牌较少。根据中国连锁经营协会发布的 "2019—2020 年中国时尚零售企业百强榜"，总部位于广州的品牌企业仅入围 8 家，占比为 8%，见表 6 - 1。

表 6 - 1 "2019—2020 年中国时尚零售企业百强榜"广州企业入围情况

排名	企业名称	品类
34	快尚时装（广州）有限公司	服装、服饰、鞋履
51	广州逸仙电子商务有限公司	护肤美妆、个人护理
77	广州红谷皮具有限公司	服装、服饰、鞋履
78	比音勒芬服饰股份有限公司	服装、服饰、鞋履
79	广东丸美生物技术股份有限公司	护肤美妆、个人护理
81	天创时尚股份有限公司	服装、服饰、鞋履
85	摩登大道时尚集团股份有限公司	服装、服饰、鞋履
89	卡宾服饰有限公司	服装、服饰、鞋履

资料来源：中国连锁经营协会。

另外，第一财经商业数据中心联合天猫发布的《城市商业创新力——2020 新国货之城报告》的服装城市榜单中，广州排名第五，相比排名第一的杭州还存在一定的差距，见表 6 - 2。

表6-2 2020年中国服装行业十大城市

排名	城市	总分	排名	城市	总分
1	杭州市	95.1	6	晋江市	76.5
2	上海市	91.9	7	常熟市	76.2
3	宁波市	90.3	8	泉州市	70.5
4	深圳市	86.9	9	无锡市	70.3
5	广州市	80.6	10	义乌市	70.2

数据来源:《城市商业创新力——2020新国货之城报告》。

(二) 美妆日化行业,品牌发展势头强劲

2020年,第一财经商业数据中心联合天猫发布了《城市商业创新力——2020新国货之城报告》。在该报告中,广州总体排名第二。其中,新国货之城美妆行业城市榜中,广州排名第一,见表6-3。全国75%的国货美妆品牌都在广州诞生,广州成为名副其实的"新国货美丽之城"。

表6-3 2020年中国美妆行业十大城市

排名	城市	总分	排名	城市	总分
1	广州市	100.0	6	南京市	66.4
2	上海市	90.8	7	长沙市	64.3
3	杭州市	79.6	8	昆明市	63.4
4	济南市	76.3	9	郑州市	59.9
5	北京市	75.6	10	通化市	59.4

数据来源:《城市商业创新力——2020新国货之城报告》。

另据阿里大数据显示,广州美妆以线上交易规模大、品牌创新能力强、聚集程度高等优势获评2020年全国十大产业带Top1。同时,广州还是全国最大化妆品OEM生产基地,拥有大量化工原料、模具制造、包装设计等上下游配套链条,产业集群颇具规模,是全国化妆品产业链配套最齐全的地区之一。知名品牌代工厂索柔、芭薇均诞生于广州。

据国家药品监督管理局数据显示，截至 2020 年 12 月 4 日，全国共有 5 399 家化妆品生产许可获证企业，而广州市的化妆品企业数量就有 1 937 家，占全国的 1/3。其中，白云区与花都区的品牌发展优势最明显。截至 2020 年 7 月，白云区共有 1 367 家持证化妆品生产企业，超 4 000 家化妆品上下游企业，是我国化妆品行业主要集聚地之一。每年有超百亿美妆个护产品从这里生产、分装、打包、远销国内外。代表品牌有丹姿、卡姿兰、韩后、温碧泉等。截至 2021 年 5 月，花都区已拥有化妆品产业链企业（上下游供应链企业）300 多家，商业销售企业 12 000 多家。其中，规模以上化妆品企业 57 家，1 000 万元产值以上企业 100 多家，整个化妆品产业链年总产值达到 300 亿元以上。代表品牌有樊文花、思埠、安婕妤、寇斯汀等。完美日记母公司逸仙电商在美股成功挂牌上市，总市值高达 76 亿美元，是纽交所中国美妆第一股，为广州美妆行业添上了浓墨重彩的一笔。

不过，广州的美妆日化行业目前也存在一些短板。一是尽管相关企业众多，但发展参差不齐，外界对广州美妆日化行业的整体印象多停留在生产力强、品牌较弱的层面。近年来假货、微商品牌频出，也伤害了广州的美妆产业形象。二是研发上还需努力，特别是新锐美妆品牌，虽然发展势头强劲，但研发投入还亟须加大。

（三）箱包皮具行业，品牌建设态势良好

中国皮具看广州，广州皮具看狮岭。箱包皮具行业是广州市狮岭镇的主导产业，也是花都区发展最早、产业链条最完善的特色产业。2018 年，狮岭镇皮具总产量约 7 亿多只，占欧美大众流行箱包市场 70% 以上的份额，年交易额超过 300 亿元，区域品牌价值高达 200 亿元，箱包皮具营销市场辐射 136 个国家。截至 2018 年，狮岭镇域内拥有生产型企业 8 800 多家，个体工商户 37 500 多家，规模（年产值 2 000 万）以上企业 224 家，其中商贸服务业企业 43 家，而年产值超过亿元的有 21 家。狮岭镇有 8 个原辅料专业市场、7 个工业园区、2 个成品市场，各大企业共设销售网点近 2 万家，基本形成涵盖原辅料集散和箱包产品设计、研发、生产、营销、人才、物流等各环节的专业化产业集群。

狮岭箱包皮具历经四十多年的发展，在产业规模上实现了由"家庭作坊"

到"皮革皮具一条街",再到"工业园区"和"专业市场"并存的点—线—面的"三个跳跃"。在生产形态上实现了由贴牌加工到产品制造,再到品牌创造的"三个提升"。在经营模式上实现了由产品经营向品牌经营跨越,由品牌经营向文化经营跨越,由个体经营向联盟经营跨越的"三个跨越",成为全国箱包皮具产业集聚程度最高、产业链最完整、产业配套能力最强的皮具生产基地。

狮岭镇内现有2家中国驰名商标企业、5家省名牌企业、7家省著名商标企业、11家市著名商标企业和13家高新技术企业,并拥有国家级市场采购贸易方式试点、中国广州花都(皮革皮具)知识产权快速维权中心、国家皮革制品质量监督检验中心等国家级产业公共服务平台。众多狮岭皮具品牌活跃在国内外市场,如梦特娇、轩尼小熊和万信达等分别作为官方用品出现在G20峰会和金砖五国会议上。"狮岭皮具"区域品牌已在美国等23个国家通过注册申请,并通过举办中国(狮岭)皮革皮具节、中国国际箱包设计大赛等活动,统一形象参加广交会、亚太皮革展、米兰世博会、德国箱包展等国内外展会进行国际化的宣传推广。同时,狮岭镇制定了自己的商标战略,重视商标的国际注册,扩大区域品牌保护范围,从而提高了"狮岭皮具"这一集体商标的竞争力和国际知名度,稳定并扩大了本地品牌的国外市场。

(四)珠宝首饰行业,品牌创造有待加强

广州是全国珠宝首饰设计、加工、镶嵌、交易的重要基地。广州经历近40年才跳出港澳"前店后厂"的经营模式,时至今日已成为全国珠宝首饰加工制造中心。目前,广州番禺金银首饰的加工量约占香港转口贸易量的70%以上,占全球市场份额的30%,拥有来自全球30多个国家和地区的钻石珠宝市场主体2 890家,从业人员近10万,约占粤港澳大湾区钻石珠宝从业人数的25%。2020年,在疫情肆虐情况下,番禺珠宝进出口总额仍达252亿元,产品主要出口至欧盟、北美和东南亚等地区。

2021年5月,广州出台了《广州市把握国内国际双循环战略 促进钻石产业高质量发展若干措施》,引导钻石产业加快转型升级,提升全球综合竞争力。2021年广州钻石加工贸易进口额为168亿元,同比增长73.4%,占广东省钻石进口额约 5 成，加工贸易项下钻石进口额保持全国第一。

2022 年胡润研究院发布《2022 胡润中国珠宝品牌榜》。榜单从企业规模、品牌战略、销售渠道 3 个维度进行综合评选，得出前 70 名中国珠宝品牌。其中，广州仅有 3 家品牌上榜，分别是潮宏基、石头记和卓尔珠宝（见表 6 - 4）。"世界珠宝，番禺制造"仍需向"世界珠宝，番禺创造，番禺销售"的目标不断迈进。

表 6 - 4　《2022 胡润中国珠宝品牌榜》中广州企业入围情况

排名	品牌	主要品类	总部	成立年份
11	潮宏基	金饰	广州	1996
50	石头记	彩色宝石	广州	2002
50	卓尔珠宝	钻石	广州	1994

数据来源：《2022 胡润中国珠宝品牌榜》。

（五）食品饮料行业，品牌活力焕发生机

食品饮料行业作为广州的五大传统优势产业之一，历来受到广州政府的重视，相关企业在政策的支持下也发展迅猛。"2021 年第十届广州食品展"由中国国际商会广州商会主办，展会规模超过 3 万平方米，参展企业逾千家，1 800 多个优质食品食材品牌参展参会，涵盖休闲食品、酒水饮料、肉类水产、健康食品、机械设备五大类。

2021 年 12 月 6 日，胡润研究院携手环球首发联合发布《2021 胡润中国食品行业百强榜》，按照企业市值或估值进行排名。其中，广州食品饮料行业品牌仅有 3 家上榜（见表 6 - 5），分别是立高食品（排名第 60）、珠江啤酒（排名第 69）和广州酒家（排名第 95）。广州食品饮料行业的品牌建设仍需不断推进，不断为传统品牌发展注入新鲜血液。

表 6-5 《2021 胡润中国食品行业百强榜》中广州企业入围情况

排名	品牌	价值（亿元）	主营品类	总部
60	立高食品	257	食品综合	广东广州
69	珠江啤酒	202	啤酒	广东广州
95	广州酒家	123	食品综合	广东广州

资料来源：《2021 胡润中国食品行业百强榜》。

二、广州传统优势产业的品牌发展特征

经过对广州纺织服装、美妆日化、箱包皮具、珠宝首饰和食品饮料五大传统优势产业的品牌现状分析，归纳总结出其主要具有如下发展特征。

（一）品牌发展历史悠久，发展规模较大

广州传统行业的品牌发展历程较长，大多从改革开放后不久就在广州当地发展起来，随着时间的推移逐渐形成一定的规模，对广州的整体经济起到重要的影响作用。品牌发展历史的沉淀，为广州五大传统优势产业品牌集聚提供了时间上的支撑。集聚程度高且体量大是广州传统优势产业品牌发展的共同特征，在地理位置上，形成较为丰富的专业市场，其内部传统行业的品牌集聚程度高。中心城区专业市场群达到 18 个，形成了流花服装、站西鞋材、狮岭皮革、三元里皮具、中大布匹、江南果蔬和增城牛仔服装等传统产业的品牌专业市场，且半数以上的品牌专业市场集中分布在荔湾、越秀、白云、天河和海珠等区。辐射周边众多国家和地区，服务于珠三角 30 多万个工厂，是全国规模最大、集聚度最高、成交最活跃的品牌专业市场之一，点亮了广州"千年商都"的城市品牌。

同时，广州传统产业隶属于传统制造业，生产环节和产品构造相对比较简单，经过几十年的高速增长和规模扩张之后，现已进入生命周期的成熟阶段，涌现出一大批较为突出的行业品牌。一方面品牌具有较大的生产规模，形成了一定的集聚现象；另一方面行业生产技术也趋于稳定，企业间的技术有趋同倾向，形成较大差异的可能性不大。

（二）品牌发展后劲不足，增长速度减缓

近几年来，国际经济发展环境不稳定，我国经济发展也进入高质量发展阶段，广州传统产业的品牌生产扩张速度减慢，市场需求趋向饱和。加之中美贸易摩擦，导致产品出口受限，进一步影响传统产业的品牌发展进程。市场竞争转向个性化、定制化、体验化等方面，为进一步满足消费者的普遍需求，传统行业的品牌转型升级和数字化改造迫在眉睫。

第二节　面临的机遇和挑战

广州传统优势产业的品牌发展是城市发展的先导。传统优势产业的品牌升级既面临挑战，也不乏机会。

一、广州传统优势产业的品牌发展机遇

（一）政府重视带来品牌升级政策红利

近年来，广州市各政府部门相继出台一系列的政策文件（见表6-6），支持、鼓励、推动传统产业品牌进行转型升级，实现网络化、数字化、智能化等目标，现阶段已初见成效，未来也会有更多的政策红利进一步促进传统行业的品牌改造之路。有了政府这一强有力的后盾，企业才敢在前方破除险阻，排除万难。

表6-6　广州市关于传统产业品牌转型升级的部分政策

发文时间及部门	政策	核心内容
2020年11月 广州市工业和信息化局	《广州市深化工业互联网赋能　改造提升五大传统特色产业集群的若干措施》	加快工业互联网赋能产业转型升级步伐，推动广州市传统特色产业集群数字化发展，构建现代产业体系

（续上表）

发文时间及部门	政策	核心内容
2021 年 12 月 广州市人民政府	《广州市推进制造业数字化转型若干政策措施》	到 2025 年，全市制造业数字化、网络化、智能化水平进一步提升，基本建成具有国际影响力的"定制之都"和全球数产融合的标杆城市
2022 年 2 月 广州市人民政府	《广州市科技创新"十四五"规划》	到 2025 年，广州科技创新整体实力达到世界主要城市先进水平，创新之城更加令人向往，成为国际科技赋能老城市新活力的典范之都、全球极具吸引力的高水平开放创新之城

资料来源：广州市工业和信息化局、广州市人民政府。

（二）粤港澳大湾区促进品牌区域协同发展

广州市传统行业的品牌转型升级正迎来粤港澳大湾区的发展机遇。建设国际科技创新中心是粤港澳大湾区的重要定位，其中，广州被赋予科技"引擎"的发展任务。这一定位要求广州未来的发展重点是要做好基础研究的创新工作，这一要求与广州建设国家创新中心城市、国际科技创新枢纽、国际科技产业创新中心的未来城市发展目标不谋而合。现有的城市发展规划为科技创新与传统产业品牌的有机结合提供强而有力的产业发展基础。放眼大湾区，广州与港澳及深圳等城市相比，在要素配置和创新能力方面各有优势，区域协同创新发展具有很大的提升空间，作为粤港澳大湾区核心引擎的广州，在辐射带动周边佛山、清远等城市的过程中，也将为自身产业升级，其中就包括传统产业的品牌升级带来更多空间上的支撑与协作。

（三）科技创新与产业品牌有机融合

科技创新与传统产业的品牌建设的有机结合将成为传统优势产业品牌改造发展的必然趋势。广州市部分传统产业的品牌发展创新过程已经和科技创新进行了有机结合。传统商贸业广泛应用了第三方电子商务平台（如：美团外卖、京东商城、淘宝、途牛旅游等 App），拓展了线上业务。例如，越秀区经贸局积极引导白马服装市场、红棉国际时装城等传统批发、零售交易专业市场运营机构，通过自建电子商贸平台或与第三方电子商务平台合作的方式，建立 B2B 或 B2C 电子商务交易系统，开展网上信息发布、洽谈签约、下单结算等业务，为向高价值链环节延伸提供支持等。

（四）立足广交会，打造品牌"定制之都"

广州利用广交会的全方位对外开放平台，共享商机，共谋发展。每年线下广交会期间，都会带来参展商、采购商、参观团等数十万人次的"客流量"，直接或间接地带动广州及周边地区的餐饮、住宿、旅游、交通等多方面消费，同时也促进了国际、国内文化的传播交流。"广东粮、珠江水、岭南衣、粤家电"曾谱写了以"广州制造"为核心的"广货传奇"。"广货"曾经是广交会的"主角"。现在，纺织服装、美妆日化、箱包皮具、珠宝首饰、食品饮料、家居家电等传统产业仍是广州制造的重要组成部分，这些产业在2020年实现营业收入近 7 200 亿元，占全市制造业营业收入的三分之一。

广州立足广交会，抓住培育建设国际消费中心的新契机，广州五大传统优势产业的品牌发展可以通过定制化培育新模式，用设计感提升新活力。广州以建设全球首批"定制之都"城市为契机，针对广州市传统优势产业的品牌发展特点，加快打造国内领先的规模化个性定制产业体系和发展生态。实施"定制之都"示范工程，首批示范评选出欧派、索菲亚、小鹏汽车等21家示范（培育）品牌单位；在服饰品牌等消费品领域，一批企业运用设计和科技的力量向价值链的中高端迈进，如量品定制通过设计提升服装品牌价值，其后端工厂可灵活支持单件、小批量、大批量规模制造，实现1件起订、最快48小时发货，并首创"上门量体"服务，催生量体师这一全新职业。

二、广州传统优势产业的品牌发展挑战

（一）研发投入不足，品牌创新能力薄弱

广州传统行业的品牌发展壮大，离不开加工贸易的发展。广州传统行业的品牌前期是"代加工"的成长模式，这种"外向带动"战略直接导致了传

统行业忽视了研发的投入。从研究和开发的经费投入来看，广州在"十三五"规划时期，研发投入保持快速增长，2020年研究和开发的经费占GDP的3%，但与北京（6.31%）、深圳（4.93%）相比，仍存在差距。

以美妆日化传统行业为例，作为化妆品行业大区的白云区，其化妆品企业的创新投入也略显不足，技术创新能力弱。现阶段，除了白云区内极少部分企业与社会研发机构共建了工程技术中心，大力开展技术研发创新外，其余企业的研究和开发经费、新产品开发经费等创新投入不足其营业额的2%，以上数据都表明目前广州传统优势产业的品牌升级改造的挑战之一就是研发投入不足。

再以珠宝首饰为例，广州珠宝首饰行业的品牌发展仍需重视产品研发环节，包括产品设计、供应链管理在内的生产流程运营管理。有产业基础的企业应该积极往ODM（Original Design Manufacturer，原始设计制造商）转型，服务庞大的国内市场。

（二）发展思维落后，品牌转型能力欠缺

大部分传统优势企业处于产业链的中低端，转型能力参差不齐，自主创新意识和创新能力弱，产品附加值不高，产品同质化竞争严重，业内产品抄袭模仿现象普遍，这些不规范行为严重影响了市场秩序。同时，这也从侧面反映了传统企业家在品牌建设思维上的局限性。对于这部分企业来说，仅仅依靠自身能力实现网络化、数字化、智能化转型是非常困难的事情。另外，广州大部分传统行业在经营运作时局限于使用自有资金，缺乏合适的融资渠道和准确的融资思维判断，导致企业扩大再生产愿望不足，市场拓展受限，品牌转型困难。

（三）行业模式固定，品牌结构调整困难

广州要继续保持工业产品在国内外市场的竞争优势，必须把握住由国内科技创新、国际技术转移带来的产品更新换代以及消费者需求变化趋势，通过适当调整产业结构，生产出更多符合市场、适销对路的产品。但问题和难点就是如何进行行业结构调整，以及从哪儿开始进行调整。一方面消费者的需求千变万化，企业不可能满足所有消费者的需求；另一方面传统的行业结构生产线稳定，突然的调整可能给企业带来亏损等风险。品牌结构难题需要广州传统行业的品牌根据自身实际情况进行适当的调整来缓解，以实现精准调整。以食品饮料行业为例，有企业进行了以下两方面的调整：一是大力发展营养、保健食品；二是大力发展精制酒精饮料。

（四）资源消耗过量，品牌持续发展受限

广州传统行业的品牌基地建设存在环境提升、土地整备、排水排污等配套设施不完善、资源消耗过量等问题，不利于传统中小企业的发展。水能源的过度消耗、工厂废气的大量排放同样给当地的生态环境带来了极大的危害。要想实现品牌发展的可持续性，广州传统优势企业应当树立环境保护意识、大局意识，响应国家政策的号召，切实应对资源消耗、环境污染等既影响企业长远发展又影响民生问题的客观挑战。

第三节　创新发展的突破路径

一、重视科技创新投入

广州传统行业的品牌作为转型升级的主力军，关键要重视技术改造和创新，尤其是加快实施以信息化、自动化、智能化、供应链管理为重点的技术改造；通过加强创新投入，对关键技术和先进工艺进行高端化改造，调整结构以及相关流程、产品和创新模式，做大做强研发、设计、营销和产业链整合工作；从全球价值链低端制造环节向"微笑曲线"两端高附加值的研发、设计、销售及售后服务环节延伸，拓展传统产业生产发展的空间，提升传统行业的品牌竞争力。

虽然电商经济的兴起在一定程度上可以助力广州传统产业的品牌升级，但该经营模式的运用仍然会对传统产业品牌形成不小的挑战。广州市传统产业品牌可以顺应技术的变化，积极利用电子商务手段进行企业内部结构调整，努力建立电子商务与传统商业和服务业相结合的规则。同时，传统行业可以利用其品牌优势，同电子商务企业合作，既为传统行业带来技术上的创新，也为电子商务企业带来新的机遇。例如，电商等科学技术可以帮助海珠区天雄布匹市场等传统批发市场向零售、商业街等业态转型；推动增城牛仔服装城等建设网上交易平台，拓宽市场辐射范围；鼓励行业电商龙头企业衣联网、爱购网、汇美等与传统批发市场对接，最终形成线上线下相结合的经营模式，加速广州传统企业转型升级。

二、注重自有品牌建设

一直以来，广州传统优势企业都存在自有品牌建设不足的问题。在"十四五"规划的背景下，实施品牌战略是促进企业转型升级的重要途径，是提升区域、产业、企业竞争力的关键。截至 2020 年底，广州入选"粤字号"品牌目录的产品达到 300 个，但与国内其他经济发达城市相比，广州品牌价值低、生存困难。其重要原因之一是自主品牌和龙头企业的缺乏。为此，想要对传统行业品牌进行改造，必须审时度势，继续加大品牌创建的工作力度，打响广州创造品牌知名度，强化自有品牌的改造升级及突破路径。

具体可以从以下五个方面入手：一是制定品牌战略规划。根据广州市传统优势产业发展的基本原则、发展目标、发展思路、发展重点和具体政策措施制定品牌战略规划。二是创建区域品牌。选择一批产品质量优、市场潜力大、处于创建品牌关键阶段的传统优势企业，如完美日记、广州酒家、珠江啤酒等知名品牌，作为优先扶植对象，集中力量培育一批传统制造业名牌企业，持续扩大品牌的行业影响力，加快推进区域品牌创建工作。三是加强品牌保护。筹建广州品牌管理委员会，建立科学的名牌评选机制和激励机制，鼓励企业争创名牌。加强知识产权保护力度，坚决打击假冒伪劣产品，加强对名牌的保护，为名牌企业发展创造公平合理的竞争环境。四是建立品牌创建支撑体系。在产品开发、技术改造、技术创新、生产协调、资源配置等方面给予充分支持，利用科技三项经费、技术出口发展专项资金等各类专项资金，重点支持培育名牌企业相关项目的实施。五是建立品牌营销体系。引导新闻媒体和社会力量积极参与品牌宣传，形成多层次、高效率的品牌立体传播网络。不定期举办品牌企业产品展销会、博览会等，将广州相关区域品牌、企业品牌形象推向全国乃至全世界。

三、鼓励品牌跨界合作

广州传统企业应当顺应时代发展主题，通过合适的品牌跨界联名为品牌注入新鲜活力。不同品牌间产生的奇妙化学反应，不但能吸引挑剔的消费者的注意力，还能成为获得电商平台资源的筹码。

随着生活水平不断提高，人们对自我形象的美化需求也不断提高，现代人对箱包的需求更加多元化、个性化。同时，"95"后、"00"后的消费能力快速崛起，作为互联网的"原住民"，他们已经成为线上消费的中坚力量。年轻群体展现出追求实用、热衷国货、追求个性的消费特点，并有强烈的圈层文化属性，"为爱消费"所带来的巨大消费潜力不断激发。广州作为大湾区建设中心和国际消费中心城市，应该鼓励传统箱包品牌抓住年轻人追求时尚潮流的特征，适时推出个性化定制、IP 联名产品等举措，迎合年轻消费群体，以更精准的营销、更突出的特色赢得年轻消费者并保持消费者的忠诚度。

广州传统行业之间的跨界联名能够带动产品创新、营销创新，让品牌焕发出新的生机和活力。跨界联名已成为一张出奇制胜的王牌，经典 IP 与品牌的联合更是引人注目，不同文化圈层的碰撞不仅突破了产品同质化的困局，也使品牌与年轻消费群体的情感连接更加牢固。

四、推动品牌产品线升级

据全球市场调研公司 Euromonitor 发布的 2020 年全球十大消费趋势报告显示，2020 年全球主要消费趋势有两大主题：便利性和个性化。私人定制、兼容多元、钟情本土、走向全球等都是人们在消费中做出选择的倾向理由。

例如，传统的箱包行业与旅游业的发展息息相关。新冠肺炎疫情引发的出行恐慌，对旅游市场带来巨大冲击，包括酒店住宿、出行票务、行李箱等在内的与旅行相关的产品，都面临销量增长放缓的问题。通勤、上学、逛街、短途出游等成为人们生活出行的主要动线，因而人们对箱包的需求也随之改变。因此，广州传统箱包行业品牌应该及时调整产品生产线和产品品类，推出更适合生活出行的箱包产品，例如为商务出行和商务会谈推出商务背包和公文包系列、与知名 IP 联名合作推出新款儿童书包等功能性包袋都是值得关注的品牌升级方式。

消费升级能够较好地帮助品牌焕发新光彩。2018 年广州轻工集团与益普索市场研究集团联合发布了《广州老品牌市场调研报告》（以下简称《调研报告》），并开展广货革新升级行动，推动广州传统产业进入"广货 2.0"时代。"广货"被认为是广州人的骄傲。《调研报告》显示，98% 的广州消费者曾经使用过广州老品牌，89% 的消费者日常都在用广货，98% 的消费者支持广州老品牌革新升级。"广货老字号"大胆改变，积极开拓创新，探索出了发展的新路径，受到市场欢迎。

第七章　广州市新能源汽车与节能环保产业的品牌发展研究

第一节　广州市新能源汽车与节能环保产业品牌发展现状

一、广州市新能源汽车与节能环保产业的品牌发展概况

汽车产业作为广州支柱产业之一，发展基础扎实，产业体系完善，品牌质量逐步提升，发展路径从全盘引进到模仿探索，从合资合作到自主创新，正从"跟跑者""并行者"向"领跑者"阶段奋力挺进，形成了以整车制造为核心、零部件企业聚集、智能创新企业汇聚的汽车产业体系。政府的大力支持和企业的技术沉淀协同，对汽车与节能产业的品牌发展起到了长足的推动效果。广州市新能源汽车品牌的发展现状如下。

（一）企业品牌发展迅猛，领军企业在产业发展中发挥关键作用

从数量上看，截至 2022 年 7 月底，广东省新能源汽车产业链上下游企业数量超过 1.77 万家，占全国总量的 12.4%，持续保持全国产业规模首位。广州作为广东省新能源汽车产业链的核心城市，企业数量占全省的 34.7%。在传统车企和造车新势力企业的共同发力下，广州市培育出多个行业独角兽企业品牌，如广汽集团、北汽广州、小鹏汽车等整车制造企业。同样地，在自动驾驶领域，小马智行、文远知行等公司也逐步攻克技术难关，具备了领先

的自动驾驶技术，品牌影响力日益增强。相关企业品牌通过多年深耕，引领整个产业持续稳定的发展。

（二）品牌技术底蕴深厚，技术创新为品牌发展奠定坚实基础

品牌的持续发展离不开技术创新，技术的沉淀和成果转化直接影响产业品牌的发展周期。广州是全国新能源汽车技术有关专利申请数量排名第四的城市，截至 2022 年 7 月份累计共有 2 946 项专利申请。其中，龙头品牌表现亮眼。恒大新能源和广汽埃安的申请数量较多，分别为 325 项和 309 项。

（三）出口与自主品牌双轮驱动，品牌影响力持续提升

品牌影响力方面，目前广州市以"智能 + 新能源"为方向打造了一批具有核心竞争力的汽车企业，进一步丰富中高端、多动力类型产品矩阵，在巩固国内市场的基础上，实现自主品牌汽车出口提升及海外制造基地建设的稳步发展。市场的相关数据也体现了对广州市新能源品牌的认可度。统计局数据显示，2022 年一季度，广州市新能源汽车持续热销，实现零售额同比增长1.2 倍；充电桩产量增长 6.7 倍，为新能源汽车在市场的持续发力提供坚实的配置基础。

二、广州市新能源汽车与节能环保产业发展特征

全球新一轮科技革命和产业变革蓬勃发展，汽车与能源、交通、信息通信等领域有关技术加速融合，"车能融合""车路协同""车网互联"聚合赋能，推动汽车从一个"硬件为主"的交通工具向"软硬兼备"的移动智能终端、储能单元和数字空间转变。全面智能化与新能源相互融合发展，加剧了汽车产业生态和竞争格局的重构，汽车产业正式进入"数据决定体验、软件定义汽车"的新时代，智能化、电动化成为汽车产业未来发展的必然趋势。

"十四五"时期是新能源汽车产业发展的重要战略机遇期，是汽车产业由大变强、抢占发展制高点的关键突破期，广州必须抢抓机遇、加强谋划、统筹兼顾、精准发力，奋力开启汽车产业高质量发展新征程。当前广州市的新能源汽车产业发展主要包括以下几个特点。

（一）产业规模位居全国前列

广州是全国最重要的汽车生产基地之一，是国家外贸转型升级基地（汽车及零部件），是国家节能与新能源汽车示范推广试点城市，已形成以整车制造为核心、零部件企业聚集、初创型企业不断孕育而生的完整产业链。目前，广州拥有 11 家整车制造企业，集聚了 1 200 多家汽车零部件生产和贸易企业。2020 年，全市汽车产量达到 295 万辆，同比增长 1.4%，较 2015 年增长 33.6%，占全国产量的比重提高至 11.7%，已连续两年保持全国汽车产量第一；实现产值 5 860 亿元，同比增长 3.8%，较 2015 年增长 55.2%，占全市工业总产值 29.4%，其中新能源汽车产量达 7.98 万辆，同比增长 17.3%；新能源汽车销量为 5.3 万辆，占新车销售比重（渗透率）为 11.41%，显著高于全国（5.4%）、全省（7.7%）平均水平。

（二）技术创新应用实现突破

广州以一批国家级、省级汽车企业技术中心、工程中心为重要载体，着力提升整车制造、自动驾驶、车路协同、关键零部件和网联应用等领域的核心竞争力。2020 年，全市研发百强企业中前三位均为汽车制造企业，专利授权量十强企业中汽车制造企业占据 4 席。广汽集团已自主研发并掌握动力电池、纯电电驱、机电耦合、电控等新能源"三电"核心技术，开发了 GEP 2.0 全铝纯电专属平台，其自主研发的弹匣电池已在 AION Y 等车型上搭载量产，与腾讯、华为合作发布的 ADiGO（智驾互联）生态系统处于业内领先地位。东风日产已具备新能源和智能化自主开发能力，完成了整车控制器、电池成组技术开发，导入了 5G、智能语音交互等设备，处于国内第一梯队。小鹏汽车聚焦自动驾驶、智能网联技术，取得国内外核心专利超 2 000 项，性能指标达国际领先水平。鸿基创能建成了年产 30 万平方米高性能膜电极自动化生产线，与进口主流产品相比其性能提升了 35%、成本下降了 50%。

（三）产业生态环境优化完善

广州不断推进北、东、南三翼汽车产业集群优势互补、协同发展，构建了涵盖上游的"三电"系统、电子电器、感知系统、决策系统、控制系统、定位系统、V2X 通信系统及传统汽车零部件；中游的通信运营、自动驾驶解决方案、整车系统集成、整车研究院/制造业创新中心；下游的出行服务、物流服务、检测认证、数据增值、金融销售服务等应用服务的完整产业链。广州充换电基础设施建设全面提速，截至 2020 年底，公私桩合计近 6 万个，接入"羊城充"平台超 3 万个，建成 5G 基站 4.8 万座，居全省首位。此外，广州集聚工信部电子五所、中汽中心华南基地、威凯检测、广电计量等测试研发平台，成立了广州市新能源智能汽车发展促进会、粤港澳大湾区自动驾驶产业联盟等行业组织，并成功举办广州国际汽车展览会、世界智能汽车大会、中国智能网联汽车高峰论坛等会展活动。为减缓疫情对汽车消费的冲击，2020 年广州还发放了个人消费者购买新能源汽车综合性补贴，惠及 1.2 万人次。

（四）示范应用全面展开

广州开创了国内第一个发放载客测试牌照、第一个认可其他地区智能网联汽车道路测试许可、第一个在中心城区主干道开展道路测试等"十个第一"。截至 2020 年底，广州共发放 43 张自动驾驶道路测试牌照，测试里程达 34.13 万公里，居全国前列。此外，广州加快自动泊车等技术的研究，推动智慧停车场、黄埔百度车路协同项目建设，建设生物岛等示范应用场景，全方位深入推进车、路、网、云一体化；持续加大新能源汽车推广应用力度，2018 年底已基本实现公交电动化。截至 2020 年底，新能源汽车保有量近 27 万辆，占全市汽车保有量的比重提升至 9%，显著高于全国平均水平（1.75%）。其中，燃料电池汽车已投运 58 辆，示范效果良好。

（五）龙头企业实力显著增强

广州集聚了一批具有较强竞争力的传统车企和造车新势力企业，培育了多个汽车行业的独角兽。广汽集团 2020 年营业总收入 3 955 亿元，在《财富》的排名从世界 500 强跃升至第 176 位，旗下的广汽埃安聚焦纯电专属平台，打造明星产品，销量从 2017 年的 5 000 辆增长至 2020 年的 6 万辆，年复合增长率达 128.9%，跻身国内新能源汽车第一阵营；东风日产连续五年销量破百万，累计销量超过 1 100 万辆，累计产值超 1.3 万亿元。小鹏汽车市场认可度不断提高，市值近 5 000 亿元。小马智行成为中国融资最多的自动驾驶初创企业，累计获得资金超 10 亿美元。文远知行拥有全球领先的自动驾驶技术，估值超过 30 亿美元。广州最大的充电运营商广州捷电通 2020 年充电电量达到 1.49 亿度，营收达到 1.33 亿元。

当下新能源汽车和节能环保产业受到政府、企业和市场的多方面重视。而近两年新能源汽车和节能环保产业所推出的一系列产品更是大受欢迎，产品的产量和销量均节节高升（见图 7 - 1 和图 7 - 2）。在新能源汽车产业高速发展的同时，自动驾驶产业与车联网产业正在为广州开启一条全新的上升通道。广州市智能网联汽车产业集群成为国家先进制造业集群首批培育对象，百度阿波罗、文远知行、小马智行、联友科技、深兰科技、华为广州研究院等智能驾驶企业纷纷落地广州。

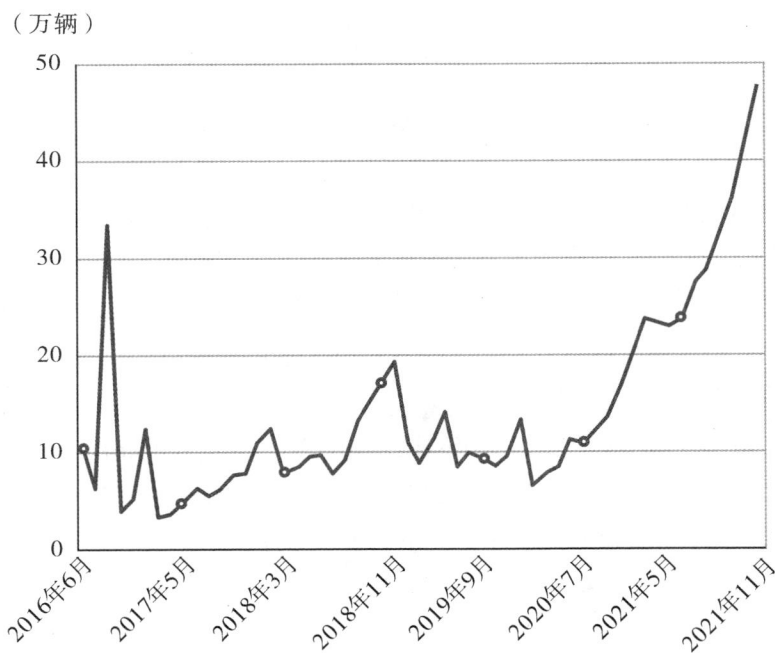

图 7 - 1　新能源汽车全国产量

（％）

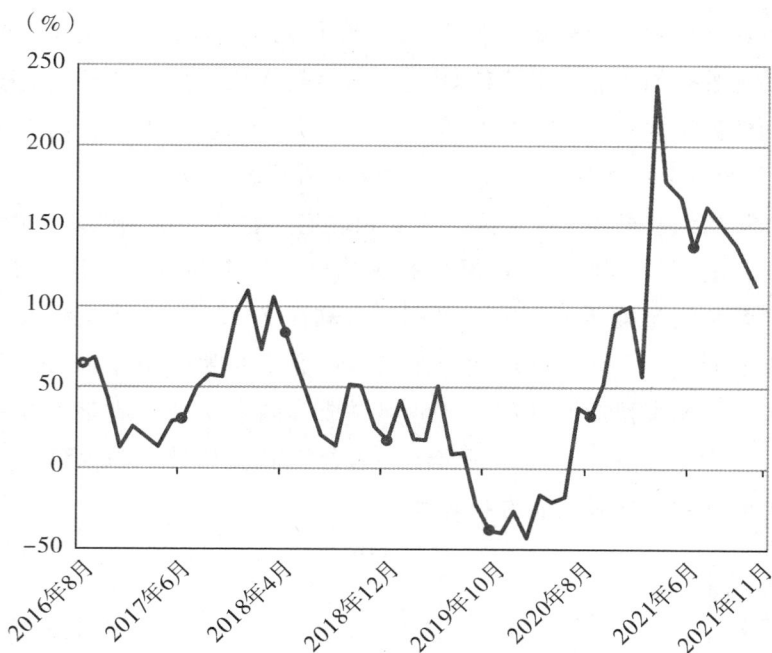

图 7 - 2 新能源汽车全国销量同比增速

作为国内第一个批准 5G 远程驾驶测试的城市，广州的自动驾驶汽车道路测试走在全国前列。广州市工信局数据显示，2020 年广州共有 5 家自动驾驶企业，有 71 辆自动驾驶汽车开展了自动驾驶测试，累计测试里程近 70 万公里。目前广州已累计向文远知行、小马智行、百度阿波罗、广汽集团、滴滴沃芽科技等 10 家测试主体旗下的 127 台智能网联汽车发放了测试通知书，允许其在广州已开放的一、二、三级路段及先行试点区开放的路段上开展道路、载客、远程及货车等不同类别的测试工作。截至 2021 年 7 月广州自动驾驶企业道路测试累计总安全里程 255 万公里，零事故发生。

第二节 面临的机遇和挑战

"十三五"期间,广州汽车产业呈现蓬勃发展的趋势,产业规模不断扩大,创新能力持续提升,示范应用稳步推进,汽车产业生态环境持续优化。展望"十四五",新冠肺炎疫情常态化下国内外环境日益复杂,为广州汽车产业的发展带来了新的机遇与挑战。

一、新能源汽车与节能环保产业当前面临的机遇

(一)汽车产业格局的重大调整

全球汽车产业面临多领域技术快速融合发展,智能化、电动化已成为全球汽车产业变革的核心驱动力,汽车产业发展依托数据、场景、生态的趋势和特征更趋明显,其已进入区域化特征主导的全球竞争新阶段。国际资本竞相进入自动驾驶研发领域,因主要经济体达成碳中和共识,智能与新能源汽车必将迎来高速发展。与此同时,新冠肺炎疫情暴发以来,全球汽车产业链遭受严重冲击,国际经贸规则面临重构,特别是智能与新能源汽车的发展存在多条技术路线,以及"软件定义汽车"等新模式、新标准的出现,为各国选择适合国情的技术路线提供了可能。

处在智能与新能源汽车产业的风口阶段,广州市的企业可以借此机会加速技术、人才引进,并通过加强自主研发创新路线,实现弯道超车,加速推进汽车产业的良好发展进程,在国内甚至国际上占据一席之地。

(二)迎来转型升级的重要窗口期

我国新能源汽车产销量连续六年位居全球第一,关键零部件产业规模、技术水平居于世界前列,有望跳出传统燃油车"卡脖子"的发展路径,实现换道超车领跑;同时,在智能汽车技术研发、规则制定和示范应用等方面,我国与其他汽车强国基本处于同一起跑线。我国疫情防控有力,市场率先复

苏，有力吸引了更多外资进入我国汽车产业。另外，我国将取消外资在华乘用车制造股比限制以及投资企业数量限制，因此互联网、消费电子等诸多其他行业企业和大量资本争相涌入智能与新能源汽车产业。在此条件下，新能源汽车产业有更大的机会在资本涌入、政策优待、技术人员厚积薄发的基础上实现转型升级。

（三）具有较广的市场需求

一是新能源汽车需求量大。近几年太阳能光伏发电成本已接近或达到大规模商业生产的要求，生物质能的技术不断突破且商业利用成本不断降低，符合节能环保要求，新能源产业的发展前景良好。

二是节能环保产品需求旺盛。随着中盐广州化工基地项目、马钢（广州）公司年产 500 万吨优质钢生产基地项目等多个项目的陆续投产，当前市场对于新能源汽车和节能环保产品的需求规模初现，且未来有很大发展空间。一方面，先进的技术和装备改变了广州市原有重化工业"高能耗、低产出"的现状；另一方面，广州市能源消费总量的增加进一步加大了节能环保工作压力。

另外，政府对于新能源汽车的引导措施有助于进一步引领市场的消费趋势。2022 年全国"两会"强调要扎实做好"碳达峰、碳中和"的各项工作，这对于环保企业意味着业务效率和战略重点的调整以及新商业模式的构建。广东省环保产业协会有关负责人指出，短期来看，环保企业可通过交易碳指标以获取收益；垃圾焚烧、沼气发电、碳捕集与封存、土壤修复等产业将迎来巨大的市场机遇。长期来看，碳排放量将成为衡量一个产业绿色发展水平的重要评价标尺。

同时，新能源汽车在当前的消费者群体之中也建立了一定的口碑与形象。当前以特斯拉、小鹏汽车、蔚来汽车、理想汽车为首的新能源汽车销量快速增长，为企业在相关产业继续深耕提供了市场动力。

（四）具有良好的制度环境及政策

过去，政府层面的一贯重视给予了新能源汽车和节能环保产业稳步发展的优质环境。"十二五"期间，市财政每年安排 20 亿元，五年共投入 100 亿元，采用无偿补助、贷款贴息、奖励、创业投资等方式，实施基地建设、示范工程、推广应用、创业投资引导基金等专项，集中扶持战略性新兴产业发展。随后市政府还颁布了一系列相关的补偿激励性举措，进一步推动产业发展和企业品牌建立。政府所发布的新能源与节能环保产业发展规划在发展的重点领域、科技创新和技术进步、人才队伍建设、优势企业和产业园区发展、投资和财税优惠政策、市场环境的营造等方面都提出了明确的支持政策，为广州市新能源和节能环保产业的稳步发展创造了良好的机遇和条件。

当前，政府已经出台了多个有利于推动产业发展的政策。例如，在绿色交通重点工程规划中明确了新能源汽车绿色工程的整体目标，对新能源汽车的生产总量及分布状态均有预期目标；广州市政府办公厅印发实施《广州市新能源汽车推广应用管理暂行办法》鼓励在新区建设充电桩，并规定新建建筑需保证不低于18%的停车位比例；广州市政府办公厅在关于市汽车消费体制机制实施方案中明确了继续实施新能源汽车车辆购置税优惠政策，优化车辆购置税缴纳与上牌业务的电子信息传输，提升车辆购置税办税便捷性，同时完善新能源汽车充电设施的标准规范，大力推动"互联网"＋充电基础设施建设，提高充电服务智能化水平。

同时政府也重视广州未来的发展规划并对其进行积极的引导。为了进一步实现产业高质量发展和早日完成减排目标，市政府制定发布了《广州市智能与新能源汽车创新发展"十四五"规划》。规划提出，到2025年，广州市将建成国家级智能汽车产业化示范区、基于宽带移动互联网的智能网联汽车与智能交通应用示范区、国家5G车联网先导区、新能源汽车产业发展高地和汽车国际贸易中心（"三区一高地一中心"），支撑打造全球知名的"智车之城"，引领全国智能与新能源汽车产业高质量发展。展望2035年，广州发展成为世界领先的智能与新能源汽车生产基地，具备国际一流水平的整车生产能力和零部件产业供应体系，提升充换电服务网络效率，稳步推进氢燃料供给体系的建设，形成技术、产品、服务和应用示范协调发展的良好格局，引领粤港澳大湾区汽车产业集群高质量、绿色、低碳发展，有力支撑国家实现"双碳"战略目标。

二、新能源汽车与节能环保产业当前面临的挑战

传统车企"大象转身",新兴车企加速入局,智能网联政策利好,加之强大的产业基础、地处电子产业集聚地的区位优势,广州新能源汽车产业多点开花,逐步从"汽车之城"向"智车之城"飞跃。不过,汽车产业正处在向智能化、电动化转型的关键时期,对于以传统燃油汽车为主的广州汽车工业而言,在新能源汽车产业发展方面仍存在不小的挑战。

(一)企业总体规模不大,行业缺少旗舰企业

尽管广州市目前有一批发展势头很好的企业,但这些企业从整个产业生命周期来看仍然处于成长期,与国内甚至国外同行业排头企业相比,规模仍有提高空间、整体带动力不够强。新能源与节能环保企业,都是从自主知识性研发起步的高新技术企业,开发能力相对较弱,资本积累缓慢,企业发展资金难以筹集,且由于企业对技术的衰减周期认识不足,引进社会资本时犹豫不决,不能及时果断地引进战略投资,导致企业规模难以扩大,当新兴市场迈入成熟阶段时,会面对更加激烈的竞争,企业将面临生存的考验。

(二)缺少自主创新的关键技术,产业配套能力较差

多数企业自主创新能力不强或不能持续,缺少拥有自主知识产权的关键技术和核心竞争力,产品附加值不高,对产业链的拉动效果不明显,且产业链不长也不完整。当前包括芯片在内的60%以上的关键零部件供应主要依靠日本进口,这反映了当前广州市新能源车企对于市场风险暂不具备稳健的抵抗能力。

当前核心技术所面临的瓶颈主要集中在充电便捷性、续航稳定性、行驶安全性等几个方面。"三电"系统、环境感知系统的安全性、可靠性还需进一步提升,整车控制系统、线控转向系统、智能座舱等关键部件仍是空白,线束插接件、传感器、芯片等关键元器件主要依赖进口。这些因素也体现了消费者对于新能源汽车的普遍关注点,相应的其所涉及的电池、电控、电机技术以及充电桩标准化等方面仍然是研发的重点。另外,广州汽车电子基础相对薄弱,车载智能终端产品、车载雷达系统、车载互联终端等关键零部件企

业发展相对缓慢，智能汽车产业配套设施亟待完善。与此同时，传统汽车产业转型升级迫切，如何优化区域间产业布局，实现产业联动优势互补，也是广州新能源汽车产业发展的关键。

（三）产品推广难，开发新兴市场难度较大

一方面，新能源与节能环保产业作为新兴的高新技术产业，一些核心关键技术的应用存在生产成本高、产品性能不稳定的问题，这些高科技产品受到传统习惯或管理因素的影响，难以得到应用推广；另一方面，新能源与节能环保产业，目前属于政府政策驱动型市场，没有各级政府政策的强力驱动，市场启动困难，步入成熟市场所需时间较长，而且国内外技术革新和产业升级的步伐加快，开发新兴市场的难度较大。广州新能源汽车私人用户市场有待推广，基础设施需进一步完善。乘联会发布的2020年中国新能源汽车区域销量排行榜显示，2020年广州市新能源汽车销量为5.33万辆，位居上海（12.55万辆）、北京（9.09万辆）、深圳（7.59万辆）之后，排名第四，销量不到上海的一半。截至2020年底，广州新能源汽车份额为5%，也落后于北上深。熟悉广州汽车产业的人士表示，目前广州新能源车新车销量的七成以上来自网约车，真正面向私人市场的销量占比并不高。

（四）产业规划指导力度不强，扶持的力度不够大

战略性新兴产业是国家层面确定的，市政府所作的产业规划如何与国家、省级规划衔接协调，市政府如何出台具体政策促进和扶持本地产业发展，不仅仅是制定政策的问题，更是体制机制建设的问题。近年来，广州市也制定过产业规划和政策，由单一部门制定的产业规划和政策，在统一协调、先导性、成体系方面尤其是具体落实上存在不足，企业反映规划指导的力度不强、扶持的力度不够大。

第三节　创新发展的突破路径

整合多方优势资源，实施"揭榜挂帅"制度，鼓励支持联合攻关和协同创新，依托高能高安全性动力锂离子电池电解液及隔膜材料与制备技术国家地方联合工程研究中心、广东省电动汽车整车技术工程实验室、广东省节能与新能源汽车关键技术工程实验室等重点研发平台，鼓励组建跨行业新型研发机构，集中攻克一批短板和"卡脖子"技术，着力锻造一批长板和"杀手锏"式技术，增强自主创新能力，筑牢智能与新能源汽车发展根基。推进新能源与节能环保产业加快发展、实现创新突破的必要措施主要包括以下七点。

一、着力规划引导产业发展布局

第一，广州市的新能源与节能环保产业发展的组织领导机构需要进一步基于广州市的背景和能力等因素，领导统筹全市新能源与节能环保产业的发展工作。成立"节能环保产业专家委员会"，广泛吸纳广州市以及省内外的专家，把脉广州市新能源与节能环保产业现状、前景和规划，组织业内专家和权威技术人员定期对广州市新能源与节能环保产业发展遇到的问题进行诊断，寻求合理的解决方案和应对措施，对重点项目和引进项目进行识别和市场前景预测等，为政府决策提供科学依据。

第二，在深入调研和广泛征询专家意见的基础上，组织编制不同阶段广州市新能源与节能环保产业发展规划和重点领域行动计划，并做好与国家、省相关规划的衔接，明确新能源与节能环保产业各行业的优先发展方向和目标任务，科学规划产业园区和基地的功能定位，引导企业向园区集中，优化产业布局，促进产业集聚和规模发展。坚持先规划后建设的原则，做到"项目跟着规划走，资金跟着项目走"，切实发挥规划引导发展的作用。同时从以下几方面着重进行提前布局：

（1）完善充换电基础设施布局。编制实施《广州市电动汽车充电基础设施"十四五"规划》，科学合理布局充换电设施建设，持续提升充换电设施智能化管理水平，打造全国智慧充电基础设施标杆城市。积极推广以智能有序慢充为主、以应急快充为辅的居民区充电服务模式，加快形成以适度超前快充为主、以慢充为辅的高快速公路和城乡公共充电网络。在居民小区试点探索推广"统建统管、散建统管、有序充电"模式。加快构建换电基础设施服务网络，鼓励新能源汽车企业为消费者在自有或租赁车位上新建固定充电桩，鼓励私人充电桩加入"羊城充"等公共服务网络。加快制定关于公共充电车位禁停非充电车辆的相关规定，建立健全充电桩的安装、运营、维护、更新等相关方利益的分配机制，鼓励固定车位充电桩共享利用。

（2）加快推进加氢站建设。加快形成氢能产供储网络，依托广州石化等企业提升氢气生产能力，建设燃料电池供氢中心。依托华南理工大学广东省先进储能材料重点实验室、广东省燃料电池技术重点实验室、中国科学院广州能源研究所等高端创新平台，开发高效可靠的制储运加氢技术和设备，着力提高燃料制储运的经济性和安全性。支持具备条件的区域和市场主体开展加氢站示范建设，鼓励利用现有的加油站、加气站改建或扩建加氢设施，积极探索混合建站发展模式，开展油、气、氢、电综合供给服务。

（3）打造智能汽车云控基础平台。依托番禺、黄埔、花都等相关区域，建立和完善智能汽车云控应用，探索建设粤港澳大湾区云控中心，重点开发建设逻辑统一、物理分散的云计算中心，标准统一、开放共享的基础数据中心，自主可控、安全可靠的云控基础软件，支持车联网专用频段的试验验证和应用探索，逐步实现车辆、基础设施、交通环境等领域的基础数据融合应用。依托汽车、交通、通信等领域优势单位，分步分级打造面向粤港澳大湾区的智能汽车大数据云控基础平台，为智能汽车的研发制造、安全运行、交通管理、应用服务等提供支撑。

（4）推进"智路"示范化建设与改造。选择广州国际生物岛、南沙庆盛枢纽区块、中新知识城南起步区、番禺汽车城、海珠琶洲等有条件的区域，率先实施城市道路智能化改造工程，加快建设集道路感知、车路通信、边缘计算、端端互联、多元应用于一体的智能道路设施，建立以"车路协同"为标准的新一代综合交通运行协调体系，大力提高城市道路智能化水平。着力突破新一代城市智能道路系统架构与关键技术，推进道路基础设施的信息化和智能化改造，开展交通标识标准化、路面设施信息化升级与智能化设施建设的"双同步"工程，提高智能道路设施的普及率。

（5）完善车用新一代通信网络设施。前瞻布局第六代移动通信网络（6G）、量子通信网、卫星互联网等未来网络。积极推进窄带物联网（NB-IoT）和增强机器类通信（EMTC）等多网协同发展。加快拓宽4K/8K超高清视频在智能与新能源汽车中的使用。支持北斗卫星导航系统和差分基站等设施建设，着力建设覆盖城区骨干路网的超高精度数字地图和高精度三维地理信息系统，满足智能汽车使用需要。加快推进广州市城市信息模型（CIM）建设，构建城市数据资源体系，探索建设数字孪生城市，建设"CIM＋智能汽车"应用体系，实现智能道路基础设施与交通出行平台和城市信息模型平台的有效衔接。

二、加大政策支持力度

（1）通过委员会决议对产业发展设立专项资金，除了积极争取国家、省对新能源与节能环保产业发展的专项资金支持以外，市政府设立专项资金，重点支持企业实施新能源与节能环保领域的高新技术产业发展重大项目、重大技术装备研制项目、重要共性关键技术研发项目和公共服务平台项目，促进产业结构优化升级。

（2）给予政策支持。一是税收优惠，可以参考其他地区如上海的做法，对新能源与节能环保企业因开发新技术、新产品、新工艺而产生的研究开发费用，未形成无形资产计入当期损益的，在根据规定据实扣除的基础上，按研究开发费用的一定比例加计扣除；形成无形资产的，按无形资产成本的一定比例摊销。对新能源与节能环保企业和个人从事技术转让、技术开发业务和与之相关的技术咨询、技术服务业务所取得的收入，免征营业税。符合条件的新能源与节能环保产品的技术转让，在一个纳税年度内，技术转让所得不超过一定范围金额数量的部分，免征企业所得税；超过的部分，则通过减半征收企业所得税进行激励。二是资金和投资支持。借鉴外地做法，对新能源产业招商引资的重大项目和关键项目，采取由政府性投资公司出资、跟进投资、提供融资担保等方式，通过确保资金链条稳定持续，努力解决研发企业的资金来源问题，全力推动项目落地。三是市场支持。借鉴外地做法，对在广州市设立独立法人资格的新能源项目系统集成商采购广州市新能源企业产品，以及广州市的新能源企业之间采购产品或委托加工服务，在一定年限内，给予资金补助；按照新能源企业出口额给予国际市场拓展费补助；对列入商务部符合新能源与环保产业目录清单的技术引进举措给予配套资金支持。四是政务支持。市县区政府努力做到采取"一企一策""一事一议"的办法，及时帮助解决新能源与节能环保产业重点企业生产经营和重大项目建设过程中的困难和问题，促进项目加快建设，尽快投产，进入市场销售，满足消费市场需求。

（3）支持应用项目建设。实施推动各项新能源汽车研发工程，支持新能源汽车与节能环保产业的市场化过程；由相关部门和产业联合推广适用的新能源汽车车型和节能环保新型产品。鼓励符合条件的相关单位等机构举办新能源节能环保产业产品交流会议和展览，以增加产业影响力，并吸引更多市场注意力，进而推动资金流入、人才流入和技术流入，全方位提高产业活力和军备力量。其中政府投资的公共项目或招标项目，应在可行性研究报告中论证新能源与节能环保技术的前沿性和发展性，具备研发条件的，可以在经过相关检验后组成研发、推广、应用等类型的团队，并积极与市相关部门结合工作，每年安排项目，通过市场驱动，引进更多相关产业的合作企业。

三、建立多元化投资机制

鼓励金融机构丰富信贷品种和创新抵押方式，加大对新能源与节能环保产业的信贷支持力度。选择成长性好、自主创新能力强的企业，实施重点培育，推动企业上市融资。支持鼓励企业通过 BOT（建设/经营/转让）、合同能源管理等多种先进经营模式，加快企业发展。支持和鼓励企业拿出优质资产或技术吸引国内外企业参股、控股或收购，不断整合资源做大做强。通过进一步拓宽投融资渠道，形成政府、企业、社会相结合的多元化投资格局，加快广州市新能源与节能环保产业发展。欢迎和鼓励境内外各类投资主体在广州市设立多种形式的创业投资机构，对广州市新能源与节能环保产业进行风

险投资和股权投资。同时对于社会金融资本和国外金融资本进入新能源与节
能环保产业采取谨慎积极的态度，设立门槛、加强监管并积极保障。

四、攻克关键核心技术

创新驱动，固本扶强。坚持把创新驱动摆在智能与新能源汽车产业发展
全局的核心位置，着力增加基础研究投入，充分发挥科研院所、实验室、行
业组织等作用，围绕产业链部署创新链，围绕创新链布局产业链，推动跨领
域、跨行业融合创新，鼓励优势企业着力攻克关键核心技术，提升核心零部
件自主可控能力。

（一）提升整车集成技术创新水平

整车引领，软硬协同。巩固提升整车制造优势，加快补齐零部件细分领
域短板，着力打造整车及零部件研发、生产、销售、检测、服务一体化发展
体系。巩固提升中国软件名城优势，适应引领"软件定义汽车"趋势，充分
发挥软件在智能与新能源汽车领域的赋能、赋值、赋智作用，强化软硬协同
发展。提升整车集成技术。主要从以下方面进行突破：

（1）智能化集成技术。积极打造可以搭建 L3 级有条件自动驾驶及以上水
平的智能汽车技术架构，提升功能模块集成、软件迭代升级等软硬件集成与
应用服务能力。重点突破智能汽车电子电气架构平台、智能计算平台、线控
底盘与线控系统、智能驱动、车载专用网络、多源传感信息融合感知等核心
技术，提升整车算力水平，推动 L3 级有条件自动驾驶集成水平大幅度提升，
力争 L4 级高度自动驾驶集成技术取得突破性进展。

（2）电动化集成技术。持续提升"三电"轻量化和集成技术能力，提升
整车"三电"系统的综合性能，重点突破燃料电池关键技术、新型高性能整
车架构平台，力争突破底盘系统集成优化。大力推动电机与减速器集成、高
压系统集成、驱动总成集成等"多合一"集成，持续深化电机驱动控制、整
车控制、车载充电机、高压配电、DC/DC 直流变换器、直流快充等部件的
集成。

（3）多能源管理及轻量化技术。重点开展高集成度电驱动、分布式电驱
动、系统最优化设计与系统集成，动力耦合机构、电驱动桥、两挡/多挡变速

器、高速大速比减速器、混动等多能源管理技术、动力系统热能利用和管理的技术攻关；推动高强钢、高性能特种钢、高强度铝合金、耐蚀镁合金、碳纤维、特种橡胶、高性能工程塑料等先进车用结构材料和先进声学材料、低VOC（Volatile Organic Compounds，挥发性有机化合物）环保内饰材料、高性能导热材料等先进车用功能材料推广应用，大力发展轻质合金高效率低成本变形工艺技术、车用复合材料集成化低成本成型工艺、其他低成本短流程低碳制造技术、钢铁/轻质合金/化工行业低碳流程再造等工艺技术。

（二）突破关键零部件技术

重点推动车控及车载操作系统、主动安全与自动驾驶软件、环境感知软件和执行系统、智能车载平台、车联网 V2X 技术等关键软件技术、产品和平台的研发及应用。

（1）车规级芯片技术。以应用拉动技术突破，搭建芯片供需信息平台，畅通芯片供给体系，加强自主产品应用。加快突破车规级芯片的自主研发与制造，大力开展感知芯片（CMOS 感光芯片、ISP 图像处理芯片等）、控制芯片（MCU）、高性能计算芯片（AI 芯片/GPU）、通信芯片（总线、无线电等）、存储芯片（Flash 等）、安全芯片、功率芯片（IGBT、SiC、电源芯片等）等关键芯片的技术研发，推动车规级驱动、电源、通信、隔离、运放等芯片的封装工艺、评测方法、认证、应用技术及接口配置、开发环境和软件集成技术实现突破。

（2）"三电"关键核心技术。支持高安全性、高能量密度、低钴（微钴）动力电池技术研发，突破无线电池管理系统（wBMS）、电池管理单元（BMS）等技术，提高电池安全性、可靠性、性能和寿命；鼓励硅负极电池、石墨烯电池、燃料电池、固态电池和半固态电池、钠电池、钒电池等新型电池及新一代充换电技术研发；提升扁线/成型绕组电机、高性能高速电机、少稀土/无稀土电机、轮毂电机及其他电机等技术的成熟度，推动高速、集成、节能电机的应用；力争超高速电机控制技术、IGBT 及宽禁带半导体材料技术、转矩脉动抑制技术、新型电机及控制技术、可靠弱磁及回馈制动技术、EMC 抑制技术、新型控制架构、故障预测与健康管理（PHM）等技术取得新突破。着力研究大功率超快充、无线充电、充电安全等快充技术，重点攻关宽禁带功率半导体在大功率场合下的应用，研究新型隔离型拓扑以及多电平调制技术，进一步提高充电机的功率密度，在安全性保障的前提下提高快充的功率及效率。

（3）燃料电池核心技术。重点攻克燃料电池电堆、膜电极、双极板、质子交换膜、催化剂、碳纸、空气压缩机、氢气循环系统、低成本氢气等基础材料和关键零部件核心技术，自主掌握高功率密度电堆、低铂载量质子交换膜、高性能碳纸等研发制造技术。加强车用氢气制、储、运、加技术攻关，降低氢气燃料使用成本。

（4）车用传感器技术。攻克车载多功能摄像头、车载毫米波雷达、车载激光雷达等智能汽车关键传感器的技术难题，如激光雷达高性能光源与接收模组关键技术和 MEMS 多光束扫描关键技术、77GHz 毫米波雷达 MMIC 芯片设计和高频天线 PCB 技术等，推动国产车用传感器提升产品性能与可靠性，进一步提升传感器微机械加工、封装等生产制造水平，提高关键传感器国产化配套率。

（5）智能座舱技术。开展智能座舱多元化控制、声光技术、安全监控检测系统等基础功能设施关键技术研究，重点推进超高清新型显示、超大屏触摸传感器技术研发，探索增强现实（AR）等前沿技术在智能座舱的应用。开展 CAN、LIN、蓝牙等车内信息互联，以及 C－V2X 等车外信息互联的信息通信关键技术研究，提升智能座舱与手机、车辆等智能终端之间的信息互联。开展智能座椅关键技术研究，基于视觉、压力传感器采集驾驶员信息，实现座椅智能调节与位置模式选择，实现个性化定制的用车场景。

五、完善安全保障技术

（1）测试仿真技术。持续完善虚拟仿真测试—封闭道路测试—开放道路测试三级智能汽车测试评价体系，打造完整的包含模型在环测试、软件在环测试、硬件在环测试、驾驶模拟器测试、整车在环测试等仿真测试工具链，提高虚拟场景构建、感知系统仿真、车辆动力学仿真、云加速仿真等核心能力，构建广州特色自动驾驶虚拟仿真场景库。不断丰富道路测试场景的全面性和智能性，尤其是高速公路测试、隧道测试等重点场景，完善自动驾驶开放道路测试的监督管理能力，打造高实时性、高可靠性的云安全管理平台和数据采集平台。

（2）网络及数据升级安全技术。推动建设广州市智能网联汽车网络安全监测技术平台，重点开展车辆网络安全、软件升级安全和数据安全测试验证技术研究。网络安全方面，重点突破车载终端漏洞测试、车载网络安全测试、车载无线安全测试、业务平台安全测试等关键评估技术；软件升级安全方面，重点研究升级前的条件符合性、升级包安全传输、升级前安全校验、升级过程提示、升级中断保护等安全评估内容；数据安全方面，重点开展自动驾驶数据记录系统可靠性试验、数据存储能力试验、存储覆盖试验、断电存储试验等关键试验技术。支持整车企业与自动驾驶解决方案提供商在车路协同、软件开源、汽车操作系统等领域的合作。支持检测认证机构与整车企业开展联合攻关，提升智能汽车网络与数据安全技术水平。

（3）核心部件安全性、可靠性技术。联合产业链上下游抓紧攻关适合智能与新能源汽车的车规级芯片可靠性验证标准，推进保障国产车规级芯片的研制、认证及上车应用。对电机、动力电池等动力系统开展高低温、潮湿、腐蚀、振动、冲击、电磁兼容等可靠性测试验证。依托国家汽车电子产品质量检验检测中心、国家智能汽车零部件质量检验检测中心、国家新能源汽车质量检验检测中心（广州）等国家级测试机构，加快建设智能与新能源汽车测试评价公共技术服务平台，进一步提升元器件、部件、系统及整车质量可靠性评价能力。

（4）动力电池回收技术。进一步突破废旧动力电池残余价值快速评估技术，提升梯次产品的安全性、使用性、可靠性及经济性。推动电池包（组）柔性拆解、正极材料高效提取、负极材料和电解液有效回收等关键技术、工艺、装备的研发生产和规模化应用。鼓励和支持在动力电池研发生产阶段开展动力电池易拆解、可梯次利用等可回收利用设计。

六、整车引领构建产业生态

发挥整车企业带头作用。加快培育一批具有全球竞争力的世界一流企业、具有生态主导力的产业链"链主"及"分链主"企业。支持整车企业推动传统燃油汽车和新能源汽车的智能化升级，支持造车新势力做大做强，打造智能与新能源汽车全球知名品牌。探索整车企业试点直接下拨资金，由企业围绕重点领域主攻方向自行确定研究专项。支持整车企业牵头规划布局产业园，带动上下游产业链配套，建设行业重大功能型研发测试平台、产业生态平台等公共服务平台，牵头组建行业标准组织、产业联盟等。支持整车企业不断优化、更新和迭代主营产品，加快量产L3级有条件自动驾驶及以上水平智能汽车和新能源七座车、中巴车、大巴车、房车等多种车型，提升单车价值及利润水平。推动整车企业在算力、智能系统、图像语音识别等领域与行业领军企业深度合作，打造道路数字化、车路协同化的典型示范。

支持核心零部件企业发展。加快番禺、增城、花都、南沙和从化五大国际汽车零部件产业基地建设，支持重点企业提升市场竞争力，培育具有国际竞争力的汽车核心零部件领军企业。鼓励支持市属国有企业通过兼并、收购等方式，整合国内外汽车零部件制造优质企业，带动上下游企业落户广州，补强汽车零部件制造产业链。支持本地优势零部件企业发展，强化芯片等关键零部件供应链。支持智能与新能源汽车关键零部件核心技术攻关及首台（套）应用，符合条件的优先纳入整车企业采购目录。依托华南理工大学汽车零部件技术国家地方联合工程实验室，引导零部件企业加大研发投入、提升质量水平。

推动大中小企业融通发展。鼓励整车企业制定自主品牌汽车零部件战略伙伴计划，探索产业链内以及跨产业的资本、技术、产能和品牌等合作新模式。鼓励整车企业与优势零部件企业在研发、采购等层面深度合作，优化成本共担、利益共享、知识产权保护等合作机制，建立安全可控的整零协同体系。深入开展"小升规"行动，落实奖励政策，推动一批企业实现小升规、规升巨。支持优势整车企业在产业集群建设中发挥领军作用，通过技术输出、资源共享、供应商管理等方式带动中小企业发展。

七、提升汽车销售及后市场服务水平

（1）拓展汽车后市场服务。大力引导汽车工业旅游与本地生态旅游等项目相结合，引导花都新能源智能网联汽车特色小镇、番禺化龙汽车特色小镇、南沙黄阁国际汽车特色小镇等健康发展，研究建设广州汽车博物馆、汽车主题公园、汽车平民实验室等，弘扬广州的独特汽车文化。发展汽车旅馆、房车营地等多元化汽车旅游服务。鼓励发展二手车交易、汽车改装美容、检验检测等后市场服务链，带动第三方物流、电子商务等其他相关服务业同步发展。

（2）优化汽车销售模式。鼓励智能与新能源汽车整车企业开展商超直营、电商直营、自建体验中心等多元化汽车营销新模式，优化提升4S店等传统销售模式，大幅提升消费者满意度。培育新型服务企业，发展零部件连锁贸易和售后汽配连锁市场，鼓励发展汽车后市场电商化。依托云计算、大数据和AR/VR等新技术，打造以数字化转型增强消费体验的汽车零售新场景。

（3）提升软件及数据增值服务能级。着力提升智能与新能源汽车软件升级更新服务安全与质量。加快充换电、车况、出行、维修等场景大数据挖掘和应用，构建先进完备的广州市智能与新能源汽车大数据监测平台。汇聚整车企业、出行服务企业等数据，驱动汽车后市场服务精准化、规范化发展，推动价值链延伸。挖掘智能与新能源汽车的电池信息、车辆分布情况等数据，为二手车评估、电池及技术升级等提供新的价值空间。加强智能与新能源汽车复杂使用场景的大数据应用，重点在数据增值、出行服务、金融保险等领域，培育形成新产品、新商业模式。统筹基础数据融合应用，充分利用北斗卫星导航，建立完善路网信息系统，提供实时动态数据服务。

（4）加快布局回收利用服务。支持企业发展汽车绿色回收、零部件再造等领域业务。依托本地优势整车企业，培育壮大汽车绿色回收和拆解产业。规范二手车销售市场，打造高端二手车销售市场。完善动力电池回收利用体系，建立健全生产者责任延伸制度，开展资源深度循环利用。积极推进动力电池回收利用试点，以行业领军企业为主体，推动锂电池等动力电池回收利用，提升智能与新能源汽车全生命周期价值。

第八章　广州市生物医药与健康
产业的品牌发展研究

第一节　广州市生物医药与健康产业品牌发展现状

一、生物医药与健康产业的品牌发展现状

从 20 世纪 90 年代开始，在国家掀起产业化升级的政策引导和工业创新发展的热潮带动下，国内各大城市都把高新技术—生物产业列为本地区的重点发展行业之一。经过十多年的发展，广州在原有的传统制药产业的基础上构建起相对完善、成熟的生物医药产业。在广药集团、中科院生物与健康研究院、暨南大学国家基因医药工程中心、国家南海海洋药物工程中心等国家级高水平生物医药研发、生产机构的带动下，以达安基因、香雪制药、金域医学等为代表的生物医药企业日渐崛起，广州也成为最重要的生物医药研发基地和产业集聚基地之一。

（一）创新驱动战略，打造现代生物产业细分领域的龙头

广州市坚持创新驱动发展战略，出台专门针对生物医药产业的政策，大力推进创新创业孵化器的建设，发展了一批特色生物产业园区，为生物产业的创新发展提供了良好的产业环境。培育和引进了百济神州、香雪制药、金域医学、达安基因等一批细分领域的龙头企业。2021 年，万孚生物、达安基因、金域医学、拓普基因入选广州市"百年·百品"质量品牌企业。

（二）中药老字号品牌底蕴深厚，创新构筑品牌中药护城河

广州市是拥有医药老字号最多的城市，中医药品牌独具特色。2006 年 11 月，商务部认定的第一批"中华老字号"名单中，医药类老字号有 22 家，其中广东省占据 9 家，仅广州市就有 6 家。广药集团目前拥有 12 家中华老字号企业、10 家百年企业，旗下不仅拥有"全球最长寿药厂"陈李济、被誉为"凉茶始祖"的王老吉，还有"敬修堂""潘高寿""采芝林"等知名品牌，中医药底蕴深厚。

广药白云山板蓝根已成为全球首个获美国国立卫生研究院（NIH）资助的中药研究项目，白云山脑心清和王老吉的相关研究相继获得中国国家科技进步二等奖。生产广药灵芝孢子油的白云山汉方现代药业有限公司成功获得了欧盟的欧洲药典适用性证书（CEP）认证。陈李济的舒筋健腰丸、奇星的华佗再造丸、白云山的板蓝根等都是广药集团销售过亿的中医药品牌产品，奇星的华佗再造丸已连续十多年位居全国中成药出口前列，并进入俄罗斯等多个国家的医保。

（三）依托消费升级，以品牌优势延伸产业链

以中医药为根本延伸出的健康饮料、保健品、旅游等产业正如火如荼地发展。在广药集团"大南药、大健康、大商业"的战略下，旗下的王老吉大健康公司以植物性饮料作为差异化市场切入点，大力开拓大健康产业。在科普方面，广药集团先后建设了神农草堂中医药博物馆、王老吉凉茶博物馆、陈李济博物馆、采芝林中药博物馆等中医药文化科普平台。其中，神农草堂已接待游客超过 80 万人次，成为科普中医药文化的重要平台。未来广药集团还将在全球建设 56 家王老吉凉茶博物馆，传播中华健康文化，夯实品牌优势。

二、广州市生物医药与健康产业发展概况

广州是我国较早发展生物医药产业的地区，在 20 世纪 90 年代已形成一批生物医药创业公司。2007 年，广州成为国家生物产业基地城市和国家医药出口基地城市，是我国医药健康产业资源最集中、最有优势的城市，医疗资

源丰富，医药文化浓厚，产业基础扎实。近年来，广州正加速抢占全球生物医药产业发展高地，2019 年广州市生物医药产业集群获得国家发改委批复，成为全国首批战略性新兴产业集群之一，已形成广州科学城、中新广州知识城、广州国际生物岛三大产业集聚中心。

依托高度集中的医药健康产业基础和医疗资源优势，广州将生物医药产业列入重点发展的新兴战略产业三大支柱之一加以扶持，加速抢占全球生物医药产业的发展制高点，旨在打造具有全球影响力的生物医疗健康产业重镇和全球生物医药产业新高地。

（一）政策环境

近几年，生物医药产业受到了政府的高度重视，屡获政策支持（见表 8-1）。2017 年，广州市实施新一代信息技术、人工智能、生物医药（IAB）产业发展战略，随后制定了《广州市加快 IAB 产业发展五年行动计划（2018—2022 年）》，明确了上述三大战略性新兴产业在未来广州市产业发展中的主导地位。2018 年 3 月，广州市发布首个专门针对生物医药产业的政策《关于加快生物医药产业发展的实施意见》及其配套文件《广州市加快生物医药产业发展若干规定及操作指南（试行）》，明确产业布局方向、聚焦产业链薄弱环节、强调全流程产业公共服务，旨在提升广州生物医药产业政策协同水平，增强产业综合竞争力，打造全球生物医药产业重镇。

广州市坚持把科技企业孵化器作为实施创新驱动发展战略的重要抓手，实施孵化器倍增计划，推动科技企业孵化器加快发展，大力推进创新创业及孵化器建设的发展热潮，为生物产业创新发展提供了良好的产业环境。

表 8-1　广州市重点生物医药产业政策列表

政策名称	发布时间	发布机构	重要内容
《广州市生物医药产业发展五年行动计划（2017—2021 年）》	2017-06	广州市发改委	对获得新药证书的重大新药、获得注册认证的创新医疗器械给予补贴；资金支持药品上市许可持有人受托生产基地建设；给予高端人才引进补贴等

（续上表）

政策名称	发布时间	发布机构	重要内容
《广州市加快 IAB 产业发展五年行动计划(2018—2022 年)》	2018 – 01	广州市人民政府	将广州打造成具有全球影响力的生物医疗健康产业重镇，重点支持创新创造、企业做大做强做优、产业园区集约集聚发展、深度融合和示范应用、生态环境优化等五个方面，从人才、土地、资金等要素方面提出 20 条具体措施
《关于加快生物医药产业发展的实施意见》	2018 – 03	广州市人民政府办公厅	制定出台加快生物医药产业发展的专项政策，完善市财政资金支持体系，集中向生物医药产业重点项目倾斜。落实研发投入后补助、研发机构建设补助、科技创新券、"小升规"奖励等普惠性奖补政策，激励中小生物企业加大研发投入。通过落实高新技术企业税收优惠、国内外专利申请资助、上市挂牌补贴、工业转型升级专项资金、低息贷款等，支持生物新产品研发、技术服务推广和生产基地建设。出资设立广州生物医药产业投资基金，重点扶持即将进入临床、已进入临床或已拿到新药批文的新药和创新医疗器械项目，以及生物医药产业园区的建设
《广州市加快生物医药产业发展若干规定及操作指南（试行）》	2018 – 03	广州市人民政府办公厅	对自主研发和产业转化项目分阶段提供经费支持；公共服务平台项目建设补贴；国家 GLP、GCP 资格认证奖励；研发服务机构奖励；仿制药一致性评价支持；重点技术改造项目支持；诺贝尔奖、拉斯克医学奖获得者、中国两院院士等高端人才项目引入资金支持等

（续上表）

政策名称	发布时间	发布机构	重要内容
《广州市生物医药产业创新发展行动方案（2018—2020年)》	2018－09	广州市科技创新委员会	大力发展生物医药产业创新创业投资基金，支持企业收购、兼并，提升产业资本汇聚能力。对接国家"十三五"规划，加强跟踪国家重大产业项目布局及有关部委和中央企业部署，积极布局战略性项目，争取国家和省级政策资金支持，增强产业发展动力

（二）产业情况

广州是华南地区的经济中心，也是健康医疗中心和医药流通中心，以及国家医药出口基地和国家生物产业基地城市。2014年，广州市生物医药与健康产业主营业务收入超过1 500亿元，增加值约450亿元。2015年，广州开发区全区已集聚生物医药企业500多家，实现产值368亿元，产业规模和效益优势已日益凸显。2016年，广州市医药制造业总产值为278亿元，生物与健康产业实现增加值431.19亿元，占战略性新兴产业增加值的比重为21.6%，根据《广州市生物医药产业发展五年行动计划（2017—2021年)》，到2021年，广州生物医药产业规模将实现5 000亿元，增加值达1 200亿元，占GDP比重超过4%，在推动全市产业转型升级、实现"老城市新活力"中的作用日益凸显。另外按照《广东省制造业高质量发展"十四五"规划》，到2025年，生物医药与健康产业力争实现营业收入1万亿元，并要建成具有国际影响力的产业高地。

生物医药产业是广州生物产业的龙头，产业发展优势明显，生化制造、生物诊断、化学制药和中药现代化等领域处于国内龙头地位。在生物制造行业，例如，食品、饮料和饲料等传统工业生物技术领域有着较好基础，同时以酶和生物催化为核心技术的现代工业生物技术也有着鲜明特色；在生物农业方面，如特色农作物分子育种、生物农药、兽药和动植物病原菌检测等领域在全国也具有一定优势。广州科学城集聚了如香雪制药、绿十字药业和康臣药业等产值近亿元的一大批具有自主开发产品、持续创新能力的生物医药企业，初步形成了广州医药制造的集聚效应、辐射效应和示范效应。

此外，广州市还发展建设了一批特色生物产业园区，例如，集聚了海洋生物领域的主要企业和研发力量的海珠科技园，集聚了生物医药行业研发和生产的南沙科技创新中心，集聚了以生物医药制造业为重点的广州白云生物医药健康产业基地等。

广州市形成了以化学药、现代中药研发及医疗器械生产为主的医药产业，在干细胞与再生医学、体外诊断产品及检验、海洋生物医药等方面有着独特优势，并且正加速向生物制药、生物医用材料、精准医疗等新兴领域拓展。据火石创造数据库资料显示，广州市生物医药领域共集聚 94 030 家企业，其中7 560家为研发生产型企业，占比约8%，11 家企业在 A 股和 H 股上市，培育和引进了百济神州、香雪制药、金域医学、达安基因等一批细分领域的龙头企业（见表8－2）。

表 8－2　广州市生物医药各细分领域重点企业

细分领域	重点企业	发展概况
精准医疗	达安基因	以分子诊断技术为主导，集临床检验试剂和仪器的研发、生产、销售以及全国连锁医学独立实验室临床检验服务为一体的生物医药高科技企业，主要产品是无创产前诊断
体外诊断	万孚生物	公司专注于体外诊断中快速检测（PT）产品的研发、生产和销售，是 PT 行业的领军企业
现代中药及特色中药	白云山	公司主要从事中西成药、化学原料药、天然药物、生物医药、化学原料药中间体的研究开发、制造与销售等；2018 年上半年营业收入超过 148 亿元
生物药及细胞治疗产业	香雪制药	公司已逐渐形成以抗病毒口服液、板蓝根颗粒、橘红系列中成药及中药饮片四大产品系列为主导，以医疗器械、保健用品、软饮料、生物制品等补充产品为主体的体系；并积极"跨界"布局精准医疗，通过推动以高亲和性、特异性 T 细胞受体（TCR）为核心的免疫治疗药物产业化，与杜德生物合作启动"全球细胞银行项目"，与美国企业 Athenex 共同建立肿瘤细胞治疗全球研发和应用平台，实现创新发展
	百济神州	是广州市重点引进项目，总投资 22 亿元，占地面积 10 万平方；公司专注于肿瘤免疫药的研发和生产

（续上表）

细分领域	重点企业	发展概况
生物3D打印	迈普医学	中国首家运用生物3D打印技术开发植入医疗器械的高新技术企业；开发出中国首个进入全球高端市场的再生型植入类医疗器械产品——睿膜，获得欧盟CE认证、中国国家食品药品监督管理总局认证（CFDA）以及印度注册证等
产业服务	博济医药	为国内外医药企业提供药品、医疗器械、保健品研发与生产全流程"一站式"外包服务的新型高新技术企业（CRO＋CDMO）；"一站式"服务包括：新药立项研究和活性筛选、药学研究（原料、制剂）、药物评价（药效学、毒理学）、临床研究、中美双报（注册服务）、CDMO生产（MAH落地）、技术成果转化等，涵盖了新药研发各个阶段
第三方医疗机构	金域医学	国内第三方医学检验机构，规模大、检验实验室数量多、覆盖市场网络广、检验项目及技术平台齐全的龙头企业，主要从事第三方医学检验及病理诊断业务，向各类医疗机构等提供医学检验及病理诊断外包服务

（三）空间布局

"十二五"以来，广州积极谋划生物产业发展布局，努力打造以广州国际生物岛、广州科学城、广州国际健康产业城为核心，各生物产业特色园区协调发展的"三中心、多区域"的产业发展格局，基本形成了以广州国际生物岛为核心的产业创新中心和孵化中心，以科学城为核心的产业集聚中心，以海珠区、白云区、番禺区、花都区和从化区为辐射区域的产业拓展区。

广州科学城、中新广州知识城、广州国际生物岛三大产业集聚中心，突出创新创业生态建设，引入重大创新项目，将成为广州市生物医药产业具有引领发展作用的创新高地；广州健康医疗中心产业基地、广东冠昊生命与健康产业园等将成为具有追赶潜力的产业集聚基地；白云生物医药健康产业基地、广州大学城健康产业产学研孵化基地、荔湾医药健康产业基地等将成为重点支持型基地。

位于广州市黄埔区中部的科学城，作为广州国家生物产业基地的核心组成部分，定位为广州发展生物医药产业技术创新平台、孵化创新平台和产业化聚集平台，是广州生物技术成果转化和产业化的核心载体。科学城内有香雪制药、达安基因、万孚生物、阳普医疗等行业龙头企业，也有迈普医学、百奥泰生物制药等技术创新企业。

作为中国与新加坡双边合作项目，位于广州市黄埔区北部的知识城，定位是广州具有知识经济特色、符合低碳经济发展方向的生命健康源头创新基地。知识城聚集了大量高端创新资源，目前已引进多个重大生物医药产业创新枢纽项目，包括 GE 生物科技园、百济神州等。

位于广州市海珠区与番禺区交界的生物岛，定位为世界顶尖生物医药研发中心，聚集广州再生医学与健康广东省实验室等近百家省级以上研发机构，聚集金域检测、赛莱拉等 170 余家生物医药企业。广州国际生物岛设立了 6 亿元规模的中以（中国—以色列）生物产业投资基金，引进落实项目 108 个，已获批项目累计注册资本约 25 亿元，投资总额约 61 亿元，其中"千人计划"专家投资项目 6 个。

广州市各产业空间载体依托现有产业基础和广州市生物医药产业布局，形成了差异化的定位（见表 8 - 3）。

表 8 - 3　广州市生物医药产业重点载体发展概况

名称	发展概况
广州科学城	基本概况：位于广州开发区中部，神舟路以东，开创大道、科丰路以西，广深高速公路以北地区，规划用地面积 3 747 万平方米； 聚集情况：聚集了香雪制药、中一药业、达安基因、永顺生物、阳普医疗等众多生物产业龙头企业和百奥泰、铭康、迈普、锐博、康盛等一批生物技术创新企业； 发展定位：区域性科技创新创业中心
中新广州知识城	基本概况：位于广州开发区东部，规划面积 12 300 万平方米，起步区 1 000 万平方米，可开发建设用地约 6 000 万平方米； 聚集情况：引进 GE 生物科技园、百济神州生物制药等重大生物制药产业创新枢纽项目； 发展定位：建设国际科技创新枢纽的核心组团

（续上表）

名称	发展概况
国际生物岛	基本概况：地处海珠区东侧珠江后航道仑头水道和官洲水道之间，规划面积183万平方米，南面广州大学城，北望广州国际会展中心和珠江新城，西临万亩果园，东接黄埔军校； 聚集情况：入驻了金域检测、赛莱拉、广州互联网医院等150多家生物企业，投资总额超过46亿元，已逐步形成了集生物新药、医疗器械、干细胞、基因测序、精准医疗临床转化及医学检验检测等生物医药产业链条； 发展定位：创新高地和精品园区
广州健康医疗中心产业基地	基本概况：位于越秀区中心，规划范围是东濠涌以东、白云山以南、内环路以西、东华东路以北，用地面积约1 000万平方米； 聚集情况：集聚了以省药品交易中心、华润广东医药、国药广东省医疗器械为代表的一批医药流通、医疗器械龙头企业； 发展定位：健康医疗产业集群区延伸医疗服务产业链
白云生物医药健康产业基地	基本概况：规划总面积543万平方米，东至京珠高速，南至天城庄路，西、北至新广从公路； 聚集情况：集聚了白云山何济公制药厂、白云山明兴制药、白云山和黄中药有限公司等龙头企业； 发展定位：大健康医疗产业基地
广州大学城健康产业产学研孵化基地	基本概况：位于广州大学城广东药科大学，共16 000平方米； 聚集情况：进驻企业143家，总投资约33亿元，现有在孵企业87家。基地是生物医药、医疗器械、干细胞与再生医学、免疫治疗、精准医学、大数据医药信息挖掘等领域的研产销合作中心； 发展定位：产学研孵化基地
荔湾医药健康产业基地	基本概况：荔湾东沙医药健康总部基地和大坦沙国际健康生态岛。荔湾东沙医药健康总部基地位于荔湾区东沙街，占地面积73万平方米，规划建筑面积150万平方米； 聚集情况：以广州呼吸中心、国际高端医疗机构开展的医疗服务为核心，带动智慧医疗、康复医疗、第三方医学检验等产业发展； 发展定位：国际医疗健康服务发展高地

（续上表）

名称	发展概况
明珠工业园生物医药健康产业基地	基本概况：位于从化区明珠工业园内，规划总面积428万平方米，东、北至街人公路，南至创业大道，西至明珠大道； 聚集情况：广州国际医药港医药生产基地、现代中药产业园等重大项目以及国家中药物流交易中心、省中医药科学院从化分院、中山大学药学院产学研基地等技术平台和公共服务平台； 发展定位：生物医药健康专业园、生态特色园

（四）相关资源

1. 科研院所及人才资源

广州拥有众多的高等院校及科研院所。其拥有综合型院校及医学类高等院校26所，其中医学类高等院校4所。在生物医药领域，广州建成了12个国家工程中心和实验室、13个专业孵化器、133个科技研发机构、158个各级重点实验室、128个各级工程技术研究开发中心和51个各级企业技术中心。此外，还有3个国家级生物产业技术支撑平台的总部设立在广州，分别是华南新药筛选与评价中心、广州国家现代农业产业科技创新中心和广州海洋实验室。广州科学城已建和在建的企业孵化器有10多个，生物医药研发机构达30多家，中科院广州生物医药与健康研究院入驻广州科学城，广州市微生物研究等10家科研机构在科学城建成了中试基地，中科院广东微生物研究所建立了科技成果产业化基地。同时，还有呼吸疾病研究所、广州再生医学与健康广东省实验室等重要基础研究平台。

广州市重点培养、引进、支持创业领军团队、创新领军人才和初期创业人才、青年创新人才4类团队人才，通过出台相关政策和配套实施方案全面改善人才培养、引进和使用环境，着力打造"人才高地"。广州高新区引进海内外高端领域人才50余名，其中包括2位诺贝尔奖得主和12位两院院士。截至2019年5月，广州高新区生物医药高端人才近300人，其中67人为全区领军人才，37人为全市领军人才，共有省级生物医药创新团队14个。

2. 医疗资源

截至2021年底，全省医疗卫生机构57 955家，与上年相比，医疗卫生机构总量增加 2 055 家，增长 3.67%。全省医疗机构拥有住院床位58.9 万张，全省医疗机构总诊疗人次达 8.16 亿人次，位居全国前列。

在医疗水平方面，中山大学附属医院的科研教学临床综合实力全国领先，钟南山院士领衔的广州医科大学第一附属医院呼吸科和中山大学附属眼科医院专科实力居全国第一，肿瘤、口腔分别排名全国第三、第六，总体医疗服务水平处于国内领先地位。

3. 重点企业资源

广州开发区已形成本土生物医药企业、国内知名生物药企、海外留学生创业企业和跨国医药公司共同发展的格局，在生物医药产业链中，广州在医药制造、医疗器械、干细胞与再生医学、精准医疗、体外诊断、检验检测等环节拥有一批领军企业。

在医药制造方面，以百奥泰生物制药股份有限公司（以下简称"百奥泰"）为例，公司主要研制抗体药物，用于治疗肿瘤等重大疾病，目前已有阿达木单抗注射液获批上市，贝伐珠单抗注射液、巴替非班注射液 2 种药品的上市许可申请获得国家药监局受理，BAT1806、BAT8006 等 4 种新药处于Ⅲ期临床研究阶段，21 种新药处于Ⅰ、Ⅱ期临床或临床前研究阶段。凭借强大的新药研发能力，百奥泰已在 2020 年 2 月登陆科创板上市。

在体外诊断方面，2017 年登陆上交所的广州金域医学检验中心是国内规模最大的第三方医学检验机构，可提供超过 2 700 项检测项目；达安基因经过多年积累，已成为国内分子诊断试剂行业的龙头企业；广州万孚生物技术有限公司致力于快速检测（point-of-care testing，POCT）产品的研发、生产、销售和服务，拥有 4 个新药证书，是国内 POCT 行业的龙头企业之一。

在精准医疗方面，广州迈普再生医学科技股份有限公司的人工硬脑（脊）膜补片、可吸收硬脑（脊）膜补片、颅颌面修补系统等多个三类植入医疗器械产品已实现产业化。

广州国际生物岛引进的赛莱拉干细胞、悦洋生物、美瑞康公司、实久生物、聚能生物和金域检验等一批知名企业发展势头良好。自主培育的民营高新技术企业中大达安基因公司成功上市，成为行业和领域中的先锋企业，一批重点高新技术生物企业进入快速发展期，还有部分企业正在积极筹划上市。

广州医药集团是我国三大医药企业集团之一，作为全产业链布局的综合性药企，广药集团位列全国第四（仅次于国药集团、华润集团和上药集团），在制药工业领域连续多年排名第一，位居中国企业 500 强第 187 位。

（五）产业特色

广东省是中医药大省，也是全国最大的中医药商品销售市场。目前全省有中药饮片加工企业 224 家，中成药制造企业 192 家，其中广药集团是全国最大的中成药生产基地。

广东拥有 9 家产值超过 10 亿元的中药生产企业，中成药产值过亿元的品种有广药白云山中一药业的消渴丸、广药白云山陈李济的舒筋健腰丸、国家保密处方白云山奇星华佗再造丸等 30 个品种，为全国前列。国家中药保护品种尚在保护期内的 69 个，拥有国家级企业技术中心 5 个，省级企业技术中心 26 个。广东省拥有中医药老字号企业近 20 家，其中广药集团就拥有百年以上老字号企业 10 家。

第二节　面临的机遇和挑战

一、生物医药与健康产业当前面临的机遇

（一）数字化赋能，推动医药产业发展

我国生物医药产业正呈现产业链迈向高端创新、中小创新型企业快速增长、地方产业集群化发展、服务业态多样化和产业治理数字化五大发展趋势。全社会数字化进程加速，生物医药产业也不例外。此外，中国新药研发已驶入快车道，而科技的赋能大大提高了创新药的产业能力，若要加快我国向创新药强国转型，需要从以下三个方面着手。

第一，创新模式，提高原创能力。基于临床需求，加强基础科学研究投入，重视转化医学研究成果，促进研究型医院兴起。

第二，注重科技，加强交流合作。搭建技术交流平台，推动更多前沿技术在国内生物医药企业的落地与运用。

第三，创新人才，解决 0 到 1 的问题。不仅要引进和培养相关专业人才，还要打造一批领军型人才，进行开拓创新。

"中国创新药的飞速发展，也将为发展中国家的生物医药领域带来革命性变革，为当地的老百姓带来福音。"百济神州总裁吴晓滨建议，以高新科技赋能推动我国生物医药产业创新发展，升级创新产业链，打造产业集群，从而提高创新药的产业能力，推动"医药强国"建设。

（二）建立体系，实现新技术就地转化

数字化赋能生物医药产业高质量发展需要从多方面入手，政府、园区、企业、投资机构、第三方平台等产业主体以及科研院所等，要共同聚力协作才能构建生物医药产业的良性发展生态。广州市越秀区人民政府副区长陈烯介绍说，生物医药与生命健康是越秀区推广的第三大产业，越秀区"十四五"发展规划提出，要创建粤港澳大湾区生命健康产业创新区，推动传统医院转型升级、产学研联动，让更多研究成果实现就地转化。

"积极支持医生发展科研事业的同时，在医院周边打通更多的产业载体，让医生们的科研成果实现就地转化，从而提升医疗服务水平，促进医疗行业高质量发展。"陈烯说。

促进生物医药产业数字化发展必须建立产业生态体系，通过基于数据智能的生物医药产业治理和服务模式，加速企业创新，使人们享受健康生活，真正实现数据驱动产业的高质量发展。

（三）大健康时代的到来

老龄化进程的加速势必带动大健康产业的发展。我国自 2000 年迈入老龄化社会之后，人口老龄化程度持续加深。根据国家统计局发布的数据测算，2020 年中国 65 岁及以上的老年人约有 1.8 亿，约占总人口的 13%。2025 年"十四五"规划完成时，65 岁及以上的老年人将超过 2.1 亿，占总人口数的 15% 左右；如果以 60 岁及以上作为划定老年人口的标准，中国的老年人口数量到 2050 年时将接近 5 亿。

自 20 世纪 90 年代以来，人类疾病谱由以感染性疾病为主转向以生活方式疾病、老年病为主，人们更加注重亚健康的调理和预防。这种趋势表明当今社会已经进入大健康时代，这个时代的到来引发了医疗模式由单纯病后治疗转向预防与治疗（"治未病"与治病）相结合，这种结合催生了大健康产业。大健康产业，是经济系统中提供预防、诊断、治疗、康复与缓和性医疗商品及服务的部门总称，通常包括医药工业、医药商业、医疗服务、保健品、健康保健服务等领域，是世界上最大和增长最快的产业之一。

越来越多的制药企业已将触角逐渐伸入疾病预防、养生保健、护肤美容等"大健康"领域，主力军队伍包括天士力、云南白药、修正药业、哈药集团、康恩贝等大企业。例如云南白药将白药秘方应用于牙膏中，减轻牙龈出血；修正药业以参茸产业的技术优势致力于打造世界级人参品牌、鹿茸品牌；康恩贝以植物药妆的概念打造中国母婴健康护理用品第一品牌；哈药集团专门开辟了哈药健康事业网，发布健康信息教育和引导消费者。国内电子商务平台和快速物流配送系统已经相当成熟，网上在线销售药品、保健品等健康产品将是一种趋势。

二、生物医药与健康产业当前面临的挑战

（一）资源整合创新能力有待提高

广州市科教研资源虽然丰富，但散布在各大学、科研院所和企业中，缺乏有效的集中管理和开放运营机制，科技成果转化效果不明显，集群配套组织单薄。一方面，广州三甲医院虽然数量较多，但区内生物医药企业与这些医院的沟通协作较少，药企与高校协作也较少，如广州大学城与生物岛近在咫尺，但产学研融合不深，没有形成创新成果转化体系；另一方面，广州市生物产业联盟的会员单位间较少开展全产业链合作，一边是企业舍近求远到域外寻求临床资源合作，另一边是大量优质的科研资源闲置，缺少一个产学研多方信息共享、供需匹配、高效对接的平台。

广州生物医药企业相对国内外有名的生物医药企业来说，总体上技术含量偏低。企业在研发上的投资额远不能与国际大企业相比，企业自主技术创新机制尚未有效形成，大多数企业还是通过技术引进发展起来的，拥有自主

专利技术的企业较少。一些企业通过引进技术或合资合作的方式迅速发展起来，但由于缺乏自己的核心技术，品牌和销售都被控制在外方手里，事实上有些企业已成为国外品牌商的生产车间。自主创新能力的不足严重制约了广州生物医药产业的发展与壮大，也直接影响着这些企业在集群过程中的吸聚和示范效应的产生。

（二）龙头企业数量与长三角仍有差距

与上海相比，广州在生物医药龙头企业数量上还存在差距，缺乏新药及医疗器械制造领军企业和独角兽企业。据统计，张江高科技园区除了聚集 7 家销售收入在全球排名前 10 的药企外，还拥有超过 35 家生物医药上市或挂牌企业；广州高新区聚集 18 家上市或挂牌药企，却无全球排名前 10 的药企。广州虽然在体外诊断、高性能医疗器械等关键领域拥有一批单打冠军，但还存在产业规模小、产业链整合能力较弱、拳头产品缺乏等问题。

跨国药企数量少，高端资源聚集效应有待提高。广东位于改革开放的前沿，从理论上讲在利用外资上会更有优势。但是大健康产业却是个例外，目前全球排名前 20 位的跨国药企的总部和研发中心无一家放在广东，在广东设立生产基地的企业也屈指可数，导致产业的高端资源聚集效应较弱。

集聚力不够强，企业规模和品牌效应不明显。广州具有各类生物医药企业约 300 余家，在广州科学城聚集的生物医药企业未占到全市的 1/3，其余分布在其他各区中。整个生物医药产业集群还处于初步的发展阶段，集聚力不够强。集群内缺乏龙头企业发挥牵引和吸聚作用，企业规模大多较小，缺乏重量级产品（在国际上的标准是年销售超过 10 亿美元）。集群内生物医药企业品牌效应不明显，由品牌带来的无形价值较为有限，对企业竞争力的提升和集群做大做强产生制约。

（三）孵化器和公共服务平台建设滞后

国内先进城市上海、南京、武汉生物产业园区发展的成功经验表明，孵化器和公共服务平台建设至关重要，其对产业园区的发展起着不容忽视的作用。特别是张江高科技园区在提供孵化场地、公共服务的基础上，还提供技术支持、孵化资金，努力营造良好的创业氛围。中关村生物医药园拥有医药生物工程中试车间、干细胞工程中心、合成实验室、分析检测实验室、分子生物学实验室和制剂实验室 6 个专业技术公共服务平台。广州生物产业发展基本上是项目引进和推动模式，公共服务平台建设滞后，引进和推进项目建设多年后，公共服务平台才逐步发展起来，没有按照生物产业体系建设的发展规律予以推进，这种先引进企业后建设公共服务平台的做法，颠倒了产业发展的先后顺序，其结果就是增加了产业选择的盲目性，目的性和针对性不强，对优质企业的吸引力有所减弱。

（四）科技与金融结合不够紧密

生物医药产业具有高投入、高收益、高风险、长周期的特点，制成一种可以投放市场的生物医药产品平均需要 10 年时间，由此决定了企业发展的前期资本投入非常大，资本融通的渠道非常重要。国内外成功的产业园区发展实践表明，科技与金融结合将极大地提高产业的发展质量，是产业发展的助推器，每一个成功的产业园区背后都有一套独特的科技金融结合模式。美国、英国和德国等国外生物产业园区，一般都拥有较为完善的银行体系和证券市场，以及非常活跃而又成熟的风险投资基金，满足众多处于不同发展阶段的科技型中小企业的融资需求。

目前广州生物医药企业发展资金普遍不足，中小型生物医药企业融资十分困难。国家有关部门和政府资金的注入"僧多粥少"，研发等投入长期不足。银行鉴于生物医药产业的高风险特征，对企业的放贷十分谨慎。金融创新不足和生物医药板块资本市场不成熟，使天使基金、生物风险基金等对于生物医药企业早期阶段的风险投资难以形成。南方医药研究所的调研数据显示，目前广东大健康企业研发资金绝大部分来源于自身生产经营活动的积累，接受过政府科研资助的比例为 26.8%，借助风险投资基金的比例仅为 1.6%。本土缺乏有实力有影响力的创投企业。

广州市虽然在不断探索科技与金融结合的不同形式和模式，但从目前发展状况看，生物产业科技与金融结合得不够紧密，金融投资服务体系、股权服务体系、知识产权服务体系等比较零散、碎片化，尚未形成一套集规范性、可操作性和完整性于一体的科技金融投融资服务体系，未能有效支撑生物产业的健康发展。

第三节　创新发展的突破路径

一、推进生物医药战略性新兴领域的国家实验室建设

国家实验室有明确的目标使命，是为国家战略目标服务，从事原始创新核心工作，承担前沿基础研究和开展高新技术转移的重要研究机构。美、德等发达国家拥有一大批世界著名的国家实验室，并依托国家实验室产生了大量的原始创新。中国政府于 1984 年组织实施了国家重点实验室建设计划，并在《国家中长期科学与技术发展规划纲要（2006—2020 年)》中提出，"根据国家重大战略需求，在新兴前沿交叉领域和具有我国特色和优势的领域，主要依托国家科研院所和研究型大学，建设若干队伍强、水平高、学科综合交叉的国家实验室"。2008 年的《政府工作报告》中也指出了要"推进国家创新体系建设，重点建设一批国家实验室"。在广东省内，乃至广州市内，推进国家实验室的建设意义非凡，因此，广州市应该在生物医药领域中选取与战略性新兴产业或重大科研领域密切相关的方向，如干细胞与再生医学等技术领域，整合辖区内的优质研发机构、整合优质平台研发资源，争取国家实验室的建设。国家实验室的建设，将能极大地促进广州市区乃至广东省生物医药产业的跨越式发展。

二、推动生物医药产业区域协同发展与科技企业孵化器建设

加深医疗机构、高等院校、科研院所与生物医药企业间的沟通协作，避免优质科研资源闲置，引领广州生物医药产业发展。积极引入国际高端药企或其研发中心，对高端要素聚集形成一定的虹吸效应；立足已有生物医药细分行业龙头地位及产业基础，发挥龙头平台作用，通过市场行为进行"补链""强链"，打造优势产业链；研究制定针对潜在"瞪羚"企业、"独角兽"企业的扶持政策，通过资金、技术、平台等方面的支持，培育一批未来的生物

医药领军型企业。

支持国内著名高等院校、科研机构在广州开设健康产业研究分支机构，积极引进国际著名研究机构、跨国企业在广州设立健康产业相关研发中心。建设医疗卫生、生物医药、医疗仪器、康复保健、健康服务等产业的公共信息平台、专业孵化器、产业标准体系、产品检测等公共平台。完善各健康产业城（基地）的废水处理设施及配套管网系统、固体废弃物处理系统，严格控制健康产业城的环境质量，优先向科研含量高和投入产出高的健康产业重点企业、重大项目配置土地。

为进一步提升生物产业自主创新能力，要加快推进园区孵化器建设，把孵化器建设作为推动生物产业自主创新体系建设的核心内容和重要载体，积极鼓励由国家、省、市、区有关部门及企业、高校、科研院所和投资机构等兴办各类孵化器及众筹空间，大力推进科技企业孵化器建设投资主体多元化、运作市场化和管理国际化，为广大企业提供从创办到运营等全方位贴身服务，使中小企业能够专注于技术研发及市场开拓，帮助企业渡过初创期的艰难，为生物产业发展培育优秀的科技企业及科技创业服务机构。重点支持以自主创新成果转化为重点，符合生物产业发展导向，面向海内外创新创业群体的生物产业孵化器和加速器建设，通过实施孵化器、加速器并重的发展策略，为园区（基地）企业提供信息、商务、金融、专利、咨询、人才交流和国际合作与交流等方面的服务。

三、积极培育龙头企业和新创企业

生物医药产业知识效应明显，龙头企业往往"赢者通吃"，要鼓励发展壮大以龙头企业为中心的产业集群。第一，对现有的龙头企业，要通过股权结构的优化调整，积极吸纳社会资本投资入股，尤其要吸纳战略投资者入股，以助其做大做强。第二，积极通过招商引资引进龙头、培养龙头，带动中小企业的共同发展。第三，以骨干企业为龙头，把产品同类、市场同向、工艺相近、技术相关的医药企业整合在一起，组建专业化医药企业集团，培育出若干个拥有国内知名品牌和自主知识产权、核心竞争力强的优势企业。第四，重点抓好一批科技含量高、创新能力强、发展基础较厚实的生物医药龙头企业作为科技示范，在政策、资金、项目、土地使用、人才引进与培训等方面给予积极支持，推动其向规模化，国际化方向发展。第五，大力扶持龙头企业创建国际名牌产品和驰名商标，积极引导和支持生物医药产业基地创立区域品牌。另外，由于新创生物医药企业在创造性、敏捷性和成长性方面具有突出优势，也要积极鼓励民营等社会资本创办新创企业。从产学研结合方面寻求突破，以"广州医药集团有限公司"为核心，大力发展医疗制造业，支持"广药集团"建设集约型生产基地和产业园，支持企业整体上市，通过资源整合做大做强。扩大在医疗器械领域的研发投入，引进一批有竞争力的医疗器械生产企业。加大对保健食品、医药化妆产品（药妆）的支持力度，认真总结"王老吉"产品的成功模式，深度挖掘广药老字号的市场价值，整合内部资源，开展多种形式的合作，发挥各方面的优势，进一步做大做强广州的健康医疗制造业。

四、提高产业集群发展的国际化水平

积极支持和鼓励集群内生物医药企业与国内外大型企业集团合作或联合，尤其是与跨国公司的合作，以合作求发展，全面提升生物医药企业的创新能力和集群产业规模。合作模式有：与国际一流生物医药实验室保持联系，掌握最新研究进展；在生物医药等重要领域引进外来技术，突破技术难关；接受国外生物医药企业研发项目的外包；与跨国生物医药企业建立战略联盟关系等。同时要大力推进技术标准战略，建立和完善标准数据资源库、技术规范信息库和标准支撑服务平台等，积极开展技术标准企业试点，鼓励企业采用国际标准和国外先进标准组织生产。应紧紧盯住国际生物医药产业发展的最新潮流，努力将技术与产品的研究与开发水准、生产的工艺与标准、产品的销售市场分布等纳入国际化发展的轨道。

第九章　广州市新一代信息技术与智能制造产业的品牌发展研究

近年来，以移动互联网、社交网络、云计算、大数据为代表的新一代信息技术平台蓬勃发展，我国也将新一代信息技术产业列为七大战略性新兴产业之一。推动新一代信息技术产业发展，对提高我国制造产业价值链地位、抢占新一轮经济和科技发展制高点具有重大战略意义。广州作为我国重版要的中心城市，肩负着代表国家参与世界竞争与合作的使命和担当。因此广州应把握新一轮工业革命的重大契机，在智能制造方面有所作为，积极抢占工业经济发展的制高点，培育新的经济增长点，助力广州市的经济升级和城市升级。

第一节　广州市新一代信息技术与智能制造产业品牌发展现状

一、新一代信息技术产业品牌发展概况

新一代信息技术包括六个细分领域，分别是下一代通信网络、物联网、三网融合、新型平板显示、高性能集成电路和以云计算为代表的高端软件。

回顾"十三五"时期，广州社会经济发展中信息化支撑作用增强，应用快速深化。广州市工业和信息化局的数据显示，新一代信息技术的相关产业在 2019 年实现营收 4 283 亿元，是 2015 年的 1.9 倍，年均增速 17.38%；产

业产值 819.50 亿元，增长 6.0%，高于工业平均增速 1.2 个百分点，占全市 GDP 的比重为 3.47%，较 2018 年上升 0.44 个百分点。广州软件产业纳入规模企业统计申报的企业已超 2 300 家，7 家跻身国家软件企业百强，8 家位列全国互联网企业百强，39 家成为国家规划布局重点软件企业，33 家在主板和海外上市，成功培育 6 个"互联网＋"小镇。此氛围先后成功推动富士康、中电科等一批带动力强、产业链长、产业规模大的优质项目落户广州，全市工信领域新增重大投资项目 60 个，完成投资额 1 178 亿元。

在"十四五"发展规划中，广州发展新一代信息技术的蓝图也已经初步明朗。广州市工业和信息化局透露，下一步广州市将在新一代信息技术领域优先发展电子信息制造、超高清视频及新型显示、人工智能、卫星导航、软件和信创、数字基础设施等产业，全力打造人工智能与数字经济试验区，加快推动制造业、现代服务业数字化转型，深化信息技术场景应用，不断提升城市数字化治理水平。

（一）产业规模平稳增长

自"十二五"以来，广州市电子产品制造业保持年均 10% 的增速。广州电子产品制造业增加值以光电产业特别是新型显示领域为主，其中光电子及其他电子元器件制造领域产值占比高达 48.1%。新型显示是电子产品制造业中唯一的千亿元级的产业，其他如新一代移动通信、集成电路、计算机制造等均为百亿元级的产业。2016 年，在规模以上工业产品中，信息类产品保持强劲增势，移动通信基站设备累计产量 6 017 信道，同比增长 17.0%；光缆和光电子器件产量分别为 19 962 芯千米和 6.77 亿只，同比增长 43.0% 和 138.3%。

（二）新一代通信领域保持领先

迈入数字化时代，从中央到地方都在加快数字化发展，各大城市竞相布局新基建、信息网络、数字经济等资源，抢占数字经济的制高点。广州是中国三大通信枢纽、互联网交换中心和互联网三大国际出口之一，内地超过一半的互联网通过广州与世界互联网对接。随着一条双链路高速光纤专线传导，位于广州的超级计算机将算力资源延伸至粤港澳大湾区多地，广州将成为大湾区量子通信主阵地。在粤港澳大湾区内，未来跨境资金结算、跨境通信等需求会大大提升，量子通信的运用将极大保障敏感、重要信息的安全。

同时，广州市也在加快中国电科华南电子信息产业园规划和配套设施建设，重点在于在宽带集群通信系统、卫星移动通信、宽带卫星通信、物联网、5G 通信和新一代通信系统等业务方面实现有效的资源整合和快速的规模产业化扩张，推动基于 4G 宽带数字集群通信系统、下一代卫星移动通信系统、面向新型智慧城市网络基础设施的物联网、5G 大规模天线阵列等关键技术的研发和产业化发展。另外，广州京信通信引领全球小型化多制式基站天线技术——移动通信天线产能居全球第 1 位，市场占有率居第 2 位。

此外，卫星导航产业优势突出。广州北斗产业已经初步形成相对完整的产业链，聚集了涵盖芯片、模块、整机、系统集成、测试认证等领域的相关企业 30 多家，拥有一批科技含量高、发展潜力大的优秀企业，芯片和板卡设计制造方面在全国均处于领先地位。在北斗产业最核心的高精度测绘领域，中海达、南方测绘合计占有国产品牌 70% 左右的市场份额。在专业高精度全球卫星导航定位系统（GNSS）方面，龙头企业中海达、南方测绘合计占国产品牌 70% 左右的市场销售额。海格通信构建了一条从天线、芯片、模块到整机和系统应用的完整产业链，整机产品在特种行业的市场份额居国内第 1 位。

（三）新型显示产业发展迅速

2022 年 4 月，广州市工业和信息化局印发《广州市超高清视频产业发展行动计划（2021—2023 年）》，进一步推动超高清视频产业高质量发展，建设"世界显示之都"，打造具有全球核心竞争力的超高清视频产业集群。

2016 年，全市电视机制造、光电子及其他电子元器件制造产值达到 1 714.11 亿元，占全市电子信息制造业产值的比重高达 59.25%。全市电子信息制造 20 强企业中，有 10 家是新型显示制造企业。目前新型显示企业主要集中在开发区，随着改革开放以来单笔投资最大的先进制造业项目——富士康第 10.5 代显示器全生态产业园区项目落户增城，广州新型显示产业集群迈入"双核"驱动时代。2020 年 12 月 20 日，广州增城，维信诺（广州）全柔 AMOLED 模组生产线正式点亮，这是生产线从建设到生产的关键一步，也是广东显示产业和超高清产业集群发展历程上的重要一步。维信诺、超视界、康宁显示等行业巨头以及相关上下游产业落户，正在让广州增城成为粤港澳大湾区新型显示产业重要的新兴力量。

（四）产业集聚度不断提高

广州电子产品制造业规模以上企业已达到 401 家。在电子百强企业中，外资及中外合资企业 33 家，产值占全市电子产品制造业规模以上企业产值的 56.2%；港澳台资（独资及合作）企业共 32 家，产值占全市电子产品制造业规模以上企业产值的 22.6%。外资及中外合资企业产值占主体地位，主要业务为代加工制造。广州开发区拥有广州国家电子信息产业基地、广州大数据产业园（广州科学城）、知识城智能装备产业园等核心载体，聚集了一大批新一代信息技术企业。番禺区以"广州国际创新城""广州大学城""数字家庭产业基地"为主要产业基地，以广州超算中心为重点平台，形成大数据、云计算、物联网等新一代信息技术产业发展产业链。南沙区以"南沙资讯科技园"为主要信息产业基地，发挥临近港澳的区位优势，目前正加快发展临港型电子信息制造业。花都区依托"花都汽车产业基地"转型升级及汽车电子制造研发优势，重点打造"广州车联网产业集聚区和示范区"，对广州市物联网产业体系起到重要的支撑作用。

二、智能制造产业品牌发展概况

随着机器人产业的快速发展，广州市已形成了涵盖上游数控系统、电主轴、减速器、控制器、伺服电机等关键零部件，中游工业机器人本体，下游系统集成的智能制造产业链，以及自主发展的高档数控机床、注塑机械、包装装备、楼宇装备等智能成套装备的产业体系。2016 年产业规模约 490 亿元，其中机器人企业 34 家，产值 85 亿元；智能成套装备企业 97 家，产值 295 亿元；智能模块及关键零部件企业 86 家，产值 110 亿元。当前广州智能装备及机器人产业主要呈以下发展特点。

（一）科技赋能实现产业升级

广州作为粤港澳大湾区的核心腹地，在智能制造升级道路上也逐渐探索出一条独特的道路，即依托传统产业链的基础，再通过科技赋能逐渐实现升级。

产学研用和成果转化方面，广州提出支持企业、高等院校、科研机构等组建一批具有全国影响力的协同创新联盟，促进产业链上下游协同发展，共建技术创新中心；并提出遴选一批高校、科研机构开展科技成果转移转化示范机构建设，大力培育专业化技术转移人才。

开放式创新方面，广州政策则提出鼓励 IAB 创新主体通过多种方式开展国际创新合作，如引进国际化孵化、研发创新合作平台等，并提到推进广深、穗港澳创新交流合作。IAB 产业，指的是新一代信息技术、人工智能、生物制药等战略性新兴产业，它们是推进经济转型升级的驱动器，是提升城市吸引力、创造力、竞争力和全球资源配置能力的加速器。

智能制造之花在广州各处落地生根，从海珠互联网价值创新园、增城新型显示价值创新园，到天河软件价值创新园、番禺智慧城市价值创新园、南沙国际人工智能价值创新园、黄埔智能装备价值创新园和花都军民融合价值创新园等。

企业方面，从"制造"到"智造"，科技不断推动着传统企业与传统业务的变革和升级。在多方支持之下，广州也孵化出了奥格智能、云从科技等一系列企业。传统企业在智能制造升级层面也动作频频。位于广州的日立电梯作为传统制造业的标杆，对于生产环节的数字化也早有布局。日立电梯最核心的器件都已经实现自动化生产，企业也引进了不同的数据系统、营业系统，对电梯生产进行可视化管理。此外，2018 年以来，奥格智能公司则通过智慧水务全力辅助广州市创新探索"互联网＋"和"智能＋"治水模式，将传统治水工作与信息技术结合起来，实现精细化的排水设施和排水户管理，开启了智慧治水的新时代。

（二）培育世界级智能装备产业集群

2020 年，广州牵头联合深圳、佛山、东莞打造的智能装备产业集群，在国家先进制造业集群竞赛决赛中胜出。通过实施集群强链、创新引领、融合赋能等举措，广州正与湾区城市紧密协同，培育世界级智能装备产业集群。

先天不足，后天培育，满天星斗，韧性极强，这是整个广东装备制造产业发展的特点。改革开放前，广东装备产业规模和体量都很小。正是制造业的蓬勃发展让广东装备业涌现一批专精特新的"小巨人"和单项冠军企业，形成以自主品牌为特色的智能装备产业链。广东智能装备集群呈现出类似"银河系"的星群结构特征，让广东装备行业规模和体量的发展领先全国。

集群要迈向世界一流，就要克服产业链条的"先天不足"。近年来，广州市聚焦产业链强链、补链，强化政策支撑，一方面加大骨干企业培育力度，另一方面推动一批优质项目落地，逐步构筑起了较为完整的智能装备产业链，支撑和辐射着广州2万亿元乃至广东14万亿元的工业生产体系。

经过精心培育，广州3 000余家智能装备企业已形成齐全的产业链条，实现产值近1 400亿元。其中既不乏广州数控等上游数控机床与关键零部件领域的龙头，又拥有巨轮等一大批中游工业机器人领域的自主品牌；在下游细分领域系统集成方面，更培育了明珞、瑞松等一批在焊接、装配、喷涂等制造各环节具有突出技术优势的企业。近期，广州引入精雕、新松两大龙头企业，在数控机床、工业机器人这些关键环节补链，进一步提升了产业链的韧性。

（三）装备智能化水平全国领先

开展新一代信息技术与制造装备融合的集成创新和工程应用，组织研发具有深度感知、智慧决策、自动执行功能的智能制造装备以及智能化生产线。广州在高档数控机床领域、注塑装备领域、包装装备领域、货币专用设备领域、楼宇成套装备领域、智能停车设备领域均处于全国领先水平。例如广州数控是国内技术领先的专业成套机床数控系统供应商，年产销数控系统连续13年位列全国第一；广州达意隆包装机械股份有限公司是全球排名第三位的液态食品与饮料整厂全自动生产线综合提供商，产品连续多年在国内同行市场保持占有率第一；广东安居宝数码科技股份有限公司是国内社区安防领域及智能家居领域最重要的集成生产商之一，市场占有率和销售量都名列前茅。

（四）智能行业应用规模逐步扩大

机器人及智能装备已在广州市汽车及汽车零配件、石油化工、电子、家具、中医药、轻工纺织以及民爆等10余个行业推广应用且应用规模逐步增大。如中石化广州分公司、天赐材料、合诚化学生产过程采用全自动化现场总线控制系统，白云化工实现投料至成品的产出、打包装箱均由全自动化生产线一次完成；电子元器件自动插件设备被广泛使用于生产制造中；欧派、索菲亚实施以"两化融合"为主的技术改造，应用全自动柔性生产线，实现包装、物流自动化和智能化；宏大爆破引进装药机和MGEPL－R型工业机器人工业炸药智能自动包装系统，生产产能大幅提升，并进一步降低了安全风险。

（五）公共检验检测能力领先

1. 检验检测

工信部电子五所、国机智能科技有限公司、中国电器科学研究院等机构的机器人及智能装备产品综合检验检测能力位居华南第一位，国家机器人检测与评定中心（广州）的建设也将进一步提升广州市机器人及智能装备的检验检测能力。

2. 共性技术研发

广州中国科学院沈阳自动化研究所分所、广东省自动化研究所等一批高水平科研机构，中国（广州）智能装备研究院（筹）、中以机器人研究院等重点创新平台项目相继落户广州市。

第二节　面临的机遇与挑战

一、新一代信息技术产业当前拥有的机遇

总体上看，广州推进新一代信息技术产业发展，具有产业基础、市场活力、区位交通、物流体系等优势，但也面临其他城市激烈竞争和自身固有矛盾问题，机遇与挑战并存，正处于由量变向质变、由局部向整体跃升的关键时期。

（一）信息基础优势突出

广州是中国软件名城，数字经济发展居全国前列，拥有"国家数字出版基地"等国家授予的多个称号，本土还拥有一批发展迅速的大数据企业等。

在信息基础方面，广州在全国具有一定的发展优势。

一是信息基础设施建设走在全国前列。广州先后荣获首批"宽带中国"示范城市、中国城市信息化 50 强第二名、中国智慧城市发展应用评估创新奖、全国重点城市两化融合发展水平第一名等殊荣。全市光纤接入用户占比达 90.9%，宽带网络投诉解决率达 100%，广州建成首个国家广电标准（AVS2）应用示范社区、18 个 4K 电视网络应用示范社区、4.8 万个 5G 基站（含室外站点、室内分布系统和共享站点），5G 用户超 640 万。智慧城市建设领先，广州获"2019 亚太区领军智慧城市"和"2019 中国领军智慧城市"称号。

二是数字化设施不断完善。目前，广州建设了华南唯一、全球 25 台之一的国际 IPv6 根服务器，为互联网用户提供速度更快、服务质量更好的本地化解析服务。已投产在用的数据中心有 65 个，在用机架规模为 14.1 万个标准机架，在用机架规模约占全国的 4.7% 左右。此外，三大移动公司均在广州布网，有利于发挥广州国际商贸中心的优势，利用已经具备的通信网络基础和大数据、云计算技术，建立政务、商务公共信息共享平台。同时，通过数据分析技术，广州建立个人信用体系，打造广州名片。

三是信息领域配套具有优势。全市电动汽车充电网络基本形成，建成充电桩约 3.8 万台，充电总功率近 150 万千瓦。同时集聚了中山大学、华南理工大学等高等院校，以及超过 80 家国际级实验室和技术中心，是华南高等教育和科技创新资源最为密集的城市，在创新创业环境、人才储备、信息基础设施、城市配套服务等方面具有很强的优势。

（二）创新驱动力提升

从 2016 年下半年起，广州移动率先推进蜂窝物联网建设和试验工作，重点在天河、越秀、荔湾、海珠、番禺区开展 NB-IoT（基于蜂窝的窄带物联网）建设试验。广州联通则在海珠区建成 NB-IoT 试验网，于 2016 年 9 月 30 日成功开通首个站点，此为中国联通首例基于标准 NB-IoT 协议架构的移动物联网站点，广州在此方面再次走在全国前列。

2022 年，广东移动首次进行蜂窝状物联网基本建设和实验，现阶段在广州市已全线接入窄带物联网（NB-IoT）的网站高达 80 个。挑选有发展潜力的行业发展大数据技术，降低数据交换成本。做好 5G 市场，使成本降低、用户体验得以改善，这是创新的一大推动力。

广州加快建设聚华国家印刷及柔性显示创新中心、中科院空天信息研究院粤港澳大湾区研究院暨太赫兹国家科学中心等重大创新平台，组建一批产学研技术创新联盟，实施开放式协同创新，加大促进成果转移转化力度，不断完善提升华南（广州）技术转移的中心功能，谋划打造五山—石牌高教区广州科技成果转化基地。

（三）产业竞争力增强

传统产业通过上云、上链、上网等方式，采用新一代信息技术走产业数字化之路是大势所趋。从全球产业实践看，国际著名的都市圈均培育出了世界级的产业集群，如纽约的生物医药、旧金山的电子信息、东京的先进制造。而粤港澳大湾区是我国乃至全球重要的制造业基地，拥有发展产业数字化的"基因"优势。

在新型显示产业方面，广州支持奥翼电子公司主导制定显示领域的国际标准，成功引进海康威视华南研发总部落地；在集成电路产业方面，泰斗微电子是国内首个提出集成射频、基带与闪存"三合一"解决方案的厂家，广州润芯的北斗卫星导航芯片各项技术指标和销量位列全国第一；在新一代移动通信产业方面，京信通信引领全球小型化多制式基站天线技术发展，移动通信天线产能全球第一、市场占有率全球第二；在卫星导航方面，全市卫星导航企业数量约占全国 1/5，海格通信、中海达、南方测绘、广州润芯等一批企业聚合成北斗产业"广州军团"；在工业互联网产业方面，工业互联网标识解析国家顶级节点落户广州，海尔、机智云、中船互联等 30 余家工业互联网企业集聚广州开发区，68 家平台商和服务商入选广东省工业互联网产业生态供给资源池，入选数量居全省第一。

（四）人才支撑力汇聚

近年来，广州相继出台产业领军人才"1＋4"政策、"广聚英才计划"以及关于高层次人才认定、服务保障和培养资助等多份文件，在全球范围延揽人才力度不断加大。在广州评选奖励的创新领军人才、产业高端人才、急需紧缺人才中，来自新一代信息技术等 IAB 产业的最多。在广州开发区设立全国首个产教融合示范区，首批进驻区块链、物联网等 7 个产业学院；在广州大学等高等院校开设网络空间安全、大数据技术与应用、数字影像技术和物联网技术应用等重点学科，从 2019 年起连续 3 年给予财政支持。

（五）服务保障力度强化

广州已建立 IAB 产业发展联席会议制度，全市 11 个区和 20 多个有关市直部门为成员单位。制定出台价值创新园区、集成电路、超高清视频、工业互联网等产业专项政策，基本构建覆盖产业链、创新链、人才链、资金链的政策体系。设立 20 亿元的"中国制造 2025"产业发展资金，引导企业与社会资本注入，与三一集团共同设立工业互联网基金，实缴资金 9.4 亿元。优先保障先进制造业项目用地，简化项目审批流程，加强知识产权运用和保护。

二、新一代信息技术产业当前面临的挑战

（一）全球产业竞争加剧

当前，新一轮科技革命和产业变革带来的技术迭代和激烈竞争前所未有，特别是新冠肺炎疫情对全球产业链、供应链的部分环节形成冲击。基于世界各国对于安全的考量，产业链将朝着区域化和本土化的方向发展。短期内，全球产业链体系难以发生逆转性的变化，但各个国家已经开始加强对"安全"的考量，开始更多地强调自主可控，涉及民生以及国家命脉的战略产业的重要性显著提升。从中长期看，产业链的迁移和重构将提速，全球产业链的布局逻辑也将发生改变。

作为全球产业链供应链的关键一环，外部竞争的加剧固然会对我国相关产业发展形成压力和挑战，但也能够倒逼相关企业在国内市场寻找新的供应来源，这就为我国高新技术产品提供了在应用中持续改进和完善的市场空间。

（二）先进制造业发展受到制约

先进制造业是制造业不断吸收高新技术成果，并将先进制造技术综合应用于制造业产品的全过程的产业，其实现了优质、高效、低耗、清洁、灵活生产。影响先进制造业发展的主要因素包括技术研发、固定资产投资、企业

集聚效应以及人力资本等。

首先，对比一些先进城市，广州对创新产品、自主品牌的支持力度还不够大，领域不够集中，支持和服务缺乏持续性，造成一些创新创业项目难以做大；从项目立项到规划选址、用地报批、供地等环节周期较长，影响部分项目建设投产、如期释放效益。

其次，广州在技术投资、研发经费投入等方面都落后于深圳：从软件产业研发经费来看，2018年深圳市软件产业研发经费达738亿元，约为广州市软件产业研发经费的1.5倍。从有研发机构的企业集聚效应看，2019年深圳市有研发机构的企业数量达5 713家，约为广州市的2.2倍，可知深圳市企业从事先进制造业能够发挥更加有利的企业集聚效应。从具体的先进制造业集群数量看，深圳先进制造业集群数量多于广州。

最后，广州本土企业偏少。广州发展电子产品制造业以引进外资龙头代工企业为主，在电子百强企业中，外资及中外合资企业（含港澳台资）共65家，产值占全市电子产品制造业规模以上企业产值的78.8%。本土龙头企业培育力度不足，前20强电子产品制造企业中仅4家为股份制或私营企业；前100强电子产品制造企业中本土企业（含股份制及私营企业、国有、集体企业等）为35家，产值仅占全市的13%。

（三）产业布局有待优化

电子信息产业整体的经济带动效益不高。广州尚未形成高、中、低配套的完整产业链，特别缺乏拥有产品定价权、产业控制权的领军企业；整个产业增加值仅占全市GDP的3.47%，LG8.5代OLED、粤芯芯片等重点项目短期内产能释放有限，对经济发展的带动力还在继续壮大的过程中。

整体规模总量偏小。全市电子信息产业仅有新型显示产值达到千亿元级，通信、计算机制造、集成电路等均为百亿元级。2016年，广州电子产品制造业产值只占广东省的9%，仅为深圳产值的1/5。整体产品结构偏重电子元器件的代工制造，主要集中在产业链末端，产业体系的带动效应不强。

广州在电子产品制造业34个领域类别中，存在机械治疗及病房护理设备制造、口腔科使用设备及器具制造两个领域的空白。集成电路已成为电子产品制造基础性战略性产业，但竞争力不足。设计领域有安凯微电子、硅芯电子等一批拥有自主知识产权的集成电路设计企业，但企业规模普遍偏小，规模最大的硅芯电子 2016 年主营业务收入仅为 2.7 亿元。制造领域仍处于空白阶段，全市无晶圆生产线。封装测试领域拥有风华芯电、新星微电子、电子五所等实体企业，目前仍以中低端封装产品为主，附加价值不高。

（四）自主创新水平不高

从创新成果产出和科技成果转化率看，产业效率仍不够高，这制约了自主创新水平的提升。截至 2019 年底，全市有效发明专利量 58 434 件，每万人发明专利拥有量 39.2 件，远低于北京（112 件）、深圳（106.4 件）、上海（53 件）。2019 年 PCT 国际专利申请量 1 622 件，较上年下降 14.5%。

这与创新型人才的培养息息相关，而广州对人才的吸引力还不够强，战略科学家、基础研究领域领军者等高端人才缺乏，产业中端人才、技术骨干人才缺口更大，人才总量、人才结构与产业发展的需要不相适应。根据教育部发布的报告，目前我国在制造业中新一代信息技术产业的人才缺口最大，至 2025 年这一缺口将达 950 万人，抢人大战只会越来越激烈，广州培育、引进相关人才的紧迫性进一步凸显。

三、智能制造产业当前拥有的机遇

（一）产业发展具有良好的政策环境

为深入实施低碳发展战略，推进全省产业转型升级和现代制造业发展，广州市根据国家和广东省的部署出台了一系列相关配套政策措施。如《关于进一步加快促进科技创新的政策措施》（穗府规〔2019〕5 号）推出了旨在全方位推进广州科技创新发展的"科创十二条"；《广州市人民政府关于落实广东省降低制造业企业成本若干政策措施的实施意见》推出 33 项措施，预计每年为制造业企业降低成本 40 亿元；《广州市进一步优化营商环境的若干措施》提出 43 条任务举措，深入实施营商环境 2.0 改革。广州八大重点工程和这些配套措施的实施，带动了区域内现代先进制造业的快速发展。广州市智能装备与机器人 2018 年产值约 567 亿元，同比增长 6.8%，工业机器人及智能装备产业发展位居全国前列。这为广州加快发展智能制造产业，培育经济增长新引擎带来巨大机遇。

（二）国内外智能装备产业发展迅速，市场巨大

以工业机器人领域为例，目前，我国工业机器人使用密度仍然远远低于全球平均水平，与日本、韩国、德国等发达国家差距更大，工业机器人市场发展空间大，未来快速发展态势仍将保持。

由于广东省地处我国南部沿海地区，水陆空交通便利，吸引了世界各国的商人前来。商品贸易的快速发展，不仅繁荣了当地的经济，还给广东省的制造业带来了广阔的海外市场，有利于其产品的对外流通；同时，广东省智能制造装备产业在全国范围内具有举足轻重的地位，巨大的国内外需求推动着广东地区智能制造业的飞速发展。因此，国家势必会对广东地区智能制造装备产业大力进行政策扶持，打造智能制造装备产业战略高地。也就是说，广东省智能制造产业具有极大的政策潜力。

（三）大湾区智能制造生态体系日臻完善

近年来，粤港澳大湾区不断完善智能制造生态建设，打造企业、创新中心、服务平台等融合发展的产学研合作体系。在智能化转型方面，大湾区内地九市的企业积极实施智能化升级，应用高档数控机床、柔性自动化生产装配线、大型控制系统等智能化装备并推广新型传感、嵌入式控制系统、系统协同技术等智能化技术，大幅度提升企业生产效率。目前大湾区拥有国家智能制造试点示范项目22个，省级智能制造试点示范项目330个，智能制造示范标杆企业数量不断增加，联动发展能力持续增强；在服务平台方面，大湾区建设了一批智能制造研发服务平台，如广州的国家机器人质检中心、无人机质检中心等公共技术支撑服务平台，佛山智能装备技术研究院、广工大数控装备协调创新研究院、华南智能机器人创新研究院等协同创新平台，打造了智能制造技术创新的高地。

（四）广东省智能制造业品牌效应显著

经过多年的发展，广东省已经形成了完整的制造业体系，产业基础十分雄厚，自主创新能力得到充分体现，涌现了一批具有世界影响力的国际知名企业品牌，如"南海智造"。由于产业品牌效应的影响，珠三角地区聚集了很

多优秀的 IT 企业，许多高新区也如雨后春笋般涌现出来，充分体现了国家政策引导和区域品牌效应的集聚。在此背景下，广东省把握住了未来国际上智能制造装备产业发展的风向标，为进一步提升传统产业的升级水平打下了坚实基础。

（五）智能制造业内部发展空间巨大

目前，广州的智能制造产业整体还处于初步发展阶段，但就最近几年的发展情况来看，在未来将会有更好更快的发展，很有可能赶超国际先进水平，届时广州将成为世界上独一无二的智能制造的产业基地。广州智能制造产业发展潜力巨大，其中的商业利润也十分可观，在之后几年必然会吸引大量商人进行投资；大量资本的涌入会使广州智能制造产业发展的势头更为强劲，相应设备更新换代的速度加快，也能够吸引更多的高精尖人才投入到智能制造的产业研发工作中，为相关研究工作注入新的活力，有利于行业内部疑难问题的攻克，将有力促进智能制造产业的蓬勃发展。因此，我国必须要加快发展广州的智能制造产业，进一步促进智能制造产业相关核心技术的突破，为我国经济的稳步增长提供基本保障。

四、智能制造产业当前面临的挑战

（一）面临国内外双重竞争压力

目前国内已有上海、徐州、常州、重庆、昆山、青岛、哈尔滨等地推进了智能装备、机器人产业园区及基地建设，并抢先出台专项政策吸引企业落户。如上海机器人产业园总占地面积 3.09 平方千米，已入驻发那科机器人、德欧机械、法维莱轨道交通车辆等 100 多家企业；昆山机器人产业基地已入驻柯马、莱斯、塔米等 25 家重点企业，该基地在 2012 年获科技部批准成为国家火炬江苏昆山机器人特色产业基地。广东省内已有佛山顺德在 2011 年获工信部批复成为全国唯一的"装备工业两化深度融合暨智能制造试点"，2012年其智能装备产业规模达 837 亿元；东莞正大力实施"机器换人"行动计划，推进智能装备的应用，每年将投入 3 亿元支撑机器人产业发展，并加紧建设总投资 27 亿元的松山湖国际机器产业基地，力图将其打造成为全省最大的机器人产业基地之一。

据不完全统计，目前全国机器人企业超过800家，其中超过200家是机器人本体制造企业，大部分以组装和代加工为主，处于产业链低端，产业集中度很低，总体规模很小，同时各地还有超过40个以发展机器人为主的园区。机器人同质化建设现象凸显，此类企业已开始打起价格战，大多数机器人企业将面临破产重组。此外，国产机器人占国内市场的份额约30%，产品基本是三、四轴机器人，主要用于搬运与上下料，附加值较低，高端机器人严重依赖进口，六轴以上工业机器人外国品牌占国内市场份额的85%。

（二）智能制造发展要素支撑不足

广州仍缺乏国际龙头企业引领，发那科、ABB、安川、库卡等智能装备国际巨头在华布局已基本完成，主要分布在长三角、华北等地区，鲜有在广东省布局。此外，广州市智能装备产业园区建设尚处于起步阶段，缺乏大型龙头企业。

智能制造产业是资金密集和技术密集的产业，要与先进国家竞争，必须具有足够的资本和人才。在智能制造复合型人才方面，广州的高端人才和应用型人才都存在不足，特别是在一些亟待突破的关键技术领域，由于缺乏专业的领军人才，相关领域的技术和产品难以在短期内取得重大突破；而在应用型人才方面，企业普遍反映存在到高校和专业职业技术院校招人难的问题。

在金融支持方面，针对制造企业资金不足和系统集成商提前垫资、缺乏质押物等现实问题，广州目前仍较缺乏能够为智能制造供需双方提供担保增信等服务的创新型金融产品。在创新支撑体系方面，目前关键技术装备的研发制造单位与用户之间的协同创新不够，在知识产权归属、研发成果价值评估、分配等方面仍存在制度性难题，国产装备的首试首用难度较大，这些情况仍需跨部门政策的统筹协调。

在用地方面，广州开发区已建区30年，土地资源日益紧缺，科学城、西区、东区、永和等片区基本没有新的产业用地，中新广州知识城用地指标也供不应求。如广州数控、华鼎、明珞、巨轮股份、达意隆、万讯等一批智能装备和机器人领域企业的重点项目，近期用地缺口达 28.2 公顷，涉及产值超 50 亿元。

（三）关键装备自主供给能力不强

广州发展智能制造所需的关键智能装备、核心零部件和工业软件等大部分依赖进口，自主品牌的产品质量与稳定性欠缺，"卡脖子"问题仍然凸出。其中，精密减速器、伺服电机、伺服驱动器、控制器、高档数控系统、高可靠性电主轴、光栅、轴承等高可靠性基础功能部件以及传感器等关键元器件 90% 以上需要从美国、欧洲、日本等地进口。如在伺服电机领域，由于我国在高端电机量产化、生产工艺优化、性能指标及考核指标标准化方面存在一定程度的缺失，国产伺服电机存在尺寸较大、重量较高、转速波动大、输出力矩不稳定、响应频率不高等问题，很难满足电子信息、汽车行业等对生产装备精度和稳定性要求较高的行业的需求。

（四）推广应用的深度广度不足

一方面，广州电子信息产业发达，电子加工组装及家电类企业众多，而这些行业普遍具有产品更新换代快、产品型号多的特点，在现有技术条件下，难以实现全柔性化生产。如电子加工组装企业超 8 成产品为非标产品，其自动化生产设备往往 2~3 年就必须淘汰，从成本角度出发，多数企业仍然采用人工组装方式进行生产。另一方面，企业智能化改造面临的资金压力较大，部分企业有实施智能制造的强烈意愿，但由于智能化设备的一次性投入资金较大，投资回报期长，这会导致企业短期利润率下降，加上近年来传统行业竞争日趋激烈，企业实施智能制造转型的资金压力很大。特别对中小企业而言，由于产品种类复杂、批次繁多，生产订单来源不稳定，产品非标准化程度高，推行智能化生产方式难度较高。

第三节　创新发展的突破路径

一、新一代信息技术产业创新发展突破路径

抢抓粤港澳大湾区和广州、深圳"双城联动"重大机遇，广州按照建设先进制造业强市的既定部署，大力营造良好的发展环境，促进新一代信息技术与实体经济、市民生活深度融合，狠抓 IAB 产业发展五年行动计划等配套产业政策举措落地、落细、落实，为推动广州高质量发展、创造高品质生活提供关键支撑。

（一）继续深化开放合作

加强与粤港澳大湾区城市产业合作交流，携手打造以珠江东西两岸为重点的高端电子信息制造产业带和先进装备制造产业带，创建穗港澳产业合作示范区。与佛山共建广佛产业合作示范区，打造广佛同城新一代信息技术及相关配套产业万亿级产业集群。鼓励跨国公司、国外机构等在穗设立技术研发机构、智能制造示范工厂。支持本地企业与国际优势企业加强合作。深化与国际组织、相关国家在标准制定、知识产权等方面的交流合作。

（二）增强政府服务支撑

充分发挥广州 IAB 产业发展联席会议的制度作用，各区有关部门加强政策、资源统筹，建立高效精干的协调联动机制和执行督办机制，定期研究解决政策落实推进过程中的重大问题。建立健全新一代信息技术产业统计监测体系，统一统计口径，定时发布产业统计分析报告，及时准确反映广州新一代信息技术产业发展状况。围绕数字经济、集成电路、新型显示等重点产业及细分领域，出实招硬招，制定最佳政策组合，着力解决"最后一公里"问题。

制定实施符合广州发展特点的新一代信息技术产业发展意见，配套出台

产业政策和发放专项资金。发挥财政资金对电子产品制造业以及新一代信息技术产业的引导作用和集聚效应，对目前3 000万元新一代信息技术产业专项资金进行扩充。积极引导社会资金参与信息基础设施、智慧城市等重大信息化项目的建设，形成政府引导、企业投资、金融机构和其他社会资金共同参与的多元化信息化投融资体系。在产业高增长领域如物联网、北斗导航、芯片设计等设立专项扶持基金，支持一批示范项目投产，吸引一批高成长性企业落户。推动广州产业投资基金等有倾向性地对信息产业进行优先投资，鼓励风险投资、天使投资等社会资金投入，扩大产业发展资金来源。创新财政扶持方式，通过项目补助、优化中小企业融资环境等方式，着重解决中小企业在信息化过程中面临的资金制约问题。加强对重点产业和新兴产业领域的"种子型"企业的扶持力度，引导和支持本地龙头企业发展壮大。鼓励金融机构加大贷款力度，支持各类信用担保机构为企业信息化项目提供担保。

（三）健全优势产业体系设施建设

1. 大力打造新型显示产业集聚核心区

积极支持和大力引进玻璃基板、彩色滤光片等关键配套材料和核心生产设备产业化。推动TFT – LCD向高分辨率、低功耗、窄边框等方向发展，提升第8.5代液晶面板等大尺寸面板产品的竞争力。力争推动高世代OLED生产线建设，积极引进OLED面板打印设备生产基地项目落户，突破印刷显示关键材料、印刷显示工艺、OLED面板等技术并形成产业化。推进乐金第8.5代液晶面板项目增资扩产达30万片/月，推进第10.5代显示器全生态产业园区项目加快建设，再造千亿元级产业集群。大力打造广州开发区、增城区两个新型显示产业集聚核心区。

2. 大力发展集成电路及关键元器件

在集成电路方面，提升集成电路设计水平，推动高密度封装及三维微组装等技术研发和产业化发展，增强芯片、模块及系统测试水平。重点发展移动智能终端芯片、网络通信芯片、智能可穿戴等设备芯片，突破卫星导航、工业控制等行业芯片，加快面向云计算、大数据领域的信息处理、新型存储等关键芯片研发。大力发展满足高端装备、物联网、新能源汽车、新一代信息技术需求的核心基础元器件，推进电子元器件产品向片式化、集成化、高性能化和无害化发展。同时力争引进大尺寸晶圆生产线项目，填补产业空白，形成较为完整的产业链条。

3. 打造新一代信息通信产业高地

推动京信通信、中兴通讯华南总部等布局5G系统设备核心部件研发，带动大规模物联网、设备到设备通信等与5G相关的产业实现突破性发展，打造新一代信息通信产业高地。依托琶洲互联网创新集聚区、思科（广州）智慧城、广州开发区大数据产业园等创新平台，培育"互联网＋"、物联网以及大数据产业龙头企业，促进"互联网＋电子产品制造业"融合发展。

4. 打造龙头企业

对首次入选世界及中国500强的龙头企业给予奖励，支持本地企业重组外地上市高科技龙头企业并迁入广州。实施首台（套）重大技术装备奖励政策，鼓励龙头企业积极参与国家级制造业创新中心的设立，按照参与投资额给予奖励，支持龙头骨干企业自主设立产业创新研究院等。加快中电科华南电子信息产业园落地建设，争取将其旗下的电科导航、东盟导航以资产重组的方式并入杰赛科技，打造资产总值超150亿元的本地龙头企业。力促戴尔公司与广州达成战略合作协议，在穗投资发展。

（四）打造人才梯度

加大人才引进力度，改革人才引进的各项配套制度，构建具有全球竞争力的人才制度体系。鼓励高校设置物联网、大数据、智能制造等相关学科，在高校、大型企业和产业园区建设一批产学研相结合的专业人才培训基地。打破人才流动体制界限，推动人才在政府、企业、智库间有序顺畅地流动。建立特殊的信息化人才评价机制和激励机制，建立适应信息化建设特点的人事制度、薪酬制度。推广首席信息官（CIO）制度。

（五）整合全球产业链

在这个数字产业化、产业数字化的新时代，广东、广州作为制造业基地，拥有巨大的产业优势；同时，我们也可以充分利用粤港澳大湾区市场需求量大的优势，吸引全球的生产要素、资源要素、科技力量、投资资本到广东、广州集中，进而整合全球产业链。在推动形成以国内大循环为主体、国内国际双循环相互促进的新发展格局中，打造一个从广州出发、面向全国、辐射全球的产业体系，让广州成为国内国际双循环的重要连接城市。此外，我们还需把握广州市和周边城市居民以及企业生产对新一代信息技术的需求，促进新一代信息技术与生活场景和生产场景结合，拓展市场规模。

二、智能制造产业创新发展突破路径

作为国家中心城市、全国重要的先进制造业基地，广州具备发展智能制造的良好基础，但还存在中长期发展战略缺失、技术体系建设落后、龙头企业实力不强等问题，这既说明广州市智能制造业发展滞后、较先进城市差距巨大，同时也表明广州市智能制造业发展潜力巨大、前景广阔。为加快发展智能制造业，广州应推进工业化和信息化深度融合，促进产业转型升级，抢占工业经济制高点，培育新的经济增长点和产业竞争优势，助推广州市打造经济升级版和城市升级版。因此要做到以下几点。

（一）构筑智能制造发展的良好环境

一是强化财政、税收政策的支持作用。广州市应发挥战略性主导产业资金的引导作用，用好机器人及智能装备产业发展扶持资金，重点支持机器人零部件攻关、整机制造、系统集成及示范应用等。落实企业研发费用加计扣除、研发设备加速折旧、关键零部件和原材料进口税收优惠、产品出口退税等优惠政策。

二是促进智能制造产业和金融资本相结合。支持商业银行开展知识产权质押贷款或以知识产权质押作为主要担保方式的组合贷款、信用贷款及其他非抵押类创新模式贷款，发放专项资金予以贴息资助。鼓励融资机构开展融资租赁业务，支持企业通过融资租赁实现转型发展，发放专项资金对融资租赁费用予以补贴。

三是引进培养高素质人才队伍。结合国家"千人计划"、广州市人才集聚工程，大力吸纳海内外创新人才来穗创业发展。引进培育创业创新领军人才、科技骨干人才，形成创新创业能力强、集研发与产业化于一体的稳定的高层次人才团队。支持在穗院校设立智能制造产业相关学科，通过多种渠道和方式强化人才培养。构建公益性的智能制造专业人才供需平台和专家信息库。鼓励智能制造专业人才申报广州市高层次专业人才认定，符合条件的按有关规定享受住房补贴、配偶就业、子女入学、学术研修津贴等优惠政策。

四是加大市场培育力度。以城市基础设施建设、工业园区建设以及智慧城市建设等为依托，建立发展智能装备的市场应用机制，鼓励由装备使用单位和制造企业共同开发装备。积极开展智能制造产业新技术、新产品示范应用，对符合政府采购目录的产业和服务，优先列入政府采购目录，并加大政府对自主创新产品和服务的采购力度。

（二）前瞻布局设计产业全景图和路线图

学习借鉴国内外发展智能制造的先进经验和举措，按照"市场主导、创新突破、引领产业"的发展思路，编制广州市智能制造业发展规划，制定智能制造标准化路线图，出台实施智能制造专项行动计划，重点支持核心智能制造技术研发，重点突破智能制造装备集成及工业软件创新，全面实现制造过程数字化、智能化与管理信息化，确定在系统架构、基本原理、技术系统、组织流程等重点领域的标准化需求，明确时间表、路线图。

（三）培养本土支柱企业

目前，广州地区的智能制造装备产业市场的较大份额被少量大型公司所控制，这虽然在一定程度上增大了广州智能制造装备产业发展的规模，但却不利于众多中小企业的发展。许多中小企业在夹缝中生存，努力开展自身业务却成效微弱、濒临破产，这不利于广州经济社会的稳定发展，也不利于营造公平竞争的市场环境。长久下去，将会出现一些大型企业"一枝独秀"的现象，不利于广州智能制造装备产业的稳定发展。为此，广州政府应逐步优化中小企业发展环境，着力培养本土企业，将更多的机会给予中小企业，提高它们的创新积极性，促进智能制造装备中小企业向专业化、精准化、特殊化、新颖化方向发展。如鼓励地方政府联合金融机构努力为中小企业拓宽融资渠道；放宽相应政策，减少人才在珠三角流动的制度壁垒；加强知识产权保护力度，打击侵害知识产权的行为；出台相应的鼓励政策，协助本土企业打开国外市场和培育"高精尖"人才等。

（四）推动协同创新与技术突破

一是建设广州智能制造协同创新网络。支持广州制造企业、软件企业、高校、科研院所等组建创新联合体，围绕工业软件、基础工艺、工业母机、新型智能装备等重点领域建设制造业创新中心。积极发挥中国（广州）智能装备研究院的作用，推动黄埔、增城、花都三大工业机器人产业园（基地）建设，积极申报国家智能制造试点。以数字化、网络化、智能化为突破口，重点培育和发展工业机器人、智能制造装备、智能产品应用、智能制造系统及智能识别感知产业集群。

二是统筹建设广州工业基础研究院。围绕核心基础零部件（元器件）、关键基础材料、先进基础工艺、工业基础软件、产业基础技术等基础领域，系统梳理广州产业基础的短板和长板，组织区域内外创新力量开展系统研究和技术转化。

三是开展重大应用示范项目。有效整合智能制造产业链，开展面向生产、生活、社会管理及民生服务领域的应用示范。组织实施工业机器人、3D 打印、云制造、数字化智能制造车间、智能检测仪器、智慧医疗、智慧交通、智能物流重大应用示范项目，积累应用部署和推广的经验方法，形成一系列可复制、可推广的商业模式。加强智能产品市场化推广力度，培育一批生产制造应用产品和提供系统服务的龙头企业，实现智能产品规模化应用，形成示范应用牵引产业发展的良好态势，推动生产制造、社会管理和生活方式朝更加智能化、便利化方向发展。

四是着力突破关键核心技术和系统集成技术。推动跨学科跨领域联合研发创新，重点突破仿真设计、混合建模等基础技术，智能感知、工业控制等共性技术，以及融合新一代信息技术、软件、装备、工艺的系统集成技术。

（五）优化增强智能制造供给能力

一是大力发展智能制造装备。以创建世界级先进制造业（智能装备）集群为契机，依托强大的国内市场和广州雄厚的创新资源，推动先进工艺、信息技术与制造装备深度融合，聚焦协作机器人、智能工控系统、智能工业母机等方向，研制一批先进适用的智能制造装备。

二是聚力发展工业基础软件。强化广州工业软件企业与制造企业、科研院所的协同合作，抓住工业软件云端化、集成化、嵌入式化的发展趋势，大力推动工业知识数据软件化和架构开源化，面向制造全流程和产品全生命周期，联合开发一批自主可控的工业基础软件。

三是培育壮大智能制造系统解决方案供应商。加大对系统解决方案供应商的政策支持，鼓励深耕优势行业和典型场景，开发优化技术产品和系统解决方案。支持系统解决方案供应商和企业用户共建面向行业的公共技术服务平台，开发低成本、轻量化、易维护的解决方案，为中小微制造企业智能化转型提供服务。

（六）深化推广智能制造应用

一是开展广州智能工厂建设工程。聚焦大湾区行业、企业数字化转型和智能化升级需要，继续加大技术改造投入，在广州建设一批数据互联、人机协作、边云协同、制造柔性的智能场景、智能车间、智能工厂和智慧供应链，开展多场景、多层级应用示范，培育和推广智能制造新模式、新业态。

二是推动广州战略性主导行业数字化转型。针对装备、石化、电子信息、消费品等广州传统优势行业，制定数字化转型路线图，分步骤、分阶段推进数字化、网络化、智能化转型。

三是实施广州中小企业数字化赋能专项行动。推动大中小企业融通创新，培育一批技术力量强、服务效果好的中小企业数字化服务商，通过示范推广带动更多中小企业加快数字化、网络化、智能化转型。

第十章　广州市电子产业的品牌发展研究

第一节　广州市电子产业品牌发展现状

《国民经济行业分类（GB/T4754—2017）》中将计算机、通信和其他电子设备制造行业归类为制造业 C39，细分为：计算机制造、通信设备制造、广播电视设备制造、雷达及配套设备制造、非专业视听设备制造、智能消费设备制造、电子器件制造、电子元件及电子专用材料制造和其他电子设备制造。

现阶段广州市电子产业已经具有相当大的规模，此外，广州市的电子信息的技术水平也越来越高，并且随着全球经济一体化的深入展开，广州市的电子信息技术与世界接轨，为广州市自主创新研发电子信息技术打下了坚实的基础，但目前广州市的电子行业也存在局限。我们对当前电子产业的主要特征进行了大致梳理，主要分为以下几个方面：

一、产业规模较大

电子制造行业是我国国民经济重要的战略性产业，具有产业规模大、技术进步快、产业关联度强等特点，是我国经济增长的重要引擎之一。国家互联网信息办公室发布的《数字中国发展报告（2020 年）》显示，迈入中国特色社会主义新时代以来，我国计算机、通信和其他电子设备制造业规模持续增长，软件业务收入从 2016 年的 4.9 万亿元增长至 2020 年的 8.16 万亿元，计算机、通信和其他电子设备制造业主营业务收入由 2016 年的 10 万亿元增长至 2019 年的 11 万亿元。电信业务发展稳中有升，收入累计完成 1.36 万亿元，同比增长 3.6%。电子信息制造业结构不断优化，保持快速增长的态势，规模以上电子信息制造业增加值同比增长 7.7%。软件和信息技术服务业加速发展，规模以上企业超 4 万家，累计完成软件业务收入 8.16 万亿元，同比增长 13.3%。产业结构持续优化，信息技术服务收入在全行业占比持续增长，达到 61.1%。互联网新模式新业态不断涌现，产业发展新动能趋势愈发显著，规模以上互联网和相关服务企业完成业务收入 1.28 万亿元，同比增长 12.5%。大数据产业快速发展，2020 年产业规模同比增长 29.6%。

2021 年，全国规模以上电子信息制造业增加值比上年增长 15.7%，增速创下近十年新高，较上年增加 8.0 个百分点；增速比同期规模以上工业增加值增速高 6.1 个百分点，差距较 2020 年有所扩大；两年平均增长 11.6%，比工业增加值两年平均增速高 5.5 个百分点，对工业生产拉动作用明显。

二、行业格局发生变化

在很多领域，传统行业面临着新兴行业和国外企业的双重冲击。例如，在电子音响设备制造行业，智能化已成为行业的重要发展趋势，智能音箱的出货量迎来爆发式增长，并推动形成了新的生产方式、产品形态、商业模式及产业形态。国内外的科技巨头如亚马逊、京东、谷歌、苹果、阿里巴巴、百度等纷纷进入智能音响领域，对传统的音响产品和生产厂商形成了巨大的冲击。

同时，数码钢琴作为新兴产业具有较大的发展空间。与传统钢琴相比，数码钢琴销量增长迅速，数码钢琴市场仍有较大增长空间，数码钢琴具有时尚、便捷、娱乐性强等特点，更多代表的是流行音乐流派，主要消费群体是青年。因此，以数码钢琴为代表的数码乐器和传统声学钢琴形成了良好互动的关系，具有广阔的市场前景，在众多欧美发达国家，数码钢琴已经成为乐器市场的主要产品之一，未来发展空间巨大。

三、行业内营收差距大

在许多领域，行业内营收差距大。例如，在我国印制电路板行业，根据

2021年5月中国电子电路行业协会和中国电子信息行业联合会联合发布的第二十届（2020）中国电子电路行业排行榜，2020年百强企业的营收总和为2 659.06亿元，超过200亿元的企业仅有一家，100亿至200亿元的企业仅四家，50亿元以下的企业则达到了87家。根据美国经济学家贝恩和日本通产省对产业集中度的划分标准，排名前八企业的营收占比超过40%，属于寡占型产业市场结构。

第二节　面临的机遇与挑战

电子信息产业现阶段的发展情况比较复杂，诚然，目前我国的电子信息产业有了一定的进步，但是和欧美国家相比还是存在较大差距。现阶段电子信息产业正迎来一次可能颠覆现有产业链条分布的变革，各种高新技术纷纷出现，近几年党和政府越来越重视"中国创造"等新概念，在促进电子信息产业发展方面提供了许多支持和政策倾斜。特别需要提到的是，中国在一些核心技术方面已经取得了突破，如芯片和智能控制等，在未来，中国必定会借助这次机遇取得新的进步。

一、电子产业当前存在的机遇

计算机未来将朝着运行速度巨型化、体积微型化、网络化、智能化方向发展，从大方向上来说，未来的电子信息行业的发展将会更加全球化，而在全球化发展中，拥有自主知识产权，具有在全球范围内的核心竞争力尤为重要。

（一）消费电子产品迎来全面升级

传统消费电子产品日趋饱和，而标志性的、成熟的新产品尚未出现，整个行业正在寻找新的"爆发点"。信息技术正处于融合集成式创新和颠覆式创新发展的新时代，产业面临很多新的挑战也产生了新的机遇。比如5G设备，虽然手机电子产业整体呈下行态势，但作为手机显示面板的柔性屏将迎来发展拐点。IHS Markit 预测，到 2025 年，可折叠 AMOLED 面板出货量将达 0.5 亿台，全球柔性屏市场规模将逆势增长，在 2022 年达 160 亿美元。

智能手机市场集中度不断提高，5G 设备有望成为下一个增长点。分析机构 Canalys 发布的报告显示，在智能手机市场上，2021 年全球智能手机出货量达 13.548 亿台，同比增长 5.7%，前十名分别是三星、苹果、小米、vivo、OPPO、realme、摩托罗拉、荣耀、华为、传音。该报告称，由于所有供应商都受到了全年严重供应短缺的影响，2021 年前五名智能手机厂商的排名与 2020 年相比没有变化。虽然智能手机行业的复苏之路一直充满挑战，但许多供应商 2021 年的表现非常好，实现了智能手机出货量两位数的增长。该行业的主要增长动力来自亚太地区、中东和非洲以及拉丁美洲。但这一领域也出现了严重的芯片短缺，尤其是低端 4G 芯片组。展望未来，随着芯片组供应商产量的提高，以及 5G 芯片组价格的下降，供应不平衡的情况将逐渐缓解。这将有助于 5G 设备成为 2022 年的下一个销量驱动力。

半导体产业转移趋势初现，有望迎来持续成长。半导体产业发展的增速远远高于 GDP 增速，其收入增长表现属于高速发展行业。受汽车、服务器、物联网、5G 等数字经济智能应用驱动，半导体市场自 2019 年开启的超级景气周期有望持续三年。下游应用方面，边缘侧计算为崛起新星，数据中心、汽车将以较高增速引领行业增长。截至 2022 年 1 月，中国大陆已经有以韦尔股份、兆易创新、卓胜微、紫光国微等为代表的一批公司市值超过 1 000 亿元，以澜起科技、圣邦股份、思瑞浦等为代表的一批公司市值超过 500 亿元，此外还有相当一批公司市值居于 300 亿~500 亿元。随着成熟制程持续扩张、自主化持续提升，大陆设备市场空间仍有望进一步增长。半导体大陆厂商国产化率目前较低，且份额有望实现快速提升。

汽车电子化大趋势已经出现，中国市场发展空间巨大。伴随电动汽车和辅助驾驶技术的快速发展，汽车电子化大趋势已经拉开帷幕。展望未来，行业催化不断：第一是随着特斯拉 model 3 的发布，高端电动车有望进入"平民时代"；第二是新能源汽车产业链在中国加速落地；第三是传统车厂积极响应，电子化和新能源车型加速推出。从中国市场上看，我国汽车电子市场规模 2016—2020 年年度复合增长率达 9.28%，高于同期全球市场规模 7% 的年度复合增长率，在产业发展和技术升级的推动下，中国市场有望成为全球最大的汽车电子市场之一。

（二）周期复苏，后续可能面临分化

由于国内人口红利殆尽、同行竞争激烈、监管政策趋严等，消费互联网正在日益红海化。与此同时，产业互联网则存在着巨大的市场空间。由消费互联走向产业互联，应用互联网技术正在连接、重构传统电子信息制造行业，虚拟化进程从个人蔓延到企业，生产活动将成为新的应用场景，人们在方方面面体验到新一代信息技术的高效与智能，一切尽享智能无线连接，各领域甚至是跨领域之间将建立起桥梁，其巨大的市场潜力意味着巨大的商业机会。

如在 PCB（Printed Circuit Board，印制电路板）覆铜板领域呈现出强周期后价格趋稳的特点。自 2016 年 PCB 八年一遇的景气强周期后，产业链厂商陆续提价，电解铜箔和电子玻纤布价格自 2016 年 7 月至 2017 年 3 月涨幅分别达 80% 和 159.3%，环氧树脂价格自 2016 年 10 月至 2017 年 3 月涨幅达 17.6%。就上下游产业链而言，2017 年以来，原材料方面，铜箔价格于 2017 年 2 月见顶后小幅回调，价格趋稳，上游产业价格整体下调，减轻了下游 PCB 厂商压力，使得 PCB 厂商暂停提价；从下游来看，新能源汽车总体产销下降、光通信投资收缩，整体需求偏弱，反传导至上游，抑制 PCB 价格继续上涨。

（三）下游行业信息化建设加速

近年来，我国国民经济呈现快速稳定健康发展态势。电信运营商、金融机构和电力能源企业属于国民经济支柱行业企业，充分享受我国的发展红利，纷纷利用手中雄厚的资金储备加速自身信息化建设，对相关产品的采购规模也逐年加大。与此同时，用户对上述企业线下营销渠道的服务质量、效率要求越来越高，亦进一步推动了这些企业信息化建设的进程。这些企业所属行业的市场需求将在未来数年得到快速增长。

未来，在以场景为中心、以用户为中心的万物互联时代下，互联互通的新模式是电子信息行业不可逆的变革趋势。智能家居同时兼备了应用场景落地强、流量城池巨大、使用频次高、开发潜力无限等特性，国内外科技公司、互联网公司以及传统家电制造商争相进入智能家居系统市场。预计到 2023

年，智能家居全球市场规模将达 1 550 亿美元，中国智能家居市场更是将以 1/3 的份额成为全球市场增长重心。面对这个超万亿市场规模的蓝海，中国上千家电子信息制造企业争相杀入，从产品之争转向平台之争，以期实现对家庭智能设备控制中枢的掌控。

（四）技术革新推动行业发展

智能制造应用的兴起，带动了电子信息制造业的发展。而电子信息制造业要向智能化高端化迈进，根本还是依靠核心技术的提升。目前，电子信息产业正进入技术创新密集期，应用领域呈现多方向、宽前沿、集群式等发展趋势。人工智能、5G 时代的万物互联等高端技术或将带来一片新蓝海，预计十年后全球人工智能应用、5G 电子信息相关商品和服务都将达到数十万亿美元规模。

电子信息行业的发展离不开技术的推动，技术应用的逐步成熟降低了行业整体边际成本，而新技术的发展则促进行业产品的升级和换代。近年来，电子信息行业市场规模的持续增长与技术革新关系密切。射频识别技术、电子签章技术、分布式数据存储技术和移动通信技术等的推陈出新，一方面改变了行业的经营模式，另一方面则刺激用户产生新的消费需求，进而大大促进行业的发展。

二、电子产业当前面临的挑战

（一）细分领域竞争激烈

移动广告逐渐进入平稳发展期，行业内竞争更加激烈。艾瑞咨询数据显示，2020 年移动广告市场规模达到 6 725 亿元，同比增长 24.2%。新冠肺炎疫情对移动互联网用户使用习惯的进一步改变，使得移动广告市场规模仍然保持着较高的增长，在整体网络广告市场规模中的占比也进一步提升至 87.7%。未来三年，移动广告市场将继续以略高于整体网络广告市场的年复合增长率稳步发展，预计在 2023 年将达 11 741 亿元，移动广告在网络广告中的渗透率逐渐接近天花板。

印制电路板领域中，PCB 企业以外资和中资龙头为主。我国目前已经是全球 PCB 第一生产基地和市场，拥有众多的 PCB 企业。在我国 PCB 行业内，企业分高、中、低三个层次，中高端由外资、港资、台资、少数国有企业主导，国内企业处于资金和技术劣势。中端层面形成厂家密集态势，两头夹击，竞争更加激烈。经过快速发展阶段和激烈的市场竞争的锤炼，PCB 行业的基本格局逐渐形成。

电子元器件领域快速发展的同时，同质化现象较为突出，2006 年广东省电子元器件行业生产企业还只有 1 500 余家，到 2010 年就攀升至近 2 700 家，同比增长了 80%，而同期电子元器件产业工业总产值增幅为 95%，可见大量企业的加入加剧了行业同质竞争局面。随着行业的优胜劣汰、政府的宏观调控以及产业转移，广东省电子元器件产业生产企业数量降至 2012 年的约 2 000 家，同质化竞争局面有所缓解。

传统固定 POS 机零售业务面临收窄，POS 机市场内部竞争激烈。受电子商务对传统零售模式的冲击，线下零售行业新店开张数量以及行业盈利水平下降。传统零售商的扩张将受到影响，这给 POS 机零售的发展带来了风险。仅支持刷卡支付的传统固定 POS 机依赖于线下零售业务，市场需求增量小，传统固定 POS 机市场趋于饱和，内部竞争激烈。

电子音响设备制造品牌集中度较低，当前竞争形势严峻。目前电子音响市场正处于由分散向品牌集中度提高的转变过程中，优胜劣汰在行业中快速体现，具备较好的产品开发和创新能力、管理精细化的企业会获得较好的发展空间和盈利增长机会。近年来，国产电子音响行业也出现了一批颇具实力的代表企业，如惠威、漫步者、麦博等，品牌知名度、市场占有率均处于一线品牌之列。

乐器市场竞争风险加剧，传统钢琴行业增长放缓。根据《中国乐器年鉴 2021》，2020 年中国乐器行业现有乐器制造企业 6 000 余家，产业结构中小企业占比居多，而规模以上电子乐器制造企业仅有 21 家，电子乐器行业已经形成了竞争激烈的市场格局。受钢琴行业集中度提升的影响，未来钢琴市场的竞争将进一步加剧，部分落后产能将被淘汰，行业竞争局势将进一步加强。此外，"双减政策"导向的变动也间接影响了艺术教育行业的经营状态，乐器行业存在市场波动的风险。

（二）新兴业务挤压传统业务空间

网络广告增速放缓，短视频、网络直播崛起，外部压力挤占市场份额。艾瑞咨询数据显示，2020 年中国网络广告市场规模的增速显著放缓。2020 年中国网络广告市场规模达 7 666 亿元，同比增长率为 18.6%，比 2019 年预计增长率低了 4.1%。受新冠肺炎疫情影响，线下营销场景受限，这给电商带来了直播营销的红利，电商的直播营销成为广告主重点采取的营销手段。

智能 POS 机、数字人民币挤占传统 POS 机市场。随着二维码支付的普及，智能移动支付终端的数量呈现井喷式的发展。智能 POS 机的数量从 2015 年的 9 万台增长至 2019 年的 1 162 万台，2015—2019 年的年复合增长率高达 228%；并且智能 POS 机的增长率高于全部 POS 机的增长率，智能 POS 机的数量占联网 POS 机总量的比例从 2015 年的 0.4% 增长至 2019 年的 37.6%。预计未来几年，我国实体商户支付硬件的升级改造将继续为整体市场创造良好增长空间，智能 POS 机将成为 POS 机制造商下一发展风口。

电子音响智能化发展迅速，对传统视听设备制造产生威胁。AIoT 即 AI 人工智能与 IoT 万物互联的融合，意味着海量的电子设备如智能移动终端、家居设备、汽车等与人将通过无线网络如 5G、Wi-Fi、蓝牙相互连接，并且通过 AI 技术能够与人进行互动。互动的方式目前主要包括机械按键、屏幕触控、语音控制、手势控制等。全球电子音响行业"智能化"已成为行业的重要发展趋势，智能音箱的出货量迎来爆发式的增长，这对传统的音响产品和生产厂商形成了巨大的冲击。

数码钢琴作为新兴产业具有较大发展空间。与传统钢琴相比，数码钢琴销量增长迅速，数码钢琴市场仍有较大增长空间，数码钢琴具有时尚、便捷、娱乐性强等特点，更多代表的是流行音乐流派，主要消费群体是青年。因此，以数码钢琴为代表的数码乐器和传统声学钢琴形成了良好的互动关系，具有广阔的市场前景。

（三）疫情导致电子供应和出口受阻

电子信息产业作为高度全球化的产业，任何一个环节出现问题都将波及产业发展。受资源、技术壁垒等因素制约，在电子信息全球分工产业格局下，任何一个国家都依赖全球资源和技术支持。我国电子信息产业链中高端环节自给率较低，进口依赖较为严重。

中国银河证券研究院 2020 年 6 月的电子行业动态报告数据表明，我国电子信息制造业产品出口结构以中低端产品为主，易受国际贸易形势影响。2019 年中美贸易摩擦加剧，直接导致国内产品出口受阻，同年上半年，规模以上电子信息制造业出口交货值同比增长 3.8%，增速同比回落 2.3 个百分点；2019 年规模以上电子信息制造业出口交货值同比增长 1.7%，增速同比回落 8.1 个百分点。2020 年受疫情影响，境外空运及海运公司减少甚至暂停中国线路，供应商需要通过多种方式转机送货和提前备货，出现运力不足、运输周期拉长、灵活性降低、运输成本上升等问题。出口产品则需要进一步消杀和改变包装等，这些都将进一步延长交货周期、提升成本，境外客户可因疫情拒收货物或撤销订单，造成货物长时间滞港，导致企业物流成本和海外资源投入增加，甚至造成货物损失；境外空运及海运公司减少甚至暂停中国线路，导致运力减少。同时，疫情为国际业务开展、企业人员出差以及与海外用户和合作伙伴的交流带来直接影响，产业链人员的技术和需求沟通都受到较大阻碍。

（四）地缘政治影响电子行业进出口

当前全球地缘政治不确定性大大提高，局部热战与对峙所引发的经济、社会影响巨大，在海外开设工厂的企业，冲突所在国家与地区的经营可能受到不利影响，并且全球广泛存在的逆全球化趋势、经济波动、债务违约等潜在风险难以消除，有海外业务的企业可能受到较大不利影响。2021 年第四季度以来，随着全球通胀以及美联储加息预期导致的市场风险偏好降低，科技板块有所回落。2022 年以来俄乌冲突以及国内疫情的反复进一步增加了市场的不确定性，市场避险情绪提升，电子行业持续振荡调整。

此外，中美贸易摩擦对电子行业影响深刻。近两年，美国已经发动数起对中国科技类企业的制裁案件，主要针对我国比较具有出口优势的领域及大力发展的高科技领域，如半导体、人工智能等产业，这可能导致中美科技的脱钩。

第三节　创新发展的突破路径

我国将电子行业视为战略性发展产业，先后出台了多项支持政策，驱动行业朝技术升级方向发展，打造以新一代电子信息技术为基础的全新产业结构。

一、依托行业现有业务优势，根据行业新态势发展新业务

在移动广告业务中，加大对移动端业务的拓展，对媒体业务进行整体升级，推动移动营销业务全球化发展，增强核心竞争力，提升综合盈利能力。此外，拓展现有移动营销渠道；加大内容营销、短视频营销在内的资源投入，打通不同媒介之间的壁垒，通过媒体矩阵实现消费场景全面覆盖和用户体系的深度交互。重点布局社交媒体平台作为开展社会化营销业务的载体，以高增长的 KOL（Key Opinion Leader，关键意见领袖）采买及信息流广告作为社会化营销业务的切入口，打造社会化营销的品牌知名度，寻求更高利润的社会化营销业务。

在电路板行业，凭借长期以来 PCB 生产业务积累的丰富经验进行开发、生产。通过走技术创新之路，突出产品技术含量及高附加值，保证收入增长空间和盈利质量，为客户提供优质的产品。

POS 机行业需跟进数字人民币最新方向，拓宽现有业务范围。充分发挥并深化充分发挥自身在二维码、物联网安全、金融支付等领域的技术优势，积极跟进国家"十四五"规划，重点把握数字身份与数字货币两大领域数字基础设施建设带来的发展机遇。跟踪并把握数字货币推广下我国银行支付系统全面改造和商户支付终端全面升级的潜在需求，争取为人民币的数字化与线下商户支付场景的落地贡献力量。

在通信调度行业，聚焦行业未来发展趋势，加强行业信息通信应用与解决方案的前瞻性研发，关注云计算、人工智能、5G、物联网、智能信息终端

等技术在行业市场的应用研究，构建通用化和国产化技术平台，扩展有线与无线一体的通信接入方式，充分挖掘垂直行业的业务应用，孕育和拓展行业的信息化应用业务，逐步融合调度通信与信息应用，为深耕行业市场提供有力技术支撑，形成在产品信息化应用方面的综合竞争力。

在音响设备制造行业，紧跟智能化、物联网趋势，更广泛地切入 AI + IoT 生态圈，积极为智能化、物联网相应企业提供电子元器件，以智能音箱为切入点，加大对基于 IoT 的人工智能的终端业务投入。着重开发人工智能音箱产品、真无线耳机业务，以及其他智能化产品、物联网产品、可穿戴产品等业务，创造新的利润增长点。

在钢琴制造行业，充分借助互联网、大数据等新兴技术力量，以产业融合创新为抓手，创新商业模式，推动供应链、营销渠道、后服务信息化建设，开展跨界联动，通过数据的整合和信息化的运用，在采购、仓储、物流、后服务等方面实现线上线下"一盘棋"，融合"互联网＋"优化营销模式，拓展营销渠道，结合用户消费习惯的转变，推进线上营销，形成线上线下双力齐发的营销布局，提升市场占有率和市场覆盖率。同时，大力布局数码钢琴在线培训业务，传统产业"互联网＋"转型迫在眉睫；艺术教育产业逐步走向品牌化和规范化，在线教育仍然处于蓝海阶段，发展空间巨大。把握好当前在线钢琴教育空白，结合数码钢琴针对青年群体特征，在互联网平台推出在线教育业务。通过在线课程、直播带货、电子商务等方式协同发展业务，主动实施企业突围。钢琴产业也逐渐从纯产品逐渐向音乐教育和文化产业延伸拓展，产品需求从普及型趋向专业化、多元化，产业链各要素互动协同，同步并进。

在电气设备制造行业，市场上流行的自动化产品种类繁多，包含变频器、节电器、节能灯、能效电厂等产品。为立足市场，企业应为用户提供更合适、更优质的产品和服务。例如，珠峰电气有限公司完全自主开发了变频器控制技术核心软件，能够满足行业应用便捷化、个性化的需求，提供更加快速且高效的服务。同时，企业领导者应该时刻关注市场的变化，注重产品的升级、改造，并扩大产品的应用领域，力求为用户提供更环保、更高效与节能的产品，力求在创造企业经济利益的同时也创造巨大的社会效益。

智能物联的应用场景高度碎片化，未来相当长的时间内，以场景定义产品、以场景定义解决方案的发展模式仍然是满足用户需求的主要方式。智能物联的场景化需求，需要丰富、全面的软硬件产品支持，智能物联企业在做大市场的过程中需要不断挖掘各细分行业和领域需求的共通点，进一步实现产品的模块化和各模块间的优化组合，高效率低成本地提供个性化、定制化、高融合的物联网解决方案。

二、巩固技术和数据能力，保持市场领先地位

国内数字营销产业已发展至成熟期，行业竞争激烈。依据产品研发、大数据技术、AI 算法等技术与媒体优化经验、出众的分析能力相结合，不断研究并逐步运用到业务中，通过已承载数据优势，提升服务效率和质量，降低运营成本，打造差异化竞争优势，加强流量入口的布局，同时积极拓展区块链、新零售、自有品牌等新业务，以技术为驱动力的协同效应逐渐成熟。

在电路板行业中，目前我国涉足印制电路板行业的企业较多，市场竞争十分激烈。但印制电路板行业对中小企业具有较高壁垒，这些壁垒对于行业现存企业具有较强保护作用。因此，我们需要不断加大新产品的研发、新工艺的改进升级及提高生产自动化设备的使用，并加大与上下游企业的深入合作，扩大市场销售规模，并加强对质量及成本价格的控制，为公司持续盈利创造充分条件。

在 POS 机传统业务领域，智能 POS 机成为未来发展新方向。我国整体 POS 机市场呈现波动性增长，智能 POS 机则呈现井喷式增长态势，智能 POS 将成为未来 POS 机发展主流。因此，POS 机中小企业需要加大对智能 POS 机的研发和迭代更新，利用智能 POS 机提高 POS 机市场占有率，缩小与新大陆、百富等 POS 机行业巨头的差距。

在通信调度行业，得益于信息通信技术的发展，电力调度通信系统发展迅速，在电力系统中将占据越来越重要的地位。以信息通信为基础，布局智能制造核心信息设备和业务系统，构建多行业 IMS① 综合业务平台产品体系；

---

① IMS（IP Multimedia Subsystem），IP 多媒体系统。

借助"产业＋资本"双轮驱动，向工业数据采集和分析产品方向延伸，重点发展专业领域大数据管理与分析技术，为专网智能化建设提供有力的支撑。在国防领域，重点开展终端 CPU 国产化升级等专项研究与开发。在电力领域，重点聚焦基于软交换/IMS 技术平台的智能调度信息通信系统技术应用。

在音响设备制造行业加大对技术研发的投入，进一步提升研发队伍建设，提升声学产品研发效率，加快研发成果产品化。积极在多种声学产品上进行技术布局，为丰富产品线打下扎实的基础。进一步加强在声学、电子、软件、结构方面的技术布局，形成各阶段的闭环；加大前端技术及基础材料研究，为企业更长远的发展做好声学相关的技术储备和积累。建设完整的产品开发设计核心队伍，不断拓展产品线和业务领域，同时，加强知识产权工作，建立核心技术壁垒，增强公司综合竞争力和抵御风险的能力。积极地落实科技创新激励机制，对研发人员实行综合考核并给予绩效、奖金激励，调动技术研发人员的主观能动性；加快技术成果转化、拓展利润增长点。

在光学行业，随着智慧城市建设的需求不断上升，国内光学镜头企业在安防方面的投入比例急剧增大，使安防光学镜头市场的竞争进一步白热化，市场将出现主流产品的正面对垒。面对这类危机，企业应充分利用自身优势，加强研发投入，持续优化产品结构，积极开发符合新产业需求的高端产品，全面增强自身在行业内的影响力和竞争力。

技术变革融合为 LED 行业发展带来新机遇，以 Mini/Micro LED、车用 LED、植物照明 LED、紫外红外 LED 等为代表的创新 LED 技术与应用成为新一轮行业驱动力。"万物互联"未来发展前景广阔，且国产替代产品的市场需求强烈，共同促进了集成电路业务的发展。因此，LED 制造企业应把握行业前沿方向，提升创新 LED 技术的应用能力，推动 LED 加入"万物互联"的世界。

在电气机械制造行业，加强知识产权保护意识，拓展精密模具业务，持续保护核心关键技术专利，保障核心关键技术产权，有效控制技术泄漏及完善维权措施。企业通过知识产权保护，加大拓展对外精密模具业务和技术服务业务来提升公司盈利水平。围绕精密制造技术，拓展新产品随着中国制造向高端化提升，高精度制造技术需求加大，未来企业将进一步完善自身治理结构、提高运营质量，重点围绕超精密模具制造技术板块业务，发挥技术特长，提高公司的模具和零配件接单能力，以及持续加强研发投入及创新，在现有超精密制造技术基础上开拓新业务，进一步提升公司的核心竞争力，寻找新的利润增长点。

智能物联企业需以技术创新为驱动，聚焦技术创新、丰富产品体系、打造系统能力和技术能力。融合发展声、温、湿、压、磁等感知手段，打造全面、多维的感知技术平台，实现智能物联在感知层的技术支撑。专注于物联感知、人工智能和大数据领域的技术创新，提供软硬融合、云边融合、物信融合、数智融合的智能物联系列化软硬件产品。

三、积极开拓海外或国内市场，维护现有客户关系

尼尔森数据显示，2020 年全球 POS 机出货量约为 1.35 亿台。地区分布上，亚太和拉美地区市场份额持续提升，分别从 2017 年的 63%、12% 提升至 2019 年的 67.3%、14.7%。利用现有技术和产品优势，开拓海外市场特别是亚太和拉美地区将成为 POS 机企业新的收入增长点。

近年来，随着国家西部的开发，中西部地区的调度通信市场呈增长的趋势。因此，在电力数字调度产品领域，我们要全力跟进电力调度交换网改造进程，执行"一省一策"的精准营销策略，延续和巩固企业在电力调度市场的在位优势。

在音响和钢琴制造行业，我们需要积极维护国际音响类、巨型平台类优质客户，建立长期的战略合作伙伴关系，并在技术领域展开深度合作。此外，重视国内客户的开发与维护，凭借强大的研发实力、领先的生产工艺和出众的质量控制，赢得国内优质客户的认可，尤其是国内巨型平台类优质客户。重点加大对国内客户的开发力度，做好客户贴近式服务，不断提高大客户对公司的满意度，加强与大客户的战略合作关系，丰富产品线，有序分步调整公司在全球范围的制造分工布局。

在智能物联的国际市场，越来越多的行业用户已经认识到人工智能的价值并开始广泛应用。根据不同国家和地区的人工智能应用需求、发展阶段及政策差异，实行以"一国一策"战略为核心的本地化营销。电子信息产业国

际市场上以渠道产品销售业务为主，同时积极拓展垂直行业市场，广泛覆盖交通、教育、零售、物流、医疗、能源和制造业等多个行业，为客户提供产品和整体解决方案，助力国际用户在各个场景中找到人工智能的新用途。此外，完善全球营销服务网络，致力于更及时、高效地响应客户需求。除了遍布全球的分支机构，还需在全球各地建立研发中心，以更快速度设计开发符合当地需求的产品与方案；设立海外制造基地和区域物流中心，在保障产品交付能力的同时，覆盖跨区域的物流配送。另外，在全球建立多个呼叫中心和售后服务点，为客户提供及时优质的售后服务。

四、聚力提升品牌形象，强化营销策略

在音响设备制造行业，我们应以现有销售渠道为基础，精准把握产品的市场定位，加强对行业的研究及市场动态的分析，利用各大产品推介会及新产品发布会、杂志、网络平台推广公司产品，提升市场份额。在品牌策略上，从品牌塑造、产品宣传推广、重大活动运作等方面加强市场宣传力度，通过各种方式提升品牌的知名度与美誉度。

在钢琴制造行业，我们要拓展数码钢琴与线上线下艺术教育培训市场，加快推进品牌在文化艺术培训产业领域做大做强的步伐。探索跨界融合、文旅融合，凸显公益性，打造高规格、高品质盛事，办好现有活动。针对钢琴传统产业出现的疲软现象，充分利用数码钢琴较大的发展空间，把握好流行趋势，布局品牌赛事，打造电子钢琴赛事，通过赛事活动提升品牌形象。

第十一章　广州市餐饮行业的品牌发展研究

第一节　广州市餐饮行业品牌建设现状

一、广州市餐饮行业总体发展情况

中国餐饮行业伴随经济发展，不仅成为人民生活水平和消费能力提升的见证，也逐步成为扩内需、促消费、稳增长、惠民生的支柱产业。2019 年广州城镇居民消费水平达 44 475 元，同比增长了 8.5%，此外农村居民消费水平也从 2018 年的 27 934 元增长到了 29 983 元，由此可见广州市居民消费水平稳步提高。

根据 2017—2021 年广州市统计局的数据可以看出，广州市限额以上餐饮业法人企业总营业额从 2016 年开始稳步增长，到 2019 年达到峰值，2020 年受到新冠肺炎疫情的影响，总营业额有所下降（见图 11 - 1）。

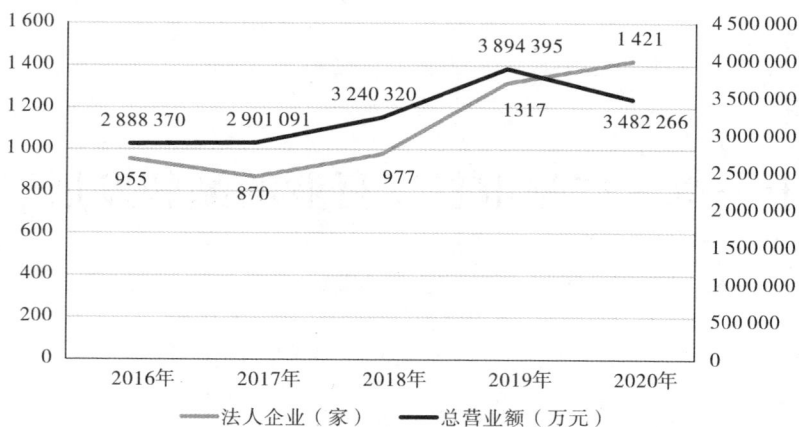

图 11 - 1　2016—2020 年广州市限额以上餐饮业法人企业数量及总营业额
数据来源：广州市统计局。

将广州市限额以上餐饮业法人企业按登记类型分类，从图 11 - 2 可以看出，广州市餐饮企业数量总体上呈增长态势，其中内资企业个数在 2019 年骤增，从 2018 年的 882 家增长到 1 211 家，并在之后两年持续增多。

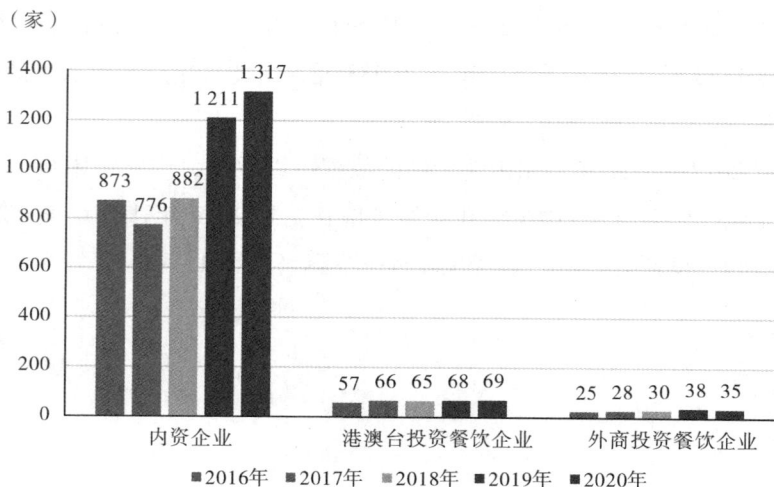

图 11 - 2　2016—2020 年广州市限额以上餐饮业法人企业个数按登记类型分组
数据来源：广州市统计局。

据统计，2020 年广州市共计有 1 421 家限额以上餐饮业法人企业，其中供人们消遣聚会的正餐服务类型的餐饮企业占 86.26%，深受打工族喜爱的快餐类型的餐饮企业占 5.54%，而以年轻人为消费主体的饮料及冷饮和外卖送餐分别占 1.97% 和 3.95%，其他餐饮服务占 2.28%。餐饮消费需求已经从果腹型发展到健康享受型、休闲享受型、饮食娱乐型等。餐饮市场从以生理性功能型消费为主向以精神性强文化型消费为主的方向发展，这种发展趋势使得人们外出用餐，不再仅仅是为了调节、改善生活，而是为了追求文化氛围和文化品位，追求社交愉悦和精神享受。

在中国餐饮行业中选取北京、重庆、深圳和杭州作为最具代表性的城市与广州进行对比（见图 11 – 3、图 11 – 4）。从整体上看，北京市限额以上餐饮业法人企业总营业额在 2016—2017 年缓慢减少，到 2018 年企业数量持续减少，但两者都在 2019 年剧增到 5 529 307 万元以及 1 978 家；重庆市限额以上餐饮业法人企业总营业额虽然在 2019 年有所增长，但在 2016—2020 年期间数量及总营业额都呈现下降的趋势；在 2016—2020 年期间，深圳市限额以上餐饮业法人企业数量及总营业额上升速度较快，但总营业额在 2020 年有所下降；2016—2020 年杭州市限额以上餐饮业法人企业数量及总营业额都保持了持续缓慢上升的趋势。

（家）

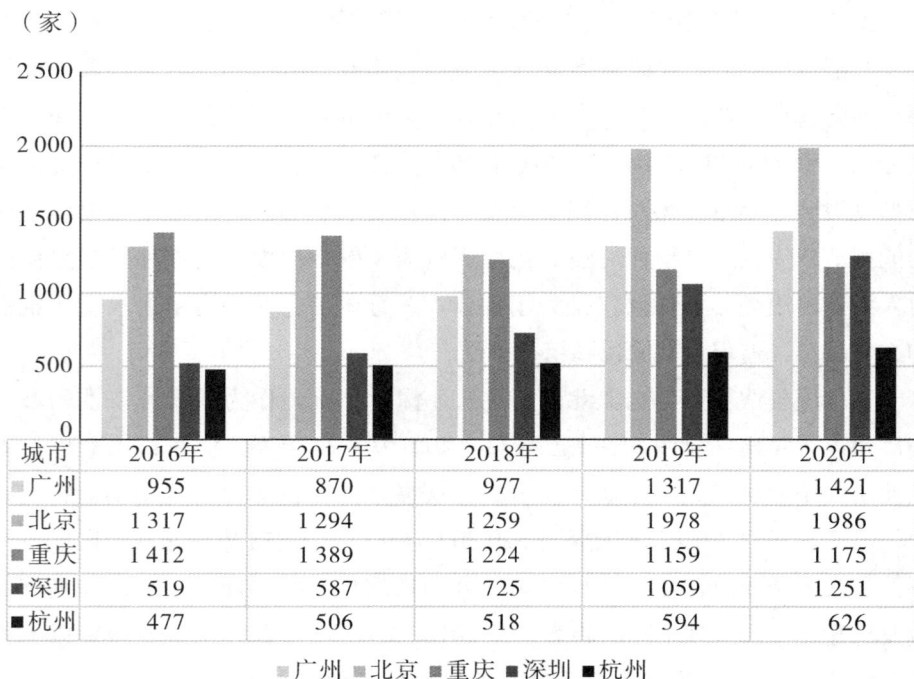

城市	2016年	2017年	2018年	2019年	2020年
广州	955	870	977	1 317	1 421
北京	1 317	1 294	1 259	1 978	1 986
重庆	1 412	1 389	1 224	1 159	1 175
深圳	519	587	725	1 059	1 251
杭州	477	506	518	594	626

■广州 ■北京 ■重庆 ■深圳 ■杭州

图 11 - 3　2016—2020 年广州、北京、重庆、深圳和杭州限额以上餐饮业法人企业数量
数据来源：根据各市统计局资料整理。

　　在中国餐饮行业中选取北京、重庆、深圳和杭州作为最具代表性的城市
与广州进行对比：就限额以上餐饮业法人企业数量来说（见图 11 - 3），2018
年以前重庆市具有领先优势，但 2018 年以后北京市开始远远超过其他城市，
2019 年广州市超越重庆市位居第二，2020 年深圳市也紧追在后位居第三，而
杭州市一直位列第五。就限额以上餐饮业法人企业总营业额来说（见图
11 -4），这五年间北京市一直遥遥领先。在 2019 年前广州市还处在优势地
位，但在深圳市穷追不舍下，2019 年和 2020 年两市基本持平。

（万元）

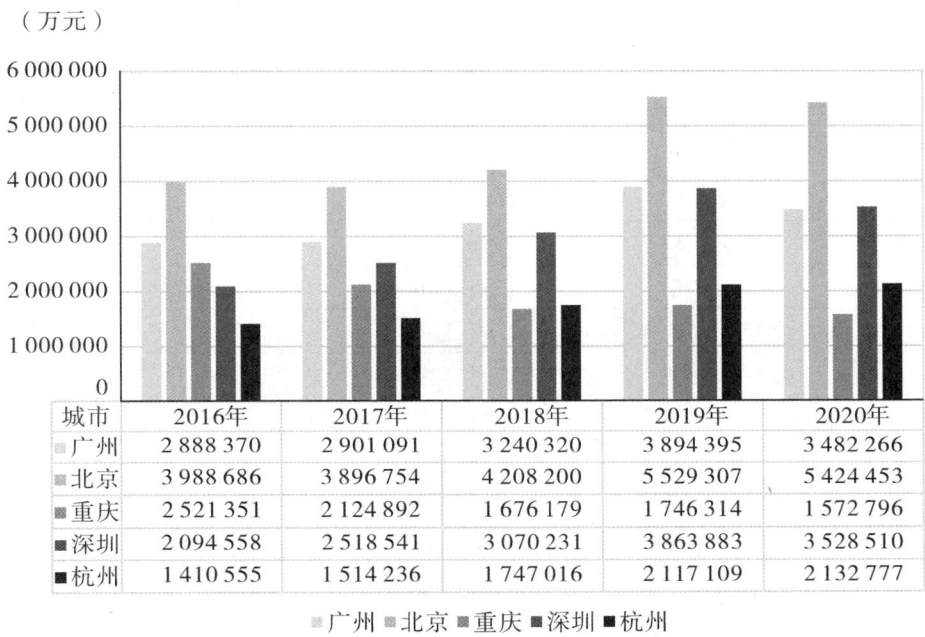

城市	2016年	2017年	2018年	2019年	2020年
广州	2 888 370	2 901 091	3 240 320	3 894 395	3 482 266
北京	3 988 686	3 896 754	4 208 200	5 529 307	5 424 453
重庆	2 521 351	2 124 892	1 676 179	1 746 314	1 572 796
深圳	2 094 558	2 518 541	3 070 231	3 863 883	3 528 510
杭州	1 410 555	1 514 236	1 747 016	2 117 109	2 132 777

■广州 ■北京 ■重庆 ■深圳 ■杭州

图 11 - 4 2016—2020 年广州、北京、重庆、深圳和杭州限额以上餐饮业法人企业总营业额
数据来源：根据各市统计局资料整理。

二、广州市餐饮市场格局与品牌发展

广东省餐饮服务行业协会发布了"2020 年度广东餐饮百强榜"。榜单从广东省范围餐饮企业的整体规模、营收、品牌影响力、社会贡献度等方面进行评选，采用邀约制、评审制以及推荐制。表 11 - 1 罗列了广东餐饮百强榜中的广州品牌。

表 11 - 1 2020 年度广东餐饮百强榜之广州品牌

排名	企业品牌	所属地	排名	企业品牌	所属地
3	广州酒家	广州	59	九龙冰室	广州
5	九毛九（太二）	广州	63	遇见小面	广州
9	真功夫	广州	64	滋粥楼	广州
11	蒙自源	广州	65	72 街	广州
14	点都德	广州	66	本宫的茶	广州
16	江渔儿（首秀）	广州	67	半岛	广州
17	中味餐饮	广州	69	状元桥	广州
18	食尚国味（山东老家、陶陶居）	广州	71	逸臣（唯忆面馆）	广州
19	渔民新村	广州	74	大师兄	广州
20	陈记顺和	广州	75	老湘村	广州
29	中膳团膳	广州	80	摩打食堂	广州
30	客语	广州	81	大嘴猫	广州
32	海门鱼仔店	广州	83	大美西北	广州
34	炳胜	广州	86	阿强家	广州
35	洞庭土菜馆（佬麻雀）	广州	87	狮头牌卤味研究所	广州
36	新又好团膳	广州	89	禄鼎记	广州
42	万岁	广州	90	至尊比萨	广州
43	海银海记	广州	91	绿茵阁	广州
45	大鸽饭	广州	92	TANING 手挞柠檬茶	广州
47	拉丁餐厅	广州	93	多喝汤	广州
48	嘉旺	广州	94	物只卤鹅	广州
52	南海渔村集团	广州	95	堂会	广州
55	侨美	广州	96	武林厨神	广州
56	耀华（鹅公村）	广州	97	客家班	广州
58	太兴	广州			

数据来源：广东省餐饮服务行业协会。

从地区分布来看，在 2020 年广东餐饮百强名单中有 49 家企业总部位于广州，上榜数量最多；有 19 家企业总部位于深圳，数量排行第二；东莞有 9

家企业上榜，广东其他城市有10家企业上榜（见图11-5），此外还有6家企业总部位于广东省外，7家企业总部位于境外，由广州市的占比可以看出，广州餐饮品牌在省内处于领跑状态。

（家）

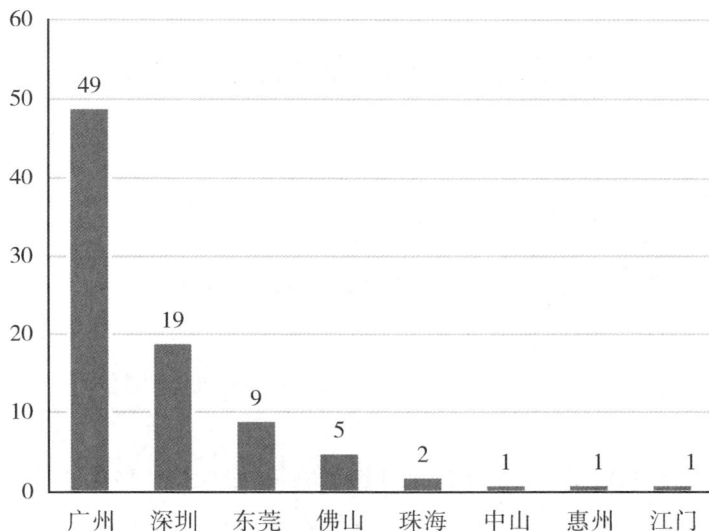

图11-5 2020年广东省餐饮百强品牌省内各市总数排序
数据来源：根据广东省餐饮服务行业协会资料整理。

现在，广州市餐饮市场主要以大众消费为主，整个市场的格局发生了变化，从由公款撑起的攀比式高消费转入中低层次的理性的大众化消费。以私人和家庭为主的中低档大众消费的增长明显强于高档公款消费。一些家常菜、火锅店、小吃街、美食广场、快餐店、外卖店等呈现出了良好的发展势头。市场格局发生的变化，使竞争更加激烈，经营者也需不断调整思路，突出特色，以迎合顾客的需求，使其产品和服务更加适应市场的需要。

目前，广州餐饮业的发展已由品种数量型转变为品牌质量型，激烈的竞争促使众多餐饮企业纷纷开展品牌经营，依靠树立品牌，扩大品牌的影响力来吸引消费者，品牌竞争成为今后开展新一轮竞争的焦点。广州目前已有很多深入人心的知名餐饮品牌，如广州酒家、点都德、陶陶居等。广州市餐饮企业在注重品牌的同时，要想在竞争中取胜，也要不断扩大规模，开展连锁经营，不断降低成本。广州餐饮业规模经营已初步形成，如被认为是广州最大的连锁企业的绿茵阁，现拥有30多家直营店以及40多家加盟店。

第二节　面临的机遇与挑战

一、当前发展存在的机遇

（一）消费观念转变带来的消费升级与品牌创新机会

目前，消费者的食品消费观念正在不断转变，廉价、实惠的消费追求已经被营养、健康、安全的消费理念取代，这种转变为餐饮行业带来了新的机遇。

一是讲究餐饮品质，饮食观念升级。在向来讲求"平靓正""大件兼抵食"的广州，近两年消费者对美食的认知水平提高，人均饮食消费价格上升，饮食观念升级，追求高品质的食材、绝佳的味道、舒适的环境和优质贴心的服务。人均消费价格的推高，也反向助力了餐饮行业的发展，未来广州餐饮企业可追求带给食客更全面的感官享受，要有粤菜的根、粤菜的魂，借助餐桌空间，用菜品承载、分享粤菜理念，体现广府饮食文化，使得出品和服务与高昂的价格相匹配。

二是追求餐饮体验，为"寓食于乐"付费。随着时代发展，广州消费者到店就餐不只是充饥，还包含着与家人、朋友相聚的情景体验以及社交享受。一批知名高端酒店洞悉了消费者需求，除了保持出品水平，还结合社交、场景、互动，推出体验式的品鉴活动。如中国大酒店携手广州博物馆推出"我在博物馆里吃'文物'——消失的点心"活动，让食客在老电车里品尝百年前的粤式名点。升级改造后的陶陶居不仅是一家食肆，也是一座带有浓厚广府饮食文化气息的立体式小型博物馆。广州餐饮企业将来可进一步以"食"

带"玩",寓食于乐,在保证出品的基础上丰富消费者餐饮体验,满足消费者对饮食品位的需求。

三是注重品牌调性,偏好特色餐饮。以"网红店"为代表的潮流化品牌愈发受年青一代消费者的追捧。能够通过精准的品类选择、创新的餐品研发以及全方位品牌调性的打造,为消费者提供超预期体验的餐饮品牌往往有潜力发展成为"网红店",获得更高的品牌溢价。港式茶餐厅也是社交平台上广州"网红"餐厅的常客,如文通冰室、富贵食饭公司等,这些茶餐厅以老广味道为基底,并加以创新与改良,吸引了不少年轻消费者前来光顾。不少叫好又叫座的新派粤菜餐厅,在传统粤菜中融入现代烹饪手法,打造极具特色的美食,吸引了消费者的青睐,以开放思维培育更多新时尚粤菜品牌。

（二）信息化技术推动品牌发展创新

信息化建设促进了现代流通经营与管理技术的快速推广、创新与迭代,为广州餐饮品牌建设赋予巨大发展潜力的同时,也为其创新发展注入了新的动力,有效提高了餐饮企业的竞争实力。

一是信息化发展促进了餐饮业营销方式创新。目前,广州已有八成餐饮老字号上线外卖平台,餐饮企业与外卖平台的合作不再局限于在平台上发布餐饮信息,还包括合作创新推出多形式的、个性化的、可定制的餐饮产品及服务组合,充分展示广州餐饮企业文化,树立企业形象,推广企业品牌,建立良好口碑。另外,餐饮企业还可以利用社群营销的方式,通过收集各社区用户群的精准信息,分析构建独特的网络社区平台,将相对分散的社区目标消费者聚集到一起,通过网络针对性地推广产品和服务,甚至可以发布企业餐饮制作与服务的全过程,大力宣传企业品牌。

二是大数据助力产品创新。无论何种规模的餐饮企业,优质的菜品都是企业可持续发展的首要推动力。消费观念的转变意味着仅靠单一的广告宣传或优惠折扣,已经很难吸引当代的年轻消费者群体。而广州市的数字经济优势以及拥有优秀互联网平台,如COSMOPlat和根云平台等,均为企业突破这种发展困局提供了机会,企业可以从最根本的产品入手,利用大数据分析不断优化产品,打造具有自身"烙印"的特色菜品,丰富产品种类,提高制作效率进而降低成本。同时挑选1~2款特色产品作为重点产品进行包装宣传,采用线上线下齐头并进的宣传方式，推出系列特色餐饮活动。

三是互联网经济有助于促进服务创新。服务创新是塑造餐饮品牌差异化、提升餐饮业竞争力的重要途径。互联网经济的发展为餐饮企业的服务创新提供了选择，企业可以在准确把握消费者需求的情况下，建立"互联网＋餐饮＋社交""互联网＋餐饮＋文化"等深度融合的个性化创新服务，进而极大地吸引消费者的目光，进一步加强"食在广州"的内涵。广州正在朝着从"美食消费大市"向"美食产业大市"的方向转变。

（三）后疫情时代的餐饮行业整合与发展新机遇

突如其来的新冠肺炎疫情推动了消费观念的转变、打乱了传统的市场竞争格局，这加速了餐饮市场结构的"解冻"，餐饮业看似迎来了寒冬，但这场危机蕴含了推动行业变革的机会。

受疫情影响，餐饮行业重新洗牌。疫情的暴发加强了人们对于环保健康的关注，对餐厅的卫生要求也在进一步提高。一些不符合卫生要求的餐厅会被关门整顿，甚至是被淘汰，行业有望迎来一波并购潮，餐饮行业或将进行重新洗牌。从各方面来说，减少了餐饮行业的竞争，给真诚的创业者提供了一个更好的机会，只要能把握住这个机遇，一定会有不错的生意，并且可以尝试通过"明厨亮灶"的方式，让消费者吃得更放心。

（四）餐饮行业帮扶政策营造宽松的发展环境

广州是全国首个获得"中华美食之都"和"国际美食之都"双料称号的城市，也是世界美食城市联盟成员，广州餐饮业综合实力一直居于国内前列。近两年来，疫情给广州的餐饮行业发展带来困难与挑战，为了更好地适应经济发展的现实环境，释放餐饮消费潜力，增强餐饮消费动能，提振餐饮消费信心，支持餐饮企业平稳健康发展，广州市政府出台了一系列的政策措施积极引导、支持和鼓励广州餐饮品牌平稳向上发展。

2022 年 1 月 13 日，广州市政府发布《广州市促进住宿餐饮业发展的若干措施》（简称《若干措施》），该政策主要从激发市场活力、优化政务服务、加大扶持力度等方面，制定了鼓励创新产品服务供给、丰富住宿餐饮消费品牌、支持线上线下融合发展、支持企业申请外摆经营等 13 条"暖企"措施，确保能落地、有实招、见实效，大大增强了各餐饮企业在穗投资、加快布局的信心与决心，为各大餐饮品牌的发展带来政策上的战略机遇。

此外，为了更好地应对疫情带来的冲击，2022年5月6日广州市政府常务会议审议通过《广州市促进服务业领域困难行业恢复发展的若干措施》，就防疫补贴、商户服务费标准等方面给出指导，进一步地为疫情下的餐饮企业发展提供了政策上的有力支持与保障。

二、当前发展面临的挑战

（一）美食特色不鲜明，缺乏突出的品牌印象

广州具有悠久的饮食文化，人们常说，广州人爱吃、会吃，也正是这样，"食在广州"名闻天下。近年来，随着餐饮市场需求不断增加，发展领域进一步拓宽，以广州酒家、九毛九、陶陶居、点都德、炳胜等为代表的广州餐饮企业纷纷涌现与壮大。但是，广州餐饮企业在发展过程中，仍然存在着部分品牌经营方式千篇一律、特色不强，定位与模式、市场与目标、速度与效益、理想与现实之间的磨合，存在着品牌模式雷同和创新不足的现象。

在消费者心目中，广州的早茶文化早已成为广州最大的饮食特色，外地游客来到广州也常常积极地去体验广州的早茶。然而，广州的早茶实际上指的是上茶楼，不仅饮茶，还有品尝各种特色糕点和菜品；但是一般的外地消费者只是笼统地知道广州早茶，并不知道早茶到底有什么特色饮食，难以清晰、准确地描述出广州早茶的特色及对它的品牌印象。这其实也说明广州的美食特色不够鲜明、缺乏突出的特色餐饮代表。这种餐饮品类结构多而散、餐饮特色不够鲜明的问题，使广州餐饮品牌形象相对比较模糊。

广州饮食文化作为广州文化的一部分，融汇古今，贯通中西，形成了有别于国内其他地区、独具特色的广州饮食文化。因此，如何更好地将广州本地饮食文化与传统特色融入餐饮品牌建设中，打造出一批具有广州风味、广州历史、广州文化的极具特色的餐饮品牌，成为广州餐饮品牌发展所面临的重要挑战。

（二）对外宣传力度不够，广州餐饮受困于本地

目前广州本土的餐饮企业在广州市内呈现出一片欣欣向荣、争相斗艳的

繁荣景象，但是，广州本土品牌对外宣传力度不强，或是对外扩张不够，真正能够打出省外，甚至冲出世界的著名连锁品牌仍寥寥无几。根据中国烹饪协会发布的《2020 年度餐饮企业百强和餐饮五百强门店分析报告》，广州市仅有三家企业入选百强，且没有一家餐饮企业排在前十，广州酒家作为广州市餐饮行业的佼佼者仅排在第二十位。

在对外扩张方式上，广州的部分本土餐饮企业基本上都是"一家一店"的传统扩张模式。在餐饮市场进入品牌竞争的时代，广州餐饮市场一方面多姿多彩、兴旺发达，另一方面，多数广州餐饮企业仍习惯于在一个地方"单兵作战、稳扎稳打"，无形资产转化率不高，品牌效应无法充分发挥。再加上一批传统老字号为家族企业，也极大地限制了企业的对外扩张，进一步限制了广州餐饮企业的发展和壮大。

另外，目前广州的部分本土餐饮企业仍然以小规模、分散经营为主，缺少总体的发展战略规划，很多餐饮企业受到"重产品制造，轻市场推广"的经营理念影响，品牌管理未能得到应有的重视。由于缺少享誉全国的代表性品牌，"食在广州"的城市形象资源未得到有效的固化、明晰、开发和转化，广州美食品牌受困于本地发展，难以向外扩张。广州在美食品牌的对外宣传推广方面有待加强，应不断扩大和提升美食知名度和美誉度，推动广州打造世界知名美食品牌的进程。

（三）企业品牌意识不强，缺乏长效建设机制

由于餐饮业进入门槛总体不高，广州市中小型的餐饮企业居多，某些餐饮企业只注重眼前的利益，品牌意识不强，缺乏品牌建设的长效机制，在商标注册、老字号保护和品牌推广方面较为滞后。广州市部分餐饮企业，由于只谋求短期盈利，或是仅满足于温饱的现状，宁愿把招牌做得大大的，也不愿意做更多的品牌建设的工作，缺乏对企业长远发展的规划与设计，部分企业仍不知内部的长效管理流程同样是品牌的支撑，企业管理的各个方面最终会在品牌建设中得到体现。

另外，从长远发展的角度来看，目前广州市餐饮业内部管理的规范化、现代化水平有待提升。专门从事研究开发、企业管理、市场营销、品种研究的人才不足，大多是在学习效仿他人之后略加调整，至于是否符合本企业的

经营理念和决策者的经营哲学、运营流程等就不得而知。因此，容易导致管理不完善等问题，经营的效益自然不会很好，品牌建设也便成了难题。

此外，广州餐饮业的小规模经营实体中有相当比例是个体或家族企业，这在一定程度上约束了广州餐饮业经营模式的创新，导致广州餐饮企业对品牌塑造不够重视。在家族式经营模式中，企业往往较为注重短期利益，在经营中更加重视品种、价格等能否带来利益的短期指标，而忽视了质量、品牌等能为企业带来长期效益的长期指标，缺乏长远的品牌战略规划和有效的品牌管理。由于缺乏促进企业关注品牌建设的长效机制，广州美食发展呈现出品牌杂乱而不强大的局面，品牌特色不集中、不鲜明使品牌推广效果不显著。

（四）连锁化标准化经营不善，对外扩张实力不强

标准化是品牌发展的一个重要特征。在国外知名度高的餐饮企业，如海底捞、西贝莜面村等，其生产操作工艺、店面装修、人员服装服务等都有统一、明确、具体的标准。近些年，随着广州文化旅游业的快速发展，广州餐饮业也呈现快速的发展态势，但企业内部管理理念和现代管理方法未能跟上发展步伐，餐饮业标准化、连锁化程度较低。标准化的不足导致同一餐饮品牌同一菜品在不同店面的口味差异较大，影响消费者体验，降低了广州餐饮品牌的美誉度；而连锁化经营的不足，使广州餐饮企业对外扩张的实力不够。

餐饮企业品牌化发展的关键要素是速度和规模优势，充分发挥这一优势的前提便是产品的标准化和生产的现代化。目前，逐渐凸显优势的广州各大连锁餐饮企业在统一采购、统一加工、统一配送、统一制作标准和服务标准、信息系统建设和制度建设等方面仍存在不足，尚未形成完善、规范的经营管理体制，这大大制约了广州餐饮企业品牌建设的进程。未来，有必要在统一规划的基础上推动广州餐饮业的标准化连锁化经营，从而更好地提升品牌美誉度、提高品牌对外扩张实力。

（五）品牌创新动力不足，品牌呈老化趋势

随着经济的发展，一方面，人们的生活水平逐步提高，消费者产生了新的消费需求；另一方面，80后、90后成为消费主力，他们消费观念越来越个性化，对此，传统餐饮企业如果一成不变，不根据市场需求适时进行创新和

改良，不进行品牌传播和发展规划的综合性创新，那么，即使是百年品牌也会被消费者淡忘，走向消亡。近年来，广州的部分餐饮品牌也同样存在着老化的现象，具体表现在：

（1）品牌形象与时代脱节。品牌老化给人最直观的印象就是形象的老化。不同时代的流行元素和审美都是不同的，但广州市部分餐饮品牌经营了很多年却依然保持着原来的形象风格，无论是 LOGO 等视觉形象，还是连广告在内的传播内容和形式都无法与本时代的消费者产生共鸣，这自然无法赢得消费者的青睐。只有品牌传播的形式和内容与时俱进，才能不被时代所淘汰。

（2）运营模式固化。但凡有品牌老化现象的餐饮企业，必定有过曾经的辉煌，然而以往的成功却也是向着进一步成功方向迈进的阻碍。大多数成功的餐饮企业，经过多年的发展，早就形成了一套固有的运营模式，无论是组织架构、产业链还是传播渠道都被固化了。而当外部风云变幻，不仅目标消费者变了，甚至连竞争对手都变了的时候，这些餐饮企业却无法找到行之有效的应对解决办法，无法突破自己，缺少一个好的餐饮品牌赢利模式，最终在"温水煮青蛙"的环境下惨遭市场淘汰。

（3）缺乏创新机制和创新精神，品牌创新动力不足。品牌要想不断地发展壮大，基业长青，就必须保持旺盛的创新力与开拓精神。纵观广州市餐饮企业，在创新层面存在以下问题：在创新意识上，部分的老牌餐饮企业的管理人员品牌创新意识较为薄弱，导致企业进行品牌创新活动受阻；在管理上，部分餐饮企业内部关系较为混乱，管理思想和管理方法上较为落后，职责较为模糊，管理制度较为落后，对员工的激励作用不强；在产品和服务上缺乏创新，无法满足日益多变的消费者需求；在营销上，营销手段较为落后，不能较好地满足现主流消费者的消费诉求。

这些问题导致一些餐饮品牌出现生命周期短、品牌逐渐老化等情况，采取有效的激励措施来提高企业的品牌创新积极性，对一些传统美食品牌进行活化，从而更加符合与时俱进的市场需求变化，是保障广州餐饮品牌永葆"青春"的重要工作。

第三节　创新发展的突破路径

一、贴近生活，重塑品牌定位

"贵"是许多消费者对粤菜的反映，普通大众对广州餐饮消费产生偏贵的感受的原因，很多是基于传统知名品牌所形成的固有印象，具有悠久历史的知名品牌体现了广州美食的深厚文化底蕴，是一笔宝贵的财富；但传统品牌的强大影响所带来的固有品牌认知，也在客观上造成了普通消费者对广州餐饮"爱不起来"的局限。

广州餐饮在继承传统优秀品牌"精致高端"特点的同时，需要适度进行品牌延伸，贴近百姓生活，使美食成为普通大众也能消费得起的商品，形成丰俭由人的品牌体系。从沙县小吃的成功经验来看，要对一个地区的餐饮品牌形成统一的品牌定位，单靠企业自身的力量显然是不够的，相关政府机构、管理部门、行业协会等第三方外力的介入和引导显得很有必要。

二、提炼特色，彰显品牌形象

餐饮不仅仅是味觉的享受，更是消费其内在的文化内涵、品牌故事、城市印象、历史风貌等。广州的早茶文化、靓汤文化、凉茶文化等早已深入人心，广州美食的茶点清而不淡、鲜而不俗，菜品油而不腻、嫩而不生，菜色讲求色彩的搭配、装饰美而艳丽。故而广州餐饮业可以充分发挥广州饮食"清淡、鲜美、健康"的特征，对美食背后的文化要素进行提炼，将岭南文化中注重"养生"的思想和"食疗同源"的理念同当今"绿色消费""养生健康"等主张结合起来，打造出特色鲜明又符合时代特征的品牌形象。

三、整合传播，形成品牌声浪

在信息高速发展、网络不断普及的新时代，协调使用各种不同的传播手段，发挥品牌传播效应是品牌塑造的关键所在。要推动广州餐饮从"食在广州"走向"食出广州"的转变，需要充分利用好各种新媒体、新形式来加大广州餐饮对外宣传的力度，形成强势的品牌声浪。为此，广州餐饮企业需要在品牌传播的内容整合和资源整合等方面下功夫。在内容整合方面，要在加强目标消费者的选择和研究基础上，建立突出的、整体的品牌个性，做到宣传内容的统一性；在资源整合方面，需要了解如何才能更有效地接触消费者，发掘关键"接触点"。无论是内容整合还是资源整合，两者都要统一到建立良好的"品牌—顾客"关系上来，内容整合是资源整合的基础，资源整合推动内容整合的实现。在具体开展方法上可以采取"举高旗、做大事、能落地"的做法。"举高旗"就是加强政府引导，将餐饮品牌建设提高到国计民生层面，建立品牌传播的高度；"做大事"则是经常性地开展一些有广泛影响力的推广活动，通过这些活动来促进行业的聚会、产品的创新，形成一系列能够对行业和消费者产生影响力的公关事件；"能落地"则需要对广州餐饮品牌从品牌标志、产品种类、服务标准等都能形成统一规划与管理，促进品牌效应具象化，建立起良好的"品牌—顾客"关系。

四、传承创新，助力品牌活化

广州作为一座历史文化古城，拥有众多的百年美食老字号，既有诸如"陶陶居""莲香楼"等一批驰名的酒楼，也有像"南信双皮奶""陈添记鱼皮"等特色的平民小吃店。每一个老字号在跨越百年的历史变迁中都有着其独特的品牌故事，是构成岭南文化的历史符号，而那些历经百年而延续至今的饮食已转化为岭南文化的"味觉元素"。众多的老字号为打造广州美食品牌奠定了文化基因，在塑造广州美食品牌的过程中需要充分挖掘这些文化基因中的独特元素，依托文化内涵开展养生文化、工艺文化、情感文化、经营文化等品牌文化建设，开发文化创意产业链，促进餐饮产业与旅游文化、影视娱乐等相关产业的融合发展。

　　此外，在以高度开放为特征的现代经济发展进程中，跨区域的人员迁移、文化交流等变得更加频繁，消费者饮食习惯发生着巨大的改变，这使得百年老字号遭遇了史无前例的冲击，出现了品牌老化的现象。因此，在继承老字号的品牌效应、弘扬历史文化的同时需要持续创新，为这些老品牌注入新时代的元素，使其与时俱进、历久弥新。

企业案例篇

第十二章　企业案例

第一节　小鹏汽车：以智能打造新能源汽车品牌

一、小·鹏汽车品牌介绍

小鹏汽车（Xpeng Inc.）于 2014 年成立于广州，由何小鹏等三位联合创始人共同创立，是一个互联网电动汽车品牌，其企业目标是为"生而互联"的年轻人打造互联网电动车，其产品基因定义为"出色的科技和出彩的设计"。以消费者体验为中心，搭载"电动引擎 + 数据引擎"的小鹏汽车，不仅可以在城市中穿梭，更可以在高速公路上飞奔。

目前，小鹏汽车团队成员 90% 以上都是技术人员，主要来自广汽、宝马、兰博基尼、福特、标志雪铁龙等知名整车制造企业，或德尔福等大型汽车零部件公司，以及三星、华为、腾讯等 IT 互联网公司。在众多科技人才加盟基础上，小鹏汽车得以做到全栈自主研发软件和核心硬件，也成为目前唯一能实现全栈自研的新势力自主品牌。小鹏汽车在广州设有研发总部，在北京、上海、深圳以及美国硅谷和圣地亚哥设有研发中心，并在广州、肇庆、武汉三地设有智能制造基地。多地产研协同，使得小鹏汽车实现高效率交付的同时，亦能为用户带来极致的智能驾乘体验。

2021 年，小鹏汽车拥有三款在售车型，分别是 P5、P7、G3，三款车型在 2021 年第四季度取得了可观业绩，交付量创新高，收入达到 86 亿元人民币，2021 年全年收入超过 200 亿人民币。强势的业绩或许告诉市场，小鹏汽车的持续增长及毛利率结构性提升指日可待。因此，在较强的市场信心下，小鹏汽车早于 2020 年 8 月就正式登陆纽交所，并于 2021 年 7 月挂牌香港联交所，完成在美国纽约和中国香港两地的双重上市，获全球投资者的支持。

作为中国本土自主的新势力品牌代表，依靠全栈自研，小鹏汽车的产品在整车智能化上达到国内外行业标杆水平，在传统车企甚至其他新势力品牌的竞争中保持了极强的竞争力及用户忠诚度。

二、小·鹏汽车的智能化之路

(一) 智能驾驶，品牌技术能力的终极体现

小鹏汽车作为领先的智能电动汽车设计及制造商，自成立以来，在自动驾驶领域投入了大量研发资源，成功推出搭载全系车型的智能驾驶辅助系统 XPILOT，该智能驾驶解决方案彰显了小鹏汽车极高的未来出行能力。

智能驾驶技术的迅速发展及其广泛的应用前景对智能辅助驾驶系统的性能提出了更高的要求，同时环境感知系统作为其中关键的参与环节显得尤为重要。考虑到现阶段量产应用的单传感器环境感知方案存在的不足，通过多传感器信息冗余和优势互补，可明显解决现阶段的问题。另外，智能驾驶场景的复杂和多样造成了系统的多元性和特异性，对典型算法进行优化和封装，自研高级智能系统是整车研发层一直在推进的工作，目前小鹏汽车宣布的具备多种摄像头及雷达视觉、高精地图、GPS、IMU、轮速仪等传感器融合的 XPILOT 3.5 系统已经拥有可量产的厘米级城市定位能力，主要也是从以下两点展开：①行业领先感知方案；②对本土城市场景的理解迭代。

小鹏汽车 XPILOT 3.5 系统作为目前行业内最强感知融合方案，拥有首创的四重感知融合（摄像头及环视摄像头、激光雷达、超声波雷达、毫米波雷达），能够实现更多种类物体的探测、分类及定位，精度可达分米级。小鹏汽车更细颗粒度的城市高精地图静态信息和天级更新能力是首家实现不依赖激

光点云地图的厘米级城市定位能力研发成果。该方案能够高速判断车外车辆、行人、物体、路况、建筑的状态、位置及速度，对车内外的环境状态领会更为精确，将地图信息与感知信息融合，理解不同车辆间的关系，可基于全局动态交通信息和静态路网结构精准导航。此外，车辆规划控制能力增强，可实现全速域极限变道与静止物体、弱势交通群体（自行车、电动车等）绕行。

在本土城市场景的理解迭代层面，小鹏汽车通过运营体系和生态的构建，不断迭代不同城市差异化的智能辅助驾驶布局，优化体验设计，体现在地图升级，本土化城市驾驶和道路差异性适配，通行效率及跨场景通行连续性等方面。

搭载 XPILOT 3.5 的小鹏 P5 已经率先在广州完成了全场景智能驾驶辅助内部工程试验测试。在 2021 年 10 月 24 日"小鹏汽车科技日"活动现场播放的视频中可以看到，该测试路线选定为从广州四季酒店到小鹏广州总部，全程 18 公里，包括 115 个人行横道、10 个红绿灯路口、7 个城市道路汇流、4 个右转路口、3 个施工路段、2 个跨楼层地下停车场、1 个红绿灯左转和 1 个无保护直行十字路口。该演示版本完整利用了 XPILOT 软硬件架构，覆盖 VPA 停车场记忆泊车、高速 NGP、城市 NGP 等多个功能模块，并串联了停车场、高速公路、城市道路等不同场景。

基于大规模云端计算容量、仿真服务，以及大量的实际路况和智能辅助驾驶场景数据，小鹏汽车已经拥有海量的智能辅助驾驶场景，能够快速完成测试、验证和模型优化等一系列工作，覆盖全面且安全高效。城市场景的落地，标志着智能辅助驾驶下半场的开局，小鹏汽车表示已经具备基于城市场景辅助驾驶的全栈软硬件量产、研发及部署闭环能力。

目前，小鹏汽车正在规划 XPILOT 4.0 及 XPILOT5.0 的升级。XPILOT 4.0 将会从硬件角度全面升级，将于 2023 年上半年率先实现全场景智能辅助驾驶，主要包括算力、感知能力和域控制器等关键领域。例如 XPU 平台算力全面提升，将会搭载两颗 Orin－X 自动驾驶芯片，算力达到 508 TOPS；感知能力再次增强，采用 800 万像素前视双目摄像头和 290 万像素侧视摄像头（含前后左右）；高度集成、可拓展的自动驾驶域控制器全面升级，通信交互速度大幅提升。在完成 XPILOT 4.0 升级之后，XPILOT 5.0 将会实现全冗余的自动驾驶软硬件架构，通过地图闭环与数据闭环，保持下半场的持续领先，向未来真正自动驾驶进军。

（二）智能座舱、智驾安全，品牌体验的重大提升

有趣的一点是，随着智能驾驶的兴起，驾乘的体验和过程逐渐升级，智能驾乘和车载交互已经成为当下汽车研发重点关注领域，小鹏汽车全新升级的 Xmart OS 4.0 在人机共驾的全过程里，完整提供从点到点的智能辅助驾驶 SR 系统，把智能驾驶 AI 的所见、所想、所做，全流程地展示给驾乘者，真正实现智能驾驶与智能交互的融合。

语音和展示系统展示更为丰富，交互速度大幅提升，再次突破行业极限，全 3D 展示界面还原车外周边元素，用户可以直接与环境中 3D 模型交互，例如充电桩地锁。Xmart OS 4.0 的搭载和升级计划，未来也会随相应车型第一时间发布。另外，在 2021 年"小鹏汽车科技日"活动中，小鹏汽车也发布了一款融合自动驾驶感知的流媒体后视镜，可以在各种环境下提供更加宽广、清晰视野的行车信息。

值得一提的是，小鹏汽车除了在研发层面一直走在行业前列，在用户层面也一直正确传递智驾功能能力边界，树立行业智能辅助驾驶安全教育标准。小鹏智驾安全体系围绕智能辅助驾驶，以智驾分为核心，涵盖指导说明和安全考试两大环节。从用前教育、准入考试到用后安全提醒，贯穿学习—掌控—使用的不同智驾操作阶段。专设智驾安全员进行用户服务及知识点传授，以确保车主的安全意识及功能正确认知到位，智驾安全体系已于 2021 年 11 月开始试运行。

智能辅助驾驶技术的初衷是降低交通事故发生率，在驾乘中能够及时主动做出可靠的反应，同时让驾乘更为便捷舒适。小鹏汽车高度完整的环境感知系统是先进的智能辅助驾驶系统的实现基础，通过大量的研发、仿真检验和实车验证，小鹏汽车基于雷达和摄像头等传感器数据的决策级融合算法可很好地解决智能驾驶探测存在的问题，因为高质量的环境感知信息是智能辅助驾驶技术成功应用的关键条件。小鹏汽车通过传感器的数据冗余和优势互补提高了环境感知系统的可靠性、稳定性和适应能力，能够有效推动当前智能驾驶技术发展，并且提供极高的应用价值和研究意义。

（三）智驾基础设施，展现品牌生态力

新能源汽车的里程焦虑是车企及用户都无法绕过的问题，事关行车安全与用户体验。因此，除了智能驾驶与智能座舱层面的产品力之外，在汽车动力系统、充电及放电方面，小鹏汽车也推出了解决能源补给问题的基础设施。

小鹏汽车拥有专属的充电网络和体系，而且小鹏汽车的超充站在中国造车企业里，自营比例是最大的。截至 2021 年 9 月底，小鹏品牌超充站上线达 439 座，覆盖 121 个城市，小鹏汽车目的地站累计上线 108 座，小鹏汽车免费站上线达 1 648 座，覆盖 221 个城市。预计在未来两年内，小鹏汽车超充站可覆盖我国全部地级市、主要县级市，以及绝大多数高速，让用户可以安心出行，做到只要车主开小鹏汽车回老家，只要途经地级市和县级市，就可以去充电。

（1）800V 高压 SiC 平台。小鹏汽车推出的高电压（800V）、大电流（充电峰值电流 >600A）动力平台，采用高压 SiC 电驱，最高效率 >95%，综合效率 >89%，同时还具备智能热管理系统，能够做到高效、低噪声、温度预测控制。SiC 能够兼容不同电压等级的充电桩，采用高能量密度、高充电倍率电池，使得汽车续航和充电速度兼优，充电 5 分钟可续航 200 千米，同时兼顾更快的充电速度与续航里程，极大地改善用车体验。

（2）480kW 高压超充桩。在中国量产铺设 480kW 高压超充桩是小鹏汽车能源网络闭环最重要的环节之一，能够充分发挥 800V 高压 SiC 平台的补能技术潜力，扩大用户出行半径与充电效率。该充电桩采用充电枪液冷散热技术，通流能力可达 670A＋，具备 IP67 防护能力；内置安全监测芯片，安全可靠；同时还采用轻量化设计，超细线缆，插拔力小、提拉重量轻。

另外，小鹏汽车目前也在自研储能充电技术，期待未来能够实现以下四大能力：①具备大功率充电能力；②在电网负荷不足的环境下，平均储能满足每天 30 车次不间断的充电能力；③提供流动部署及超充自主补能能力；④电网、数据及充电系统安全防护能力。

（四）飞行汽车，彰显品牌创新力与想象力

小鹏汽车一直在布局智能出行生态，除了陆地上奔跑的智能汽车，飞行汽车是小鹏汽车未来出行想象力的集中体现。

飞行汽车由小鹏汇天公司主导研发，已完成累计超过 15 000 次试飞。小鹏汇天的目标是成为全球第一的低空载人飞行设备制造商，最新的飞行汽车产品"旅航者 X2"同样采用全栈自研的路线，动力模块、电机、电调、桨、飞控以及关键机械均为自主研发。旅航者飞行汽车采用 400V 飞行高压动力平台，4 组电池包互为备份，4 轴 8 桨双电机冗余设计，动力充沛且安全，最大航速 130km/h，最大起飞质量 710kg，载重 200kg，采用全自主飞控系统，全碳笼式承载式车身，配备整机降落伞。

小鹏汇天正在对"旅航者 X2"开展符合性测试，相比小鹏 P7，飞行汽车需减重 50%，为此，飞行汽车推进碳纤维单体壳车体研发，大量使用航空铝材、镁合金及特殊玻璃等，有望在 2024 年正式跟公众见面。期待飞行汽车能真正实现飞行器与汽车的耦合，既能在陆地上跑也能在空中飞。

三、小鹏智能化的启示

（一）全栈自研凸显品牌能力

消费者对品牌的感知分为温暖型与能力型两种。具有高能力的品牌常被消费者用于象征、彰显自身的能力，例如购买小鹏汽车的消费者可能会被认为是具有创新意识的，或是对新技术具有充分了解的，消费者会借此提升他人对自己的能力评价。

品牌的创新业务、技术资源、研发投入都是企业能力的体现，全栈自研意味着小鹏具有极充裕的覆盖智能整车制造各模块的技术人才资源；全栈研发整车并成功交付，也意味着小鹏制造智能汽车的技术研发架构在国内车企获得了成功实践。这是传统车企以及其他非全栈新势力品牌无法企及的能力体现，能够给予消费者基于小鹏品牌的能力感知与自豪体验。

（二）产品服务生态凸显消费者关怀

对消费者的关怀可促成上述品牌感知中的温暖型感知，能够缩短品牌与消费者之间的心理距离，提升消费者对品牌的亲切感与人性化感知。

里程焦虑是所有新能源汽车品牌无法绕过的问题，也是新能源汽车暂时无法全面普及的原因之一。新能源汽车在高速路上没电熄火导致追尾事故的新闻让消费者在购买新能源汽车时无法摆脱对能源耗尽的恐惧。小鹏汽车所搭建的充电网络基础设施很好地缓解了里程焦虑的难题，给予消费者购车时的安心体验。同时，小鹏汽车的充电桩可以与其他新能源品牌车型适配，在潜在消费者心中也种下了消费者关怀的品牌印象。

（三）未来产品展现品牌理念

小鹏汇天所研发制造的、代表未来新出行形态的飞行汽车展现了小鹏汽车既能下地也能上天、无所不能的品牌形象，也体现了其勇于探索的品牌理念。这种理念一旦被消费者接受并深植消费者心中，消费者便乐于与小鹏产生品牌关联，以小鹏汽车的产品作为自身形象与观念的宣示，从而使得小鹏与消费者形成更深度的绑定，有助于小鹏汽车在品牌建设上提高效率。

（四）领先的智能化体验树立标杆感知

一旦品牌成为行业中的标杆，便会被消费者在产品搜索、选择过程中首先想起，被用作其他品牌的评价标准，从而能够在消费者心中建立先发之势，并能够在同类品牌竞争中胜出。小鹏汽车在自动驾驶能力方面，已成为除特斯拉以外的同行中的佼佼者，其智能座舱中的语音交互体验也为广州的同行所称道。无论是通过主动造势抑或消费者被动感知，要成为行业标杆品牌，产品力与技术力是坚实的基础。通过树立智能化体验的标杆形象，小鹏汽车这个品牌将成为消费者讨论、购买新能源汽车时无法绕过的对象。

第二节　三七互娱：品牌国际化战略再提速

一、三七互娱品牌简介

三七互娱网络科技集团股份有限公司（以下简称"三七互娱"）成立于2011年，是互联网20强企业，2021—2022年度国家文化出口重点企业，在全球 TOP20 上市游戏企业中位列中国第三。三七互娱凭借优异业绩被纳入中证沪深 300 指数、明晟 MSCI 指数、高盛"新漂亮 50"名单，是国内 A 股优秀综合型文娱上市企业。三七互娱总部设在广州，并在北京、上海、安徽、湖北、海南、江苏、四川、香港以及欧美、日韩、东南亚等多个地区设有子公司或办事处等分支机构。

三七互娱凭借成功的并购战略和资源整合成为继腾讯、网易之后互联网行业第三的巨头公司，三七互娱一直秉承着"传承中华民族文化精髓"的理念，积极带动我国游戏产业的发展。其近年来的泛娱乐化布局，将公司业务发展延伸到游戏和素质教育，同时积极布局元宇宙、影视、动漫、音乐、社交、泛文娱媒体、文化健康、新消费等领域。

目前，三七互娱的主营业务分为游戏业务和素质教育业务两个板块。其中，游戏业务包括知名的游戏研发品牌三七游戏，以及专业的移动游戏及网页游戏发行品牌 37 网游、移动游戏发行品牌 37 手游、海外发行品牌 37GAMES；素质教育业务板块推出了优质在线编程品牌"妙小程"。

三七互娱秉承"给世界带来快乐"的使命，坚守创新、进取、分享、尊重的价值观，致力于成为一家卓越的、可持续发展的文娱企业，打造出属于中国的文娱品牌。

二、三七互娱品牌国际化过程

（一）因地制宜打造海外业务，品牌出海成为扩张驱动力

2012 年三七互娱开始布局海外市场，创立 37GAMES 海外发行品牌，是中国游戏行业出海较早的企业之一。

2016 年，三七互娱的出海方式是直接将国内的成熟产品，通过本地化后推向海外市场。除了日本之外，整个亚洲市场的成绩还算不错，主要得益于这些市场与中国文化和用户习惯相近。但在亚洲取得成功的模式在欧美市场却行不通。于是，"国际化"成了三七互娱的出海目标。

从 2018 年开始，三七互娱开始与 CP（游戏内容提供商）深度绑定，从游戏研发早期便开始介入，从游戏题材、游戏玩法、本地化翻译等给予 CP 帮助与建议，共同打造真正面向全球市场的产品，并制定了"因地制宜"的战

略和"产品多元化""运营精细化"两大方向。这也成了三七互娱出海的拐点。

在多年出海经验的积累下，公司全球化战略布局取得显著突破，海外发行的移动游戏最高月流水超 7 亿元，新增注册用户合计超过 5 500 万，最高月活跃用户超过 850 万。

从出海策略来看，三七互娱根据市场的特点"因地制宜"地推出产品，即根据不同地区的情况，发行适合当地的游戏品类，市场推广和运营都以本地化为核心。这让三七互娱不再受过往经验和传统营销方法的束缚，更能切中当地用户的需求。

从产品布局来看，三七互娱在海外市场形成以 MMORPG（大型多人在线角色扮演游戏）、SLG（策略游戏）、卡牌、模拟经营为基石的产品矩阵，并且根据市场的特点，在不同地区重点发行不同类型的游戏。而在发行推广端，三七互娱针对不同市场进行定制化运营和推广。鉴于当地用户特点，在游戏内容和推广素材上做出差异化，更好地获取和留住当地的玩家。

从具体游戏来看，*Puzzles & Survival*、《叫我大掌柜》、《云上城之歌》等全球发行游戏持续贡献收入，验证了三七互娱强劲的出海运营实力。其中，*Puzzles & Survival* 将欧美市场最流行的三消玩法和传统重度 SLG 玩法进行了完美融合，游戏上线之后便迅速位列出海产品 Top30 榜单之中，成功跻身 Sensor Tower 统计的 2021 年全球手游收入增长榜第 4 名；异世界冒险题材 MMORPG《云上城之歌》在上线韩国市场后，成功进入韩国地区畅销榜 Top5，同时跻身国产手游海外收入榜 Top25，出海市场再获突破。

伴随着"全球化"战略的逐步落地，三七互娱现阶段已经成为中国游戏出海领域的头部厂商，并在推动中国文化"走出去"中发挥更大的作用。2021 年下半年，公司连续多月位列中国游戏厂商出海营收榜前茅，出海业务已成为公司稳健发展的第二驱动力。

（二）企业合作实现"云端漫步"，研发加码构筑品牌竞争力

出海早期，三七互娱使用较多的还是传统的互联网数据中心（IDC）服务，不过 IDC 提供的资源往往难以承受短时间内数据的快速再分配，这对三七互娱新游戏的上线速度和运维造成很大压力。随着业务版图逐步扩大，三

七互娱的海外品牌 37GAMES 已经覆盖 200 多个国家和地区。全球化运营成为战略重心，三七互娱对强大、稳定全球网络的需求也越来越大。

随着业务规模的扩大及对海外市场的不断深入，三七互娱与亚马逊云科技有了合作契机。一方面，亚马逊云科技是云计算技术的领导者，产品丰富，在基础设施服务、通用平台服务、垂直平台服务上都有大量的经验和解决方案；另一方面，亚马逊云科技的数据中心覆盖欧美、亚太等地区，正好和三七互娱的目标市场相符。

不仅如此，亚马逊云科技还帮助三七互娱快速构建出了全球同服的云架构。为了减少网络延迟，三七互娱通过亚马逊云科技全球分布的云基础设施、数据同步解决方案和应用加速服务，可以非常便利地完成全球同服的游戏后台架构部署，全球玩家可以分别从所在地域加速点就近访问游戏服务，以此保证游戏的低延迟，各地玩家都能获得几乎一致的顺畅体验。将一部分数据迁移至亚马逊云科技服务的三七互娱，在基础设施方面的压力得以大大减轻，其游戏开发者也不用再分心关注硬件的管理和运维工作，从而可以更加专注于内部业务的研发与创新。

从 2020 年开始，三七互娱开始加大了自主研发业务的投入。2021 年以来，公司多款自研游戏新品上线，如玄幻 IP 题材策略卡牌手游《斗罗大陆：魂师对决》，魔幻题材 MMORPG 游戏《荣耀大天使》等，同时储备了《代号三国 BY》《代号 C6》《代号女性向 CY》等近 10 款涵盖 MMO（大型多人在线游戏）、SLG、卡牌及模拟经营品类的重磅自研产品，覆盖多类题材，产品矩阵不断完善，充分证明了公司的研发投入正在逐步转化为产品成果。游戏用户规模方面，三七互娱 2021 年中国游戏用户规模达到 6.66 亿人，同比仅上升 0.22%，用户规模增速明显下滑，占全球游戏用户的 22.51%，而海外游戏市场 2021 年用户规模达 22.94 亿人，同比增长 6.92%，增速明显高于国内。

在深化"研运一体"发展模式进程中，三七互娱抓住合作契机利用先进技术赋能团队协作、产品研发和发行运营三大核心板块建立起强大的网络支持，让团队更有效地管控产品的长线运营节奏，提高用户黏性，稳定产品生命周期，并在海外储备丰富的游戏产品，未来有望进一步渗透海外市场。

（三）游戏出海巧用文化元素，中国特色助推品牌传播力

《2021 年中国游戏产业报告》显示，中国自主研发游戏海外市场实际销售收入达 180.13 亿美元，比 2020 年增加了 25.63 亿美元，同比增长 16.59%。中国游戏的影响力正逐渐提升，加上互动性强、细节完整、直抵人心的优势特长，游戏更是成为中国优秀传统文化对外交流与传播的重要方式。从游戏产品内容本身而言，恰到好处地融入中国文化背景和元素，不仅能为海外玩家带来更多的新奇与乐趣，让游戏产品更富魅力，也能形成独特的产品内容属性，进而避免同质化竞争。

秉承着"给世界带来快乐"的使命，三七互娱正通过精品游戏与中国传统文化深度融合的方式，不断激起国外玩家从游戏中体验与探索中国文化的兴趣。例如 2019 年 9 月，三七互娱将广东省级非遗项目"舞火龙"与国漫 IP 游戏《斗罗大陆》H5 进行了有机结合，令千万玩家在游戏中感受到了传统文化的魅力。不仅如此，三七互娱旗下多款以中华文化内容为背景的精品游戏产品，例如《镇魔曲》《诛仙》《昆仑墟》《江湖大梦》《斗罗大陆》H5 国际版等，也已远销全球各地，成为国外用户了解中国文化和中国企业的重要载体。

三七互娱也积极关注游戏的文化内核，从游戏题材、内容玩法、推广素材等全方面尝试植入中华优秀传统文化，从而达到传统文化和游戏的双向赋能。以在全球发行的中国古代模拟经商手游《叫我大掌柜》为例，三七互娱以创新的形式整合了历史文化元素，在面向不同国家与地区的游戏版本中加入了海上丝绸之路、赛龙舟、皮影戏等极富中国历史文化的元素，借此激发全球用户从产品中感受、探索中国传统文化的兴趣。

通过多年坚持，三七互娱在弘扬中华文化方面所取得的成绩，不仅在于多款传播中华传统文化的精品游戏获得海外玩家的喜爱与追捧，也在于相关部门对三七互娱的重视及肯定。2019 年 8 月 9 日，三七互娱旗下全资子公司广州三七互娱科技有限公司以及安徽三七极光网络科技有限公司，正式入选商务部 2019—2020 年度国家文化出口重点企业名单。

从三七互娱的一系列尝试可以看出，其已经摸索出一条以弘扬文化为目标、以精品游戏为载体、以跨界合作为手段的发展道路。在三七互娱的努力

下，用游戏及其衍生文化产品来传承与弘扬传统文化不再是一句空谈。

正是在中国传统文化对外传播中种种创新的尝试和成功的案例，令三七互娱在2021年再度入选商务部、中央宣传部、财政部、文化和旅游部、广电总局共同认定的"2021—2022年度国家文化出口重点企业"。对此，三七互娱表示未来还将携其研发子公司极光网络继续积极响应国家对文化产业走出去的战略指导方针，深挖游戏在弘扬传统文化中的价值。从游戏企业的角度着力推动文化服务走向世界，尝试与更多相关的政府部门和博物馆等文化机构进行合作，在不同的游戏中加入富含传统文化的玩法与互动，打造与推介更多具有中国特色的产品和服务，展示中国游戏企业的研发实力，向世界彰显中国智慧、讲好中国故事。

三、三七互娱品牌国际化启示

（一）重视品牌差异化、本土化

深入洞察当地消费者需求以及持续提供其所需要的产品，是中国企业在海外市场树立和提升品牌的根本保证。无论定位高端还是中低端的国际市场，新进品牌在品牌国际化初期，都要采用同样品质价格更低或同样价格品质更高的高性价比策略，以便让海外消费者产生物有所值或物超所值的感觉，这是打动海外消费者的重要手段。

在游戏当地化的过程当中，三七互娱对游戏、海外商店的规划选择，并根据这些规划做产品，包括如何提炼产品、如何丰富产品玩法、如何个性化推荐产品特色等都经过了深思熟虑。真诚服务海外客户，为海外客户创造价值是中国品牌赢得世界消费者认同和尊重的基石；具有强大的研发能力和拥有行业领先技术，则是在发达国家市场树立高端品牌的基本保证；品牌价值主张的表述内容与表现方式与当地文化习俗和消费者价值观相匹配，是打动海外消费者内心的前提条件。

（二）强调品牌自主研发创新

随着中国自研精品游戏不断增多，国产自研游戏在全球市场中的收入与市场份额均得到明显提升。国产游戏出海应坚持创新及精品生产，加大研发投入。在内容层面，不管是自研产品还是发行产品，三七互娱始终坚持精品内容的生产和推广。在与内容供给方合作时，三七互娱也会从立项开始，为合作方提供题材和类型的建议，在玩法设计、用户画像、数据调优、版本规划等方面提供协助。同时，三七互娱也十分注重对游戏策划、研发人员的培训提升，培训不只局限于业务，还包括传统文化知识方面。三七互娱通过课程培训，提升员工对历史、人文的认知和理解，让其在游戏产品研发过程中能将中华优秀文化融入产品中。

三七互娱也正加大研发投入，探索游戏工业化，紧盯产业发展趋势和用户喜好变化；希望提升游戏开发效率的同时，也同步提高游戏质量，应用更先进技术，将优质文化内容与研发技术进一步结合，做出"有内涵"又"很好玩"的游戏精品，激发游戏正向价值。

（三）树立品牌文化自信

如今，国风元素已成国产游戏出海的重要"武器"。2012年第一次踏足海外市场时，三七互娱仅是以发行切入。随后发行产品拓展至手游、自研产品，题材从魔幻、仙侠等向更多类型拓展。

随着我国经济、科技、社会等各方面迅速发展，综合国力和国际影响力不断提升。许多国内的文艺作品在海外广受欢迎，国产游戏在海外更是爆款频现，在文化传播交流过程中也起到重要推动作用。此外，网络游戏在网络连接上的特点具有天然传播优势。

从行业来看，中国游戏产业发展迅猛，游戏研发和运营水平不断提升，且在移动游戏领域实现后发超越，具备了在世界范围内开拓市场的能力。三七互娱出海初期的游戏产品，往往是国内游戏简单翻译就发行至海外，现阶段很多出海游戏在立项阶段就围绕全球化展开，在质量、全球市场的适应性上都有很大提高。其他企业可以考虑从以下两方面入手，在海外世界树立自己的品牌文化，增强文化自信：一是增强游戏的强交互性和趣味性，为玩家带来沉浸式用户体验，让玩家在潜移默化中了解、喜欢中华文化；二是丰富游戏内容，利用画面、音效、情节等手段，将中华文化更形象、更生动地表现出来。

第三节　唯品会：品牌特卖的差异化之路

一、唯品会品牌简介

互联网技术的普及改变了人们以往的生活方式，我国 B2C（Business-to-Customer）电子商务平台迅猛发展，电商企业之间的竞争愈发激烈。2020 年发布的《中国电子商务行业市场前瞻与投资战略规划分析报告》显示，阿里巴巴、京东、苏宁易购占据超过 80% 的中国零售电商行业市场份额。在这样的背景下，自上市以来，截至 2022 年 3 月 31 日，唯品会已连续 38 个季度实现盈利，这显示出越来越多用户对唯品会特卖模式的青睐。

广州唯品会信息科技有限公司（简称"唯品会"）于 2008 年 8 月成立，总部位于广东省广州市，旗下的购物网站于同年 12 月上线，是一家致力于打造中高端名牌特卖的电子商务 B2C 网站。唯品会在与阿里巴巴、京东等头部电商的竞争中异军突起，并于 2012 年 3 月在美国纽交所上市，营收迅速转亏为盈。唯品会是"一家专门做特卖的网站"，主营业务为在线销售品牌折扣商品，在售产品涵盖服饰、鞋包配饰、美妆护肤用品、母婴用品、家居装饰、3C 等领域。

唯品会率先在中国开创了"品牌折扣＋限时抢购＋正品保障"的 B2C 电商特卖模式，并持续深化为"精选品牌＋深度折扣＋限时抢购"的正品时尚特卖模式，加上其"零库存"的物流管理以及与电子商务的无缝对接模式，唯品会得以在短时间内在电子商务领域占领一席之地。唯品会官网数据显示，截至 2022 年 9 月，唯品会当前注册会员超过 3 亿，累计合作品牌超过41 000家，深度合作国内外品牌超过 6 000 家。

放眼中国电子商务市场，模仿唯品会商业模式的企业不在少数，同样是B2C，同样做特卖，其他电商平台的营业额都起伏不定，而唯品会的活跃用户和订单强劲增长，这与其品牌差异化运营有着不可分割的关系。

二、唯品会的品牌差异化策略

（一）强调品牌特色，采取差异化定位

唯品会在品牌建立初期就树立起强烈的品牌意识，以"传承品牌生活，提升幸福体验"为使命，着眼于品质、价格，围绕特卖进行深度业务延伸，打造矩阵布局。一方面，以 C 端客户为核心，上线云品仓、唯品快抢等业务和板块，进行好货与特卖的结合；另一方面，它着眼于 B 端市场，推出极具潜力的唯品仓 App，借助唯品会的特卖实力和经验积累，为品牌和代购打造了社交化的新平台。

唯品会初期主要通过广告迅速提升品牌的市场知名度。以一些素人女性为主角，在电视上大量投放 30 秒左右的信息性广告。广告围绕正品特卖的主题，向消费者展示产品的基本信息，如产品名称、性能、价格、质量等。其中一则广告中更是简单明了地介绍道："唯品会，一家专门做特卖的网站，每天都有很多品牌在特卖，全部正品，全部特价，限量抢购。"

在品牌成长期，唯品会开始重视强调品牌的社交货币属性。社交媒体作为电商营销的重要手段、流量扶持下的电商模式，能够演化出更丰富的发展空间。唯品会借助微博、微信、百度贴吧、知乎等社交媒体，从不同层次上满足用户对信息的需求，为服务于广大微商打开新的格局。用户在购买了唯品会产品后，发微博或朋友圈等表达自己的心情，或者是有意无意地接受微商在网上的"安利"，实际上用户都在不知不觉中充当了唯品会的推荐人和品牌的潜在消费者。

2020 年起，唯品会与芒果 TV 建立长期合作，在热门综艺投放大量广告，"杨超越微博晒单"事件不仅强调了唯品会"品牌特卖"的特点，更是在加速广告转化率的基础上，为唯品会带来口碑营销的机遇。杨超越的微博借 3 亿唯品会会员之口，赋予"唯品会会员"社交货币属性，强化其身份标识，通过真实用户体验和口碑，吸引更多人了解、喜欢并使用唯品会。并且，唯品会在微博建立"杨超越全网找人"的话题，在其他平台也具备可延展性，即全平台会员都可以通过回应杨超越，形成话题的共振和内容的共创，以此吸引大众对唯品会的讨论。

疫情期间，服装业供应链中断，导致产品无法正常输出，服装库存压力变大，服装品牌不得不将重心从线下转至线上；同时受经济下行的影响，消费者对价格的敏感度有所提升。以差异化品牌好货为核心战略的唯品会借助风口，聚焦头部核心品牌，不断深化品牌赋能，与品牌建立"好质量"供货体系，实现货品的"好价格"，最终强化"大牌超值"的用户认知。与此同时，唯品会还不断加深与品牌方的合作关系，利用平台优势，深度分析平台客群，根据客群的特质和需求，与近 500 家品牌商定制打造专供款产品，为唯品会用户提供差异化好货。

除了持续为消费者提供专供款品牌好货，将折扣"日常化"，唯品会还尝试独立打造购物节，推出 419 全球特卖狂欢节，一改消费者对"品牌特卖＝库存甩卖"的刻板印象，将特卖消费融入国际大牌，并加入首发新品。唯品会通过差异化的核心战略，给品牌特卖赛道带来更大的营利空间。

（二）重视品牌运营，实现差异化营销

如何做会员的全生命周期运营，一直是电商平台最重要的课题。伴随着不断升级的消费需求，从线下商场到线上零售电商，会员已成为越来越多商家和平台识别高黏度用户的标配。目前，主流电商平台的会员服务大都是先有货，再服务会员，即先满足全人群的消费需求，再提供锦上添花的会员服务。而唯品会则对用户群体加以精细化切分，根据不同人群的不同需求，唯品会以品牌好货、优质体验驱动活跃用户强劲增长。具体说来，唯品会把用户人群主要分为三大类，精致女性、男性群体和银发族。对不同的人群，唯品会的运营策略也各不相同。

女性是唯品会的主要用户群体。从唯品会每日特卖的女装类目可以看到，其中既有像乐町这样针对年轻用户的青春品牌，也有面向贵妇的高端大牌，基本满足了女性消费者对不同价位段的需求。但消费需求不只与购买力相关，还具有场景性。唯品会考虑到了女性群体使用的不同场景，持续深化与品牌合作，通过大数据洞察联动品牌进行生产方向的聚焦和调整，深度挖掘符合用户需求的优质货品。比如，唯品会为满足"熬最晚的夜，吃最多的保健品"的年轻职场女性养生需求，推出 Swisse 护肝片、葡萄籽、深海鱼油胶囊养生礼盒套装，一上线就成为爆款；针对刚刚晋升为妈妈的 90 后，唯品会与爱他美品牌合作引进德国版白金婴儿奶粉。

通常，女性热衷于为父母购买衣着服饰、洗护用品，帮助伴侣进行外形上的装扮，为子女采购服装、食品，为自己采购服装、美妆产品，为家庭采购日用消耗品等。围绕着女性的生活半径，唯品会进一步丰富海淘国际品牌商品与家庭日常生活品类，实现中国家庭采购场景的全覆盖。

虽然唯品会女性消费者居多，但是男性消费者的市场也非常大。不论是美妆还是服饰领域，男性用户都在不断创造新的市场价值，"他经济"一度站上市场风口。与偏爱为全家购物的女性用户相比，男性用户购物更具有目的性，而且品类更加集中，比如运动装备、潮流国货、电子产品等。为此，唯品会通过与品牌联合定制、"折扣上新"等方式，满足男性客群对好货好价的需求。比如，NIKE 品牌 ZOOM 系列黑白熊猫运动鞋，曾作为品牌热门新款，在唯品会以最低 5.7 折的价格上线，引发热衷潮鞋人群抢购。

银发族也是近年来备受关注的消费群体。国家统计局发布的数据显示，2019 年末中国 60 岁及以上的老年人口数达到 2.54 亿，占总人口比例 18.1%，这背后是一个万亿市场。虽然老年人在互联网中的活跃度和适应力有了显著提高，但很多人仍对互联网工具不熟悉，对网购有顾虑等。为此，唯品会打通品牌线下门店和平台线上销售，让门店的货品通过唯品会的平台直达消费者，并推出快速退换货服务解决用户网购顾虑。

为了让所有的用户都有更好的购物体验，唯品会与顺丰物流合作持续深化，不断提升物流效率和配送服务质量，全面提升用户的消费体验。用户买满 88 元即享受顺丰包邮的服务。此外，唯品会提供免费上门揽退服务，用户在唯品会上购买的所有自营商品，退换货服务统一由顺丰完成上门取件。此外，唯品会还加大对客服系统的升级，进一步提升用户问题解决效率，加快退款效率，订单支付成功后十天内支持价格保护，让用户买得放心。通过不断强化运营服务，唯品会会员的用户黏性、复购率和好感度也不断提升。

深度运营用户的背后逻辑，是围绕会员的需求，会员想要什么东西，平台就变成会员的"买手"，去全球各地精选最优商品。这是从"电商会员"到"会员电商"的进化，也是唯品会活跃用户强劲增长的秘密。

三、唯品会品牌差异化启示

目前，电商平台以非良性的价格竞争争取更大市场蛋糕的情况仍然不占少数，结果往往令人失望。因此，下面通过借鉴唯品会实施品牌差异化战略的经验，引导新兴电商平台及其他企业通过科学的途径，打造强势品牌，提高竞争优势。

（一）稳固品牌核心竞争力

核心竞争力是品牌独有的，能为消费者带来特别价值，使品牌在某一销售领域上长期拥有竞争优势的自身能力资源。普通的品牌差异化战略是企业在商品、服务、外观等外在方面区别于竞争对象，而核心竞争力不单单是一种技术能力、营销能力、服务能力，而是各项能力重新组合汇入企业核心中，支持企业长时间保持持续相互竞争优势的能力。

唯品会的核心竞争力就是"精选品牌＋深度折扣＋限时抢购"的正品特卖模式，每天准点上线数百个正品品牌特卖，为消费者提供超值的购物惊喜。更深层次的差异化，必须将核心因素融入平台品牌选择及用户服务之中。唯品会凭借垂直特卖模式，以名牌服饰为切入口，既帮助品牌商清尾货库存，又精准击中白领消费群体低价购买品牌产品的诉求，迅速打开市场。唯品会不仅在服饰特卖领域占据领先地位，还一度跻身电商市场，呈现淘宝、京东、唯品会三足鼎立之势。从 2013 年末开始，唯品会积极拓展产品品类，相继推出美妆、亲子乐园以及居家生活等频道，逐步切入化妆品、母婴、家居以及3C 家电等领域，力图获得企业营收规模的快速增长。2017 年，唯品会的标语口号也从"一家专门做特卖的网站"升级为"全球精选，正品特卖"，宣告唯品会不再局限于尾货和库存的销售，转而增加新款产品、正价商品等更高附加值、更高利润率商品的销售。其他企业需要思考如何打造产品的核心竞争力，同时与品牌差异化战略相结合，进而升华为更深层次的差异化，使企业获得持久的竞争优势。

（二）细分品牌目标客户群

想要实现有效的品牌差异化，企业首先应该明确进行差异化的目的是，在消费者心目中建立品牌形象，打响品牌名声，从而引导消费者购买该品牌的产品。因此采取品牌差异化战略，就要进行更精细的目标用户划分。做精细化运营其实就是为了提高用户黏性。垂直电商平台若能做到以用户为中心，亦可被视为由内往外的破局，这种内生性的爆发力极强。

唯品会除了对用户性别、年龄层划分，还针对新老用户采取不同的品牌运营策略。一方面，通过发放无门槛优惠券等途径吸引新客，扩大用户流量池；另一方面，对客服系统进行升级，比如推出退换一体、一键免费上门揽退等服务。此外，上线唯品直播栏目，通过站内站外直播，限时限量低价抢购等形式，满足不同人群全场景购物需求；对于平台核心高价值用户群体的付费会员——超级 VIP 用户，唯品会不仅为其提供全年自营商品免邮、免退换运费的服务，并推出自营商品"折上 9.5 折"等特权。在一个完整的购物交易过程中，最能检验购物体验的环节往往是售后而不是售前，唯品会一系列的精细化服务，让用户购物更具安全感，进而达到提高用户留存率的目的。

（三）坚持品牌正品特卖

在电商领域被京东、淘宝、拼多多、唯品会、苏宁易购等占领全部市场的互联网时代，新兴电商平台需要严格把关产品来源，在保障产品质量的前提下，找到合适的突破口，异军突起，吸引消费者注意力，打造电商品牌。

唯品会自 2008 年成立以来，经历了流量从 PC 端到移动端的转移。唯品会始终不仅仅将正品特卖看作一句口号，更坚持用实际行动践行这一准则。除了自身全流程监督外，在正品保障中还引入了消费者监督，开发出"正品鉴定官"的 IP，邀请各行业人士包括有公信力的名人和素人，以客观的态度对唯品会售卖商品展开长期、务实、唯真的品质鉴定行动，引导消费者承担起正品监督的责任。2017 年，唯品会宣布继续在电商平台最根本的"货"上下功夫，深耕供应链，继续用高性价比产品和深度折扣吸引消费者。唯品会从生产端与消费端双向努力，保障商品正品。

（四）延伸品牌战略布局

以品牌引领业务，以品牌组合引领业务组合，品牌布局战略能够帮助企业品牌统领全局、决胜千里。品牌布局的绝妙之处在于，在业务战略上与客户用户之间构建了品牌的沟通，搭建了品牌的桥梁。以精心设计的品牌布局引领复杂多元的业务规划，宏观上构建战略全局，锁定战略要点；微观上又可以具体落实于明确的发展路径。

不管是自建物流、布局金融，还是对细分市场进行深挖，都可以看出唯品会的布局均围绕着主营业务，形成了生态布局和战略矩阵。从金融业务"唯品花"来看，2018 年"616"年中大促开售 24 小时，使用唯品花进行支付的金额占比达 24.9%。物流业务也同样交上了出色的成绩单，2018 年第二季度，唯品会自建物流交付了约 99% 的订单，高于上年同期的 95%。可以看到，金融、物流等业务已经成为唯品会新的增长点，为唯品会的主营业务不断夯实优势。另外，从之前推出的花海仓、2019 年上线的唯品仓，以及 2019 年 7 月全新改版上线的特卖板块"唯品快抢"，倡导"轻电商"平台发展理念的云品仓等，都可以看出唯品会不断延伸品牌战略布局，为差异化主营业务服务，强化品牌差异化特征，快速应对市场的变化。而这背后还是其强大的供应链整合能力，以及在服饰穿戴核心品类所体现出来的底气。

（五）拓展品牌战略合作

品牌战略合作的优点在于它结合了不同公司的优势，可增强产品的竞争力，降低促销费用。唯品会多年来一直深耕服饰穿戴、美妆等品类领域，在唯品会的用户中，女性用户占比达到 80%，拥有很高的品牌口碑。同时唯品会坐拥超过 3 亿注册用户，具有很强的实力和品牌知名度。2017 年 12 月 18 日，腾讯、京东、唯品会宣布三方开展战略合作。截至 2022 年 3 月 31 日，微信及 Wechat 的合并月活用户已经达到 12.88 亿；京东则是目前中国第二大电商平台，客户群体以男性为主，活跃用户数接近 3 亿。三方的深度合作，有助于打通社交与电商之间的隔阂，唯品会也正式开始向社交电商转型，致力于打造第一家"做品牌特卖的社交电商平台"。

与男性相比，女性天生更喜欢沟通、交流和分享，对社交的需求更为强烈。唯品会在品牌创建期，在微信中加入唯品会的入口，以激活社交电商，为品牌建设带来了流量，解锁出一片全新的市场。目前，唯品会持续释放自身潜力，成为业务领域的领头羊和资本市场的宠儿，与腾讯、京东合作的进一步加强，势必为其带来更广阔的发展前景，激发更多能量，也为市场和行业带来更多活力。

第四节　比音勒芬：高端服饰品牌新媒体营销的先行者

一、比音勒芬品牌介绍

比音勒芬股份有限公司2003年成立于广州，2016年在上交所上市，是中国高尔夫服饰第一股。公司以服饰研发设计、品牌运营、营销网络建设及供应链管理为主要业务，公司旗下有两个品牌，包括比音勒芬和 ARNAVAL DE VENISE（威尼斯狂欢节）。比音勒芬的市场定位填补了国产轻奢品牌空缺，满足轻奢运动与生活多场景服饰需求，在同行业中占据了相对稳定的市场份额。根据2021年财报数据，比音勒芬营业总收入平均增长率为22.18%，营业利润平均增长率为24.95%，利润总额平均增长率为24.66%，归属上市公司股东净利润平均增长率为23.94%，基本每股收益平均增长率为23.50%，企业整体表现出较好的发展态势。

作为高端服饰品牌，比音勒芬擅于利用品牌特殊的定位优势，利用赛事传播、娱乐营销、故宫联名、事件推广等品牌营销矩阵，在新媒体营销领域不断探索，宣传品牌，提升品牌价值。下面对比音勒芬在微博营销、短视频营销以及微信公众号营销当中的策略进行分析。

二、比音勒芬的微博内容营销策略分析

微博的传播影响力大，许多品牌入驻微博，并在微博上进行企业和品牌的宣传推广。比音勒芬于2015年11月开通微博，截至2022年9月2日，已拥有32万粉丝，累计发布微博数为2 015条，视频累计播放量达3 576.3万。

（一）微博内容丰富，品牌形象生动

总结比音勒芬的微博话题特点，其话题内容可以大致分为五大类，分别是节日微博、产品微博、赛事传播、明星营销和事件推广。比音勒芬在微博营销上以这五类话题相互融合，一方面可以在宣传产品的同时减少广告的生硬感；另一方面可以拉近品牌与粉丝之间的距离。

（二）重视热点营销，避免平均发力

虽然比音勒芬微博的话题内容种类丰富，但分析其每一话题下的微博数量，可以发现明星营销类微博和事件推广类微博出现的频次明显高于其他话题，这是由于这两类微博对粉丝的吸引力较强，热度较高。

明星营销大致可以分为两种，一是与比音勒芬签约的品牌代言人、品牌挚友，包括杨烁、金大川、游天翼等，明星营销一方面可以提高品牌热度，另一方面这些代言人的形象特点可以强化品牌个性；二是品牌为了加强热度与明星进行的短期合作，主要是拍摄时尚大片或者邀请明星参加线下活动，包括与刘恺威、吴奇隆、吴尊等的合作，进行这些合作主要是为了增加品牌的曝光度，实现品牌破圈。从微博频次上看，明星营销在微博营销中出现的频次很高。

事件推广微博，主要是品牌利用各类品牌相关事件进行宣传，品牌相关重大事件可以借助多次发布微博进行宣传，能为品牌带来较高话题度，与明星营销相互联系可以增强事件的影响力。比音勒芬微博点赞、评论、转发数量上千的微博主要集中在两个话题事件：一是比音勒芬于 2021 年 9 月 30 日邀请刘恺威参加比音勒芬山西旗舰店的开张典礼，二是比音勒芬于 2021 年 12 月 10 日登陆央视《大国品牌》节目，主讲人为代言人杨烁，与这两个事件相关的微博基本上都有相对较高的热度，点赞、转发或评论量达到千次以上。

（三）利用 KOL，助力品牌传播

除此之外，比音勒芬的官方微博充分发挥 KOL 的作用，其主要相关的 KOL 为演员杨烁。杨烁于 2017 年与品牌签约，其微博粉丝数为 602.6 万，是比音勒芬微博粉丝量的近 20 倍。杨烁发布与比音勒芬相关的微博数为 6 条，平均转发次数为 9 895.5 次，平均评论次数为 7 633.83 次，平均点赞次数为

22 705.5 次，均显著高于比音勒芬官方微博的数据，杨烁本身自带的庞大的粉丝群体为品牌的传播起到了明显的作用。

三、比音勒芬短视频营销策略分析

根据新榜数据，截至 2022 年 4 月 13 日，比音勒芬共发布了 243 个短视频作品，收录的最早作品发布时间为 2020 年 5 月 13 日，作品累计获赞 43 500 次，累计获得评论 880 条，累计获得转发 39 972 次，累计获得收藏 355 次。比音勒芬在各大短视频平台上点赞数排名前十的视频的内容主要分为奥运热点、明星代言、产品展示、品牌精神这四类。

（一）深度观察用户，精准投放视频

比音勒芬在短视频平台上发布的视频充分体现其对目标群体用户的深刻把握，比音勒芬短视频所选择的内容以及投放平台都来源于其对用户的深度观察以及调研。

首先，比音勒芬的视频风格契合企业品牌形象定位。视频内容大部分为一位男士穿着比音勒芬服装，配以悠扬的音乐，展现出一种高端商务人士正在休闲运动的画面，这种风格契合且吸引它主打的消费市场——中高端消费人群。比音勒芬用符合消费人群风格的视频进行宣传，更加吸引目标市场的目光，这种精准宣传，有利于获得事半功倍的营销效果。

其次，比音勒芬擅于捕捉用户使用高峰时段，实现定向补给。比音勒芬多在早上七点、下午两点、晚上六点这几个时间点，即在用户进餐休息时间投放视频。此时比音勒芬的营销信息投放将更能贴合用户的需求，增加用户对短视频产品的关注度，促使其进一步获取广告内容，这加深了宣传效果，实现了用户转化。

再次，比音勒芬恰当的视频时长适应消费者浏览习惯。比音勒芬注意到消费者的浏览特点，平台发布的视频主要以小于 30 秒的为主，以用户偏好的广告形式呈现营销信息，契合了用户碎片化的观看习惯，避免出现视频的冗长带来的消费者厌烦而流失客户的可能。

最后，比音勒芬擅于选择合适的渠道投放。比音勒芬考虑到不同平台的流量和调性，选择吻合目标用户和符合品牌定位的平台。比音勒芬没有在现

有的所有短视频平台都建立自己的企业账号。以抖音和快手为例，二者共同作为头部短视频平台，比音勒芬却只选择抖音，未在快手布局，是考虑到用户收入差异的结果。艾媒咨询数据显示，快手月收入 5 000 元以下的用户占比 73.8%，而抖音为 66.1%；抖音月收入在 10 000 元以上的用户占比 11.3%，而快手仅为 6.4%。比音勒芬主打中高端产品，故更适合在抖音投放广告。

（二）利用明星偶像，把握用户喜好

与微博营销相似，比音勒芬在短视频平台上也充分发挥 KOL 的作用，以杨烁这个有精英人设的、散发着阳光、自信的气质，与比音勒芬品牌 DNA 高度契合的演员为 KOL，发布杨烁代言产品的视频，并常常带上"杨烁"话题，让其粉丝群体关注产品，利用其自带的话题热度和粉丝影响力，提高品牌知名度、美誉度，产生粉丝效应，加深他们对品牌的认知与好感度，进而产生消费行为。

（三）挖掘视频优势，避免生硬广告

短视频的优势在于其利用一种生动自然的方式将用户带入情境，因此品牌在选择视频作为营销阵地时应当注重视频内容的吸引力，避免将其变成刻意的广告。在这一点上，比音勒芬主要是通过下面几种手段来打造品牌的宣传视频。

1. 打造场景，自然展示产品

在短视频平台上，比音勒芬在展示产品时，并不是直接展示售卖，而是结合产品的特性去塑造特定的场景，让穿着产品的模特，在特定的场景里或走动或坐下，结合用户视觉习惯来进行产品展示与植入，增加产品的趣味体验，激发用户的自我想象力，引发用户的购买欲望。

2. 讲述企业故事，增加品牌温度

比音勒芬将讲述品牌故事的视频（《大国品牌》系列短片之《创造者的时代》）在抖音平台置顶。短片以比音勒芬为故事原型，以"创造"作为串联全篇的情感主线，讲述了比音勒芬传承创新、致敬时代的动人故事。比音勒芬通过展示品牌故事，跳脱产品功能呈现，以价值观彰显品牌质感与温度，赋予品牌精神内涵和灵性，使品牌更有性格、更具调性。人格化影响，实现与消费者的深层次互动，使得消费者对产品进一步熟悉、亲近，在不知不觉中加深了对产品的感情，产生购买欲望。

3. 紧跟社会热点，借赛事推广

比音勒芬在抖音平台上发布带奥运会话题的视频和展示为国家高尔夫球队量身定制的奥运比赛服——五星战袍Ⅱ的视频，通过将热点融入短视频的内容之中，将短视频的标签与热点关键词结合，提高短视频与热点的关联度，进行内容传播，增加曝光度与播放量，获取更多人的关注。

4. 短片展示人生理念，引起观众共鸣

比音勒芬在短视频平台发布《只和自己比》《一步步走实自己的路》等视频，其内容以故事为主而非简单的广告。比音勒芬将这些视频作为消费者和品牌之间的"情感"切入点，让观众沉浸在其中，引发情感共鸣，实现消费者对短片价值观的认可，拉近与消费者的距离，使其更容易接受和认可品牌所传递的信息和价值观。

四、比音勒芬微信公众号营销策略分析

比音勒芬相关微信公众号共14个，其中总店1个，分店11个，招聘1个，线上商店1个，总店"比音勒芬"于2015年3月12日发布首篇推文。此后，每年总推文数量基本稳定在40篇以上。其中，阅读量破万的推文数量自2016年以来一直保持着增长趋势，并于2020年上升到32篇，且近三年阅读量破万的推文始终保持在30篇以上的水平。但各年份阅读量破万推文在总推文中的占比持续上升，已从2015年的4%上升至2021年的79%。由此可见，比音勒芬公众号自开设以来，内容运营效率持续上升，热度向好，前景较为乐观。

（一）内容语言生动活泼，吸引力强

比音勒芬的公众号文案并不是仅仅发布与品牌相关的产品信息，还包括关于明星综艺、影视作品宣传推文，这些文章相较单一产品而言更能引起受众兴趣点，提高浏览量，如综艺《乘风破浪的姐姐》，电视剧《上阳赋》等，这些推文内容以及传统的新品发布、节日推送等推文内容结合在一起，实现

了持续性内容、方案性内容、热点性内容、时效性内容的全覆盖。丰富多样的内容可以增加公众号的阅读量和点赞量，提高品牌亲和力。除此之外，比音勒芬还善于用活泼生动的语言来提高推文的可读性，吸引关注者进行阅读，进一步了解品牌和产品；且其推文标题愈发活泼化，常用"?""!"等感叹词，吸引目标顾客的注意。同时，比音勒芬还在推文标题当中开启了"NEW ARRIVAL"和"星示范"系列，使推文之间产生了更多的联系，形成一个完整清晰的系统，既可以让客户迅速捕捉到推文内容找到所需信息，又可以引起目标顾客持续关注的欲望。

（二）推文结构完善，实用性高

比音勒芬通过微信公众号进行内容营销的内容结构完善，在公众号中发布许多实用信息，如新产品信息、产品展示信息等。实用度与可读性的结合使得比音勒芬在微信公众号的品牌营销方面取得了不错的成绩，推文的阅读量均维持在一个较高的稳定水平。比音勒芬曾与故宫宫廷文化联名推出系列产品，该系列在推广的过程当中多次强调了"科技""故宫"等元素，不断呼应比音勒芬高品质、高品位、高科技和创新的"三高一新"的研发理念，同时也没有忽视与故宫这个大 IP 联名合作能够给品牌增加的热度，在通过明星、事件等方式进行营销的同时，不断强化品牌本身的特点和优势，除了吸引读者注意力，更给读者提供实用性的信息。

（三）发挥公众号特点，开启新零售模式

比音勒芬公众号的粉丝大多来自线下门店顾客，基于微信公众号的特点，比音勒芬全面推进 VIP 精细化管理，通过"微信号＋VIP 社群营销＋小程序直播"将线下会员引流线上，线上线下联动，共同发力，提高用户黏性和品牌复购率，这种模式使比音勒芬能够实现销售业绩的持续攀升。目前，比音勒芬仍然在持续挖掘探索微信公众号在私域流量方面的运营作用，致力于进一步精细化运营公众号粉丝，实现千人千面的内容推送和产品推荐、实现小程序全渠道获客管理和转发分析等。这种零售模式将有助于品牌对顾客进行更加高效的管理。

五、比音勒芬社交媒体内容营销启示

（一）坚守形象定位，营销特色鲜明

比音勒芬品牌的定位是高端高尔夫球服饰，因此在各大社交媒体上均强调自身品牌属性，品牌发布的微博文案、公众号文案、视频内容推送都与品牌的目标市场——精英人士群体相契合。在代言人方面，比音勒芬选择在影视作品中扮演精英角色的杨烁、中国高尔夫球球队"一姐"冯珊珊作为品牌代言人，他们所展现的气质特点均与品牌强调的高端精英文化相互匹配。与此同时，比音勒芬还强调自身的大国品牌属性，在国潮兴起的趋势下与故宫联名合作，在营销传播上借助"大国品牌""故宫"等的热度，将"高端品牌"进一步延伸为"高端国潮品牌"，以吸引更多的消费群体。

（二）重视 KOL，利用明星效应

随着社交媒体的发展，人们接受信息的方式发生了转变。相比于传统的直接发布服装广告的方式，人们更加容易被 KOL 以及明星的举动和言论所吸引，因此借助这些群体的力量，品牌可以以人们更为喜闻乐见、触发人们刺激点的方式推广产品，比音勒芬在微博、短视频平台和微信公众号多次提及品牌代言人杨烁，以及其他与品牌相关的明星，借助明星本身的巨大热度为品牌做宣传。比音勒芬热度最高的前十条微博、前五条视频号视频都与明星话题相关，可见明星效应的影响力之大，因此比音勒芬尤为重视其在营销上发挥的作用。

（三）把握重要话题，维持品牌热度

比音勒芬品牌在社交媒体的营销过程当中注重品牌具体事件话题的宣传，提高热度，如 CCTV1《大国品牌》节目的比音勒芬介绍，东京奥运会高尔夫球赛程，刘恺威参加旗舰店开店仪式等，这类与具体事件相关的话题可以极大地提高人们的关注度、增加讨论量。微博、短视频中的高热度内容都与这些话题相关。因此比音勒芬可以更多地开展活动，一方面丰富品牌社交媒体内容范围；另一方面提升品牌的知名度。

（四）建设社交媒体矩阵，广泛发挥优势

比音勒芬在微博、短视频平台、微信公众号上都有官方账号，这几类社交媒体在功能特点上各有特色，依据这几大平台各自不同的特点，比音勒芬发布的信息和营销的内容都有所侧重，以吸引不同平台上的用户关注产品。

微博的传播特点是以文字、图片为主，内容短，话题明确，因此微博发布耗时少，具有即时性，针对同一内容可以进行多次发布加强传播，且在微博上发布的内容范围较广，频次较高。比音勒芬在微博上除了发布新品穿搭之外，还发布与品牌具体活动相关的微博，相关明星的个人宣传、新剧宣传、节日微博等，在话题性较高的事件上多次发声，起到强化宣传的作用。

短视频具有视频时长短，内容重点鲜明的特点，是各大品牌进行品牌营销的重要渠道，短视频内容的制作周期较微博长，成本高，因此其侧重点更多地放在新品广告和热点事件当中，而极少出现其他内容，比音勒芬在抖音发布视频播放量前五名的内容均为新品展示。短视频平台的另一特点是会根据用户浏览的偏好进行推送，因此品牌会结合相关热点话题发布视频，话题性视频、高端精致的广告视频可以增加消费者对品牌的好感。

微信公众号具有成本低、灵活性高等特点，制作周期相较短视频更短，公众号推文内容多为小文章或海报，较少出现短文字或小视频，因此需要设置刺激点，如构思巧妙的文案、消费者感兴趣的话题等，吸引目标受众点开文章。因此，比音勒芬在推文的内容上主要集中于明星、穿搭、产品等方案性内容和持续性内容，近三年来阅读量破万的推文维持在 30 篇以上。

第五节　白云山：中药品牌现代化的引领者

一、白云山品牌简介

广州白云山医药集团股份有限公司（以下简称"广药白云山"）成立于1997 年，是广州医药集团有限公司（以下简称"广药集团"）控股的上市公司，主要从事中西成药、化学原料药、天然药物、生物医药、化学原料药中间体的研究开发、制造与销售；西药、中药和医疗器械的批发、零售和进出口业务；大健康产品的研发、生产与销售；以及医疗服务、健康管理、养生养老等健康产业投资等。

广药白云山作为广药集团旗下的上市公司，为整个集团的发展和建设贡献了不可磨灭的力量和推动作用。近年来，广药白云山始终坚持打造低调但不失内涵的品牌形象，制造安全且质量有保障的医药产品，构建国际市场的发展布局，全面提升企业发展的品牌"韧劲"。目前已形成了以医药制造为核心的"大南药板块"，以王老吉为引领的"大健康板块"，以发展医药商业全国网络和零售业态为特点的"大商业板块"和以医疗健康、康养服务为特色的"大医疗板块"。

从老字号到世界五百强，从引领企业责任到同频国家战略，从守护国人健康到为人类健康履行中医药使命，广药白云山、广药集团品牌引领的未来之路值得我们期待。同时，为推动老字号焕发新活力，广药集团首倡"时尚中药"的理念，即用最先进的科研技术，用现下最流行的年轻人易于接受的市场推广模式，打造当下大众最需要的健康产品，努力推动中药现代化、中药国际化、中药科普化和中药大众化。

二、白云山中药品牌现代化的引领优势

经过几十年的发展壮大，加上国家宏观环境的稳定及医药技术的成熟，广药白云山形成了自身的发展模式，同时也形成了自身的优势和核心竞争力。

（一）丰富的产品与品牌资源

丰富的产品和品牌资源为广药白云山的中药品牌现代化目标奠定了基础。在产品方面，广药白云山在糖尿病、心脑血管、抗菌消炎、清热解毒、肠外营养、止咳镇咳、跌打镇痛、风湿骨痛、妇科及儿童用药、滋补保健等领域形成齐全的品种系列；拥有各类剂型 40 余种、近 2 000 个品种规格，独家生产品种超过 90 个。在知名品牌方面，广药白云山拥有中国驰名商标 10 项、广东省著名商标 22 项、广州市著名商标 27 项。其中，"王老吉""白云山"的品牌知名度和美誉度在全国消费者中具有较大的影响力和感召力，是国内

最具价值的品牌之一。

（二）悠久的品牌文化软实力

悠久的中医药历史和品牌文化软实力为广药白云山的中药品牌现代化目标增添了独特的活力。广药白云山旗下 12 家成员企业均获得中华老字号认证，其中陈李济药厂、中一药业、潘高寿药业、敬修堂药业、采芝林药业、王老吉药业、星群药业、奇星药业、明兴药业、光华药业为百年企业；并拥有星群夏桑菊、白云山大神口焱清、王老吉凉茶、陈李济传统中药文化、潘高寿传统中药文化、中一"保滋堂保婴丹制作技艺"等六件国家级非物质文化遗产；还建立了陈李济中药博物馆、"陈李济健康养生研究院"、"岭南中医药文化体验馆"、"神农草堂"、采芝林中药文化博物馆和"王老吉"凉茶博物馆，构建了多个文化宣传平台，展现中医药悠久的历史与灿烂的文化，重塑了中医药的名优品牌。

（三）相对完整的品牌产业体系

相对完整的品牌产业体系为广药白云山的中药品牌现代化目标提供了基本支撑和保障。广药白云山现有主要医药资产，通过内外部的前向一体化和后向一体化发展，形成较为完善的原料、研发、生产、流通及终端产业链。在中药材供应方面，因地制宜在全国范围内选择药材种植基地，广药白云山及合营企业共拥有 60 多个 GAP 药材基地，建立了原材料、辅料统一采购平台，有效保障中药材质量及供应并控制生产成本。在产品研发方面，不断构建完善的技术创新体系，广药白云山与国内外科研名院所构建了广泛的合作网络，聘请诺贝尔奖得主及国内外知名专家形成专家智库，发挥内外协同效应，高效利用各方有利资源，以科技推动发展。

（四）不断完善的品牌科技创新体系

不断完善的品牌科技创新体系为广药白云山的中药品牌现代化目标注入了新鲜的血液。广药白云山多年来不断加强平台建设，完善自身科研创新体系。目前，广药集团及合营企业拥有国家级研发机构 5 家，国家级企业技术中心 1 家，博士后工作站 2 家；省级企业技术中心 16 家，省级工程技术中心 18 家，省级重点实验室 5 家，省级工程实验室 1 家；市级企业技术中心 14

家，市级工程技术研发中心 15 家，市级重点实验室 6 家。此外，还拥有中药及中药保健品的研究与开发、自动控制和在线检测等中药工程技术、中药制剂、超临界 CO_2 萃取、逆流提取、大孔树脂吸附分离、中药指纹图谱质量控制、头孢类抗生素原料药的合成与工艺技术、无菌粉生产技术及制剂技术等处于国内领先地位的核心技术。

三、白云山中药品牌现代化的引领战略

广药白云山持续推动旗下 12 家中华老字号振兴发展，助力母公司广药集团成为全球首家以中医药为主业进入世界 500 强的企业，实现了中医药在世界强企行列"零"的突破。根据《广州白云山医药集团股份有限公司 2021 年年度报告》，广药白云山 2021 年实现营业收入 690.14 亿元，同比增长 11.90%。在"十四五"规划期间，广药白云山将紧紧围绕传统中药品牌现代化的发展主题，持续把握稳中求进工作总基调，坚持推动高质量发展，扎扎实实地推进品牌发展战略。

（一）打造巨星品牌，夯实现有产品发展根基

持续以巨星品种为抓手，夯实大南药板块现有产品发展根基。广药白云山将继续深耕终端市场，加强对市场的研判及内部资源的整合管理，积极推动品牌营销工作创新，分类分策略打造更多不同领域的巨星品种；继续加强对大品种的支持和培育，推进睡眠品种盘活工作，加快培育一批潜力品种；继续推进老字号振兴项目，通过老字号焕发新活力；加快先进生产新型饮片基地建设，扩大中药饮片生产基地产能，提升中药饮片生产水平。在巩固维护已有的医药品牌的前提下，研发开拓新的中药产品以及建设塑造新的中药品牌。

（二）开拓潜力市场，推动品牌年轻化转型

做强做优大健康板块业务，推动品牌年轻化转型发展。广药白云山将继续开发红罐红瓶王老吉凉茶的礼品市场、餐饮市场、即饮市场以及绿盒王老吉凉茶的家庭消费市场等，强化潜力市场的培育，进一步巩固凉茶市场行业的龙头地位；以样板市场打造为抓手，推动刺柠吉系列产品的市场建设、渠

道建设和品牌建设。同时，加强润喉糖、龟苓膏、椰汁、雷龙等潜力产品的市场拓展，加快推进荔枝新品上市工作，打造新的增长点。进一步加大品牌与产品宣传力度，提升品牌核心价值，创新升级"吉文化"，以品牌年轻化推动发展。继续顺应社区电商等线上消费趋势，使线上线下协同发展，提升品牌整体销量。

（三）借助网络渠道，加快品牌影响力建设

做深做活大商业板块，加快品牌影响力建设。广药白云山将持续推进医药公司分拆上市工作，提升自身融资能力，优化企业资本结构；紧抓粤港澳大湾区发展机遇，借助地缘优势，打造粤港澳大湾区医药进出口平台；强化商业配送业务能力，深耕广东、海南等优势网络，扩大批发业务市场覆盖率，提升集约化程度，不断创新服务模式和提升配送服务能力；加强布局城市核心商圈的零售旗舰店，大力拓展院边店及 DTP 药房；加快采芝林国医馆转型升级，提升国医馆的市场竞争力和整体影响力；借商业流通的优势之力，加快服务转型升级，再次吹响中药品牌现代化的号角。

（四）布局特色产品，发挥品牌多元化优势

做大做精医疗板块业务，发挥品牌多元化优势。广药白云山将加强广州白云山医院学科建设，积极围绕优势学科，引入学科带头人，进一步提升医疗水平，提升医院软实力；持续推进月子中心单店的稳步经营，打造"白云山润康"月子会所品牌；持续拓展医疗器械领域产品线，重点布局特色产品，打造健康用品品牌企业。

四、白云山中药品牌现代化的引领启示

（一）致力产品开发，提升品牌产品力

广药白云山自成立以来，一直专注于医药健康产业。大南药板块和大健康板块是该品牌主要的产品来源。其中，大南药板块主要从事医药制造业务，是南派中药的集大成者。主要的中药产品包括板蓝根颗粒系列、小柴胡颗粒、脑心清片系列等；大健康板块主要以饮料、食品等为主，王老吉凉茶是具有较强的品牌价值优势和产品竞争力的单品，在中国凉茶行业中占据较高的市

场份额。广药白云山致力于产品开发，实施"双品牌"战略，将知名品牌"白云山"与旗下其他老字号品牌相结合，推出"白云山陈李济""白云山敬修堂"等品牌，利用先前积累的品牌优势助力中药产品打开全国市场。

王老吉作为国内凉茶领导者，近年来一直坚持品牌年轻化战略，始终心系中药品牌现代化进程。在满足消费者基本需求的前提下，为消费者带来情感上、理念上的共鸣。将凉茶文化注入产品中，进一步开拓挖掘新的产品消费场景，推出产品的同时传播文化与传统，再次彰显老字号品牌的力量。

（二）加大技术投入，打造品牌创新力

创新是企业的发展动力，广药白云山始终坚持科技创新，点燃医药健康产业发展引擎。当下时代，中国品牌正处于转型升级的重要阶段，广药白云山将结合传统产业的优势，利用创新技术赋能，充分发挥中药行业龙头品牌企业的引领作用。作为医药企业，广药白云山深谙科技创新的重要性，构建完备的产业链便于创新成果落地，打造人才高地。例如，广药白云山在南沙区建设王老吉大健康产业基地和大健康产业总部，并依托白云区的土地物业资源，结合医疗康养，打造现代化、国际化的医疗产业集群；广药集团坐拥诺贝尔奖得主 3 人、国内双聘院士及国医大师 19 人、外籍专家顾问 7 人、博士及博士后近百人的高层次人才队伍，建成国家级科研机构 8 家，在研项目接近 200 项，广药研究总院获得 GLP 全资质认证。连续 18 年开展家庭过期药品免费回收，积极开拓时尚中药，为人们提供新的健康生活方式，积极打造独具产业特色、文化鲜明的世界一流生物医药与健康企业。广药白云山的创新能力还体现在拥有思想先进、素质优良、结构合理、创新能力强的人才队伍。

（三）整合营销方式，塑造品牌营销力

正是提出了"时尚中药"的创新理念，广药白云山将目光移到了电子商务的新业态上，建立"互联网 + 健康"新渠道，积极开展"直播带货"等新营销方式，借助于现代的技术、现代的营销手段让中医药潮起来。

第一，单品多元化及品类多元化发展。广药白云山开发出无糖凉茶、黑凉茶等细分凉茶单品，以及"刺柠吉"天然高维生素 C 饮料等大健康产品，积极推进"荔小吉"荔枝系列产品项目。顺应消费者需求变化和消费平台的特性，在推出新品的同时持续活化品牌形象，吸引更多年轻消费群。第二，探索跨界合作新模式。广药白云山与百事公司携手打造中国首款营养燕麦稀，与例外时尚、方所文化等企业探索"中药 + 衣食住行"发展新路径。王老吉牵手网易、B 站等年轻化平台，推出网易游戏联名罐，与百龄坛跨界合作等，实现消费圈层渗透，打造年轻潮流的品牌形象。第三，短视频互动营销。白云山光华制药、白云山医药销售公司在抖音 App 发起"国潮小生豫见爱"的挑战赛话题，以国潮创意互动形式开展，视频播放量高达 2.8 亿次，吸引了超过 2 万用户视频参与，信息流视频获赞量高达 1.8 万，在年轻消费者中有效建立起了品牌认知及产品功能认知。第四，打造互联网健康服务品牌。广药白云山推动医保、医疗、医药在"穗康健康生活"平台的集成，努力打造"要健康到穗康"的互联网健康服务品牌。

结合自身的品牌影响力，广药白云山充分发挥行业龙头品牌企业的引领作用。以激情、活力、理性、从容的态度来应对变革，推动旗下 12 家中医药中华老字号焕发新活力，向世界讲好中国品牌故事，积极打造独具产业特色、文化鲜明的世界一流生物医药与健康企业。广药白云山在新时代焕发新活力，为中国品牌走向世界的高峰贡献广药力量，扮演好中国中药品牌现代化引领者的角色。

第六节　云从科技：技术创新引领品牌发展

一、云从科技品牌简介

云从科技集团股份有限公司（以下简称"云从科技"），是由周曦于 2015 年创立的一家提供高效人机协同操作系统和行业解决方案的人工智能企业，孵化于中国科学院，总部位于广州，并在北京、上海、成都、重庆、芜湖等地设有办公场所。2022 年 5 月 27 日，云从科技在上海证券交易所科创板上市。

作为我国人工智能产业链头部企业，云从科技被市场誉为"AI 四小龙之一"。公司自主研发的跨镜追踪、3D 结构光人脸识别、双层异构深度神经网络和对抗性神经网络技术等人工智能技术均处于业界领先水平，其中，跨镜追踪技术获得了首届全国人工智能大赛冠军；3D 人脸重建、OCR、语音、机器阅读理解等技术在世界权威数据集刷新纪录。

作为首个同时承建三大国家平台，并参与国家及行业标准制定的人工智能领军企业，云从科技也是国家新基建发展的中坚代表，云从科技将感知、认知、决策的核心技术闭环运用于跨场景、跨行业的智慧解决方案，全面提升生产效率和品质，让 AI 真正造福于人，助推国家从数字化到智慧化转型升级。

二、科技发力 品牌领跑

进入新时代以来，从"中国制造"到"中国创造"，从"中国速度"到"中国质量"，越来越多的中国品牌以质取胜，享誉世界，成为闪亮的国家名片。为推动我国品牌建设，云从科技聚焦人工智能领域，以领先的技术、高效的解决方案打造人工智能品牌，彰显出中国品牌力量。

（一）不断提高商标品牌实力

知识产权是促进企业自主创新和增强企业市场竞争力的重要方式，云从科技经过短短的几年时间，已经先后在图像识别、人脸识别方面布局专利 70 件，其中发明专利占比超过 65%。云从科技现有的大部分知识产权都已转化运用，而能够在"AI＋金融""AI＋民航""AI＋安防"领域取得丰硕成果正是得益于云从科技前期技术积累的持续发力。

商标品牌实力是企业核心竞争力的重要组成部分，一家企业拥有商标特别是高知名度商标的数量，是其拥有综合竞争实力和高质量产品的重要体现。云从科技脱胎于重庆绿色智能技术研究院，一系列创新成果转化，使得云从科技具备了知识产权的基因，进而一直将商标战略保护作为公司重点战略实施。云从科技采用冠状品牌体系，全方位布局了包括"云从""CLOUDWALK""云从科技"等中英文文字和图形的母商标，围绕母商标，又根据不同的产品布局了"御眼重明""PIERCINGEYES"等子商标。云从科技 2018 年时已经提交了 70 件商标注册申请，获准注册 8 件。

与此同时，云从科技还配置专人全面推进商标注册、管理工作，积极布局商标申请，提升企业品牌知名度。商标注册工作推进、商标档案管理、流程管理、危机管理以及使用管理都离不开人员的支持，云从科技特意在战略规划部下配置专人负责公司商标注册、管理、年审。同时云从科技加强宣传，提升品牌知名度，通过电视、报刊、新媒体等方式进行品牌营销，增加公司商标的知名度和美誉度。

未来，云从科技将进一步把企业商标等知识产权战略与企业管理工作、经营发展战略紧密联系起来，建立更为完整的保障体系，从而形成企业的核心竞争力，不断拓展云从科技在行业中的生存和发展空间。

（二）差异化竞争与多场景应用渗透

云从科技创始人周曦博士师从美国 Thomas S. Huang 教授，专注于人工智能识别领域的机器视觉研究。2011 年回国后，周博士先是在中科院重庆分院从事智能语音方面的研究工作。在工作中，周博士发现国内智能语音的发展成熟度要比图像识别高很多，已涌现出几家实力较强的企业，竞争非常激烈，而图像识别领域尚处于发展的初级阶段，竞技的舞台还没有完全搭好，这对创业者来说是一个难得的机会。于是在 2015 年，周博士从中科院辞职，结合自身的专业优势转到图像识别领域从事人脸识别方面的创业，创立云从科技。

作为技术密集型产业，人工智能在发展初期就已呈现出激烈的竞争状态，技术驱动是其重要的标识，目前在人工智能领域这个宽广的赛道上，巨头选手不在少数，云从科技能从其中脱颖而出，与其战略布局的准确独到，差异化的打法和多场景应用渗透策略密切相关。

人工智能赛道主要的选手有云计算厂商、智能摄像头厂商以及 AI 初创公司。云计算厂商拥有着巨量的数据资源以及强大的支持算力，但其产品开发主要用于提高产品吸引力和客户留存度，缺乏产品应用的基础性与通用性。而智能摄像头厂商的优势则在于拥有海量数据的同时也有与其匹配的应用场景需求与训练模型，但其劣势在于算法与技术研发能力。AI 初创企业正是瞄准了这样的竞争现状，高举强大的算法、技术能力与具体细分的产业应用迅速切入了赛道。

理解行业、建模行业、优化行业是云从科技的业务实践导向，也正因其充分做到了"贴地飞行"，云从科技才得以迅速打开了产业侧的技术积累。云从科技通过和垂直领域重点客户的紧密合作，使场景化数据不断优化算法，深化行业智能化需求理解，形成优质的品牌形象，以此达到高客户黏性。

云从科技多年深耕垂直行业，广泛布局智慧金融、智慧出行、智慧交通和智慧商业四大业务领域，深入洞悉用户所需，提供多种高效的解决方案为不同垂直领域的客户赋能，形成领先的场景化经验积累和优质的品牌形象。历经长期与各垂直领域重点客户的紧密合作，云从科技通过大量场景数据训练不断优化算法平台，培育出针对不同行业特有的数据分析和应用能力，积累了对行业的深度理解和核心服务能力，建立了较高的业务壁垒。

1. 智慧金融

在智慧金融领域，云从科技已形成了围绕零售金融、企业金融、金融市场等业务场景的八大综合解决方案。云从科技着眼于金融机构智慧化升级中的用户体验、提高效能、场景融合三大变革突破点，针对不同发展阶段的金融机构提供端到端全套智慧金融解决方案，助力金融行业打造以客户为中心的无边界智慧金融生态，致力于成为金融机构转型进程中的战略合作伙伴。截至 2020 年 6 月 30 日，在智慧金融领域，云从科技为包括中国工商银行、中国建设银行、中国农业银行、中国银行、邮储银行和交通银行等超过 400 家金融机构提供产品和技术服务，推动全国超过十余万个银行网点进行人工智能升级。

2. 智慧治理

创新智慧治理综合解决方案协助城市治理客户提升精细化运营水平，服务于国家；解决方案基于自主研发的人机协同操作系统，以校园、医院、机关单位、社区、街面、商圈、酒店、园区、景区等多个场景的治理需求为牵引，通过构建两大闭 环，实现业务的全面智能化。在智慧治理领域，云从科技产品及技术已服务于全国 30 个省级行政区政法、学校、景区等多类型应用场景。根据云从科技招股说明书（申报稿）援引赛迪顾问统计，2019 年中国智慧治理领域的市场规模达到 927.23 亿元。预计未来三年智慧治理的市场规模保持高速平稳增长，2022 年市场规模有望突破 1 600 亿元，年增长率为 19.7% 。

3. 智慧出行

云从科技结合自主研发的人机协同操作系统和智慧出行应用场景需求，连接 AIoT 智能交互终端，打通融合机场、航空公司、轨道交通等交通领域的业务数据，通过专家知识模型和智能化分析决策能力，打造"从门到门"的全流程、跨场景的智慧出行体系，致力于优化旅客出行智能化体验，提高交通场站运行效率和安全保障水平，并努力促进交通体系互通共享。在智慧出行民航场景下，公司产品和解决方案覆盖北京首都国际机场、北京大兴国际机场、上海浦东机场、上海虹桥机场、广州白云机场、重庆江北机场、成都双流机场、深圳宝安机场等包括中国十大机场中的九座重要机场在内的上百座民用枢纽机场，日均服务旅客达百万人次。

4. 智慧商业

云从科技结合自主研发的人机协同操作系统和智慧商业应用场景需求，以行业应用为导向，把握商业场景人—货—场关键基点，打造面向购物中心、商业连锁、汽车、餐饮、商超便利等综合智能解决方案，赋能商业客户建设感知、认知到决策的智能商业闭环，创造更高效的商业社会与更美好的消费体验。目前，公司解决方案已覆盖上千家 3C 服务门店、国内外汽车连锁品牌智慧展厅，众多知名连锁品牌，全国各大购物中心、连锁门店上亿消费者；典型案例如国美的视觉技术统一认证平台以及华侨城欢乐海岸的商业慧眼平台等。

通过在上述领域的广泛运用和与行业头部客户的深度合作，云从科技逐步积累了在人工智能行业的品牌优势。

三、云从科技品牌建设启示

（一）加强技术创新能力

品牌建设的根本依托是科技创新。加强技术创新能力，企业首先需要强化企业创新主体地位，加大研究开发投入力度，提升公司竞争力。云从科技品牌发展基础在于科技之长，科技之长则在于科研实力与研发投入，云从科技创立之初，研发投入甚至占营业收入的90%，而在2020年上半年，其研发投入一度超过营业收入。

其次，充分利用国内高校与科研院所的技术优势和学科优势，积极与高等院校、科研院所建立开放、稳定的产学研合作关系，通过成果转让、委托开发、联合开发、共建技术开发机构和科技型企业实体等，开展多种形式的产学研联合，逐步形成以企业为主体、高等院校和科研院所积极参与的产学研联合体，充分发挥大学和科研院所的智力与人才优势，迅速提升企业的研究开发水平。

再次，企业还需要利用知识产权保护技术，促进企业技术创新。习近平总书记强调，"保护知识产权就是保护创新"，这一重要论断深刻揭示了知识产权与科技创新之间相互促进、融合共生的紧密关系。企业要从自身的长远发展角度、从国际市场竞争和全球化经营发展的战略高度来认识和定位企业知识产权战略的重要性，把企业知识产权战略作为企业参与竞争、求得生存与发展的开路先锋和坚强后盾，提高知识产权战略意识，把提高企业的创新能力、获取和维护知识产权的能力作为企业在未来知识经济时代生存与发展的生命线。

（二）布局商标提高品牌实力

知识产权是促进企业自主创新和增强企业市场竞争力的重要方式。商标品牌实力是企业核心竞争力的重要组成部分，一家企业拥有商标特别是高知名度商标的数量，是其综合竞争实力和高质量产品的重要体现。考虑到每个国家的商标法律保护制度各不相同，而在在中国，基本遵循"申请在先"原则，企业在技术创新之下拥有的创新成果，需要积极申请专利以及商标，同时将商标战略保护作为公司重点战略实施。企业还需要根据企业战略和业务情况采用合适的品牌提起，全方位布局商标体系。在这一方面，企业可以配置专人，全面推进商标注册、管理工作，积极布局商标申请，同时加强宣传，提升品牌知名度，通过电视、报刊、新媒体等方式进行品牌营销，增加公司商标的知名度和美誉度。

（三）深入洞悉用户需求

企业需要不断探寻各行业场景的需求环境，积累行业深度理解，理解业务痛点，寻求实现规模化的产业实现，通过提供多种高效的解决方案为不同领域的客户赋能，提高用户黏性的同时累积口碑，使广泛与头部客户深度合作成为可能，最终形成领先的场景化经验积累和优质的品牌形象。

第七节　立白：品牌升级战略

一、立白品牌简介

广州立白企业集团有限公司（以下简称"立白科技集团"）是中国民族日化领军企业，创建于 1994 年，总部位于广州市。

立白科技集团提供了深受消费者喜爱的"立白""好爸爸""洁多芬""蜜丝""立白小白白""香维娅""蓝天六必治"等织物洗护、餐具清洁、口腔护理优质产品。在全国拥有 8 大生产基地、30 多家分支机构、1 万多名员工，每年向国家上缴税额超 15 亿元，先后荣获"全国文明单位""全国守合同重信用企业""中国私营企业纳税百强""中国质量奖提名奖""中国工业大奖提名奖""中国绿效企业最佳典范奖"等世界级、国家级殊荣 100 余项。

面向国际化、现代化的立白科技集团，将秉承"健康幸福每一家"的使命，跟上新时代、拥抱新时代、引领新时代，努力为全球消费者创造"美好、洁净、健康"的品质生活。

二、立白品牌升级之路

20 世纪 90 年代，全球日化领域里的双雄——拥有一百多年历史的宝洁公司进入中国市场后，一直占据着大部分市场份额，而联合利华也对国产日化品牌形成巨大压制。此外，本土日化企业浪奇也如火如荼地抢夺市场份额。广东成为日化企业的交战之地，"炮火"最为密集。处于萌芽阶段的中国织物洗涤品牌立白，在宝洁和联合利华两家外资企业面前显得不堪一击。而在改革开放的浪潮中，立白集团董事长陈凯旋白手起家，用27年的时间打造了洗涤剂销量全国第一、世界第四的日化帝国。

从营收上看，立白是当下的国产日化龙头。在业绩上，立白全年的销售收入突破了200亿元，每年的纳税额超过了15亿元，旗下的洗衣液、洗衣粉等产品的市场份额也稳居行业第一。产品包含香皂、牙膏、洗衣粉、洗洁精、消杀类等八大品类，500多个产品品种。而今，立白旗下的名牌产品、著名商标等也达到了30多个，包括大家耳熟能详的"好爸爸""超威""威王""六必治"。在竞争激烈的日化市场，从20世纪90年代0资启动到成为全国性品牌，随后向中高端市场发起冲击并与国际品牌竞争，立白二十多年的品牌升级之路可谓传奇。

（一）资产启动与品牌意识初显

立白不仅成立于个体经济浪潮开始的1994年，它还诞生于最强大的外资巨头宝洁的中国总部所在地——广州。除了外资巨头，本土品牌广州浪奇也有一定市场认可度。浪奇、汰渍等洗衣粉品牌，之前一直强势占领着广州市场。

生于商业气氛浓厚的潮汕，陈凯旋从小就有不凡的商业头脑。有一天，陈凯旋无意中发现洗衣粉价格要比肥皂便宜20%，而且洗衣服更干净。瞄准了这个生意，他找父母筹了3 000元，开起了专卖洗衣粉的小卖部，一年下来赚了8 000元。发现致富之路的陈凯旋兴奋不已，他试图与洗衣粉厂家签订独家代理，全部包销，并把业务从镇里覆盖到整个普宁市。然而还没开始，洗衣粉厂单方面撕毁协议，发展了四家代理，给了他当头一棒。库存积压滞销，生意一落千丈，陈凯旋意识到，"还是得有自己的品牌和工厂"。但没技术、没工人、没厂房，陈凯旋只得从"贴牌"开始。

1994年4月，陈凯旋注册成立了广州市立白洗涤用品有限公司（后更名为"广州立白企业集团有限公司"），拥有了专属的品牌——立白，立志做"世界名牌，百年立白"。当初的立白只是一个连工厂都没有的公司品牌。凭借"资源整合"的理念，陈凯旋成功说服了一些国企把卖不出去的洗衣粉送给他，并将其打上了立白的商标，为立白的建立积累了第一桶金。然而，成立之初的立白对比拥有逾百年历史的宝洁公司，一无建设工厂的资金支持，二无研发洗涤产品的创新能力。如何解决产品生产的问题呢？恰巧，当时正处于计划经济向市场经济过渡阶段，许多洗涤工厂还延续着以前包销的老思路，只负责生产而不管销售。于是，陈凯旋赶紧将目光瞄准产能闲置的中小型日化国企——广东洗涤用品厂，让它成为立白 OEM（Original Equipment Manufacturer，原始设备制造商，俗称"代工厂"）。以订货的形式，委托其生产洗衣粉，贴上"立白"的品牌标签后，在市场上销售。

尽管公司是 1994 年才成立的，但陈凯旋在 1992 年就注册了立白品牌，在品牌意识并不强的 20 世纪 90 年代，陈凯旋的举动十分超前。但 OEM 的最大问题是生产环节不在自己的掌控之下，代工厂的产品质量直接影响着立白品牌的品牌形象。起初，代工厂的产品质量很差，陈凯旋就逼着工厂革新，保证产品质量过关。立白绕开建厂耗费的巨额资金投入，通过资源整合，打破 OEM 靠低价、低品质竞争的方式，逐渐在市场竞争中占据一席之地。在这种模式下立白只用了短短 3 年，就开始自建工厂，把产品的命脉握在自己手里。

有了产品，下一个问题是如何将产品卖出去。刚开始，立白产品投放到广州市场的前几个月，销售情况不容乐观。鲜为人知的立白产品如何突出重围，陈凯旋选择和娃哈哈、达利等国产品牌早期面对外资品牌的方式那样，即躲开了城市主战场，将目光转向市场广阔、被品牌遗弃的农村市场，以一个个县来布局自己的营销网络。

1995 年，立白洗衣粉走出了普宁市占领了整个潮汕市场。1996 年，随着营销渠道的成熟，以及消费者口碑的升温，立白"不伤手"的形象逐渐深入人心。到 1997 年底，立白洗衣粉销量达到 60 000 吨，销售额突破 10 亿元，实现广州销量第一。也正是在这一年，日化行业三角债危机整体爆发，接近 1/4 日化企业一夜间关门破产。现款现货的立白不仅安然无恙，还获得了广阔的发展契机，由此性价比较高的立白逐渐得到市场认可。立白仅用 3 年时间，就打破了广东洗衣粉市场的格局，在广东省实现销量第一，年销售洗衣粉 7 万吨，销售额逆势突破 10 亿元，一跃成为华南地区最大的民族日化企业。洗衣粉单品销售的成功，给了陈凯旋更充足的信心，也推动他树立立白集团发展的使命——"健康幸福每一家"，由此开启未来的创新之路、转型之路。

（二）多元化战略促使立白成为全国性品牌

不安于现状的陈凯旋将立白的产品种类扩展至洗洁精、香皂、牙膏，并在四平、新乡、昆明等地成立子公司，更好地服务全国每一个家庭。2004 年，立白科技集团确定了大日化发展战略，同时也拉开了立白科技集团在全国范围内收购、兼并的大序幕。此后，在"核心自创＋品牌运营"的轻资产运营模式下，立白科技集团于 2005 年并购重组天津蓝天集团，进军口腔护理领域；2006 年收购重庆奥妮品牌，进军头发护理领域；同年，收购上海高姿化妆品有限公司，进军肌肤护理及化妆品领域。至此，立白科技集团大日化战略版图初步形成，产品范围涵盖织物洗护、餐具洗涤、消杀、家居清洁、空气清新、口腔护理、身体清洁、头发护理、肌肤护理及化妆品等九大类几百个品种。为满足全国市场，立白集团陆续在全国建设了 13 个生产基地、30 多个分公司，营销网络星罗棋布。

核心自创、品牌运营两条腿走路的模式，为立白带来了意想不到的效果。而今，立白旗下的名牌产品、著名商标等也达到了 30 多个，包括大家耳熟能详的"好爸爸""超威""威王""六必治"。

2007 年 5 月，立白成为 2008 年北京奥运会洗涤用品和残奥会洗涤用品独家供应商，也是行业内唯一一家本土赞助企业。一系列的奥运活动，配合广告营销和线下推广，让立白仅一个去渍霸单品，2008 年销售额就达到了 30 亿元。借助奥运营销，立白的品牌形象走进每一个中国人心中，品牌形象得到提升，品牌销售额也在当年突破了 100 亿元。

此外，立白一直都是个话题高手，在代言人选择上，流量和话题度从来都是立白选择代言人的首要标准。2013 年，陈凯旋在广告上砸入巨资，先后投入超过 10 亿元，冠名《我是歌手》，深度植入《爸爸去哪儿》《我们结婚吧》等综艺节目。据统计，仅是与《我是歌手》第一季的合作，立白的知名度和美誉度就提升了 13%，最热销时期立白的月销量比同期增长了 66%。"立白歌手，我是洗衣液"，在《我是歌手》栏目火爆的同时，人们甚至习惯了这个和栏目没有任何关联的冠名商，立白热度也随之攀升。话题度在立白的战略上十分重要，这种策略对于开拓市场非常有效，因为借助代言人的流量可以给品牌带来更大的市场认同，在较高的品质和性价比的产品支撑下，就比较容易打开市场。

（三）品牌升级 以变应万变

如今的中国日化行业正面临重大的市场格局转变，宝洁、联合利华等国外巨头凭借资金实力、品牌沉淀等优势迅速占领了一定的市场份额；互联网时代，跨界品牌快速崛起，打破了传统竞争模式，加剧了行业竞争压力；国内品牌陷入价格混战，存在品牌老化、竞争乏力等诸多问题，亟待突破发展瓶颈。而随着国民收入的不断提高，消费者的消费需要不断升级，立白价值战略的转变，其目标用户更多地向年轻群体靠近，2014 年前后，立白开始进行品牌升级，通过改变品牌 LOGO、品牌传播形式等途径应对不断变化的市场并契合自身的战略。

2014 年 1 月 14 日，立白科技集团新 VI 战略发布会在广州举行，立白的新 VI，突破外圈，以简约、大气的"立白"中文及"LIBY"英文组合形式呈现，新 LOGO 以简约大气的中英名字组合，体现出企业年轻、活力的品牌形象，标志着立白科技集团发展进入全新阶段，承载着立白"大日化"的战略和更具行业包容性、更具国际视野的品牌形象。

立白稳步推进"大日化"战略，从单一的洗涤范畴扩散到家居以及个人护理、婴童产品上，从原来中低端的层次跃升到中高端上，其提倡的专业、精致的洗护理念已受到目标消费群体的认可。2013 年，立白集团冠名《我是歌手》第一季，收获了前所未有的关注。与此同时，《我是歌手》第一季还吸引了众多高学历、高消费能力人群，大学及以上学历观众首重播的累积到达率更是高达 46.41%。为了彰显国际化、高端的新品牌形象，立白集团也启动了大传播战略，包括冠名《我是歌手》第二季、《嗨! 2014》等优质栏目，最大化整合媒体渠道及资源，传递品牌新形象。

2016 年，立白科技集团有一个非常大的动作，那就是把旗下所有品牌的全产品线，包括洗衣液、洗衣粉和洗洁精，做了形象和品质的升级。目前，整个立白集团的战略叫作"引领绿色健康"，旗下所有产品都在做整体配方升级，这包括把洗洁精全产业链提升为食品用标准，洗衣粉整个产品线实现升级，推出不烫手的配方等。立白通过赞助一系列热门综艺 IP，包括《我是歌手》《爸爸去哪儿》等，已经在消费者心目中奠定品牌年轻化的认知基础。随着立白科技集团整体战略的转变，2016 年，立白与消费者在沟通上，更多地运用互联网媒体，拉近与消费者之间的距离，让消费者感受到立白就在他们身边。

2018 年，立白科技集团总裁陈泽滨大刀阔斧地开展"营销数字化 3.0 项目"，同时也开始在品牌年轻化方面发力。与"创一代"所处的时代背景不同，互联网的飞速发展、层出不穷的商业玩法、国际竞争对手的数字化布局，把他推向了全新的商业擂台。2019 年，立白开设抖音认证企业号账号，并开始尝试抖音营销，接近新一代消费者。2020 年 4 月，在抖音拥有 4 600 多万粉丝的头部 KOL"大狼狗郑建鹏 & 言真夫妇"发布了一条与立白合作的趣味视频，很快获得超过 60 万点赞。同时，立白先后与多位明星艺人合作，在抖音创作一系列趣味视频，将大量年轻的明星粉丝变成了立白的品牌粉丝。2021 年，立白作为《为歌而赞》节目独家战略合作伙伴，在节目内和抖音平台展开了一系列互动玩法。"会玩儿"成为立白在年轻人心目中又一个标签。2021 年 6 月，立白集团与拼多多达成战略合作，共同在产品定制、渠道拓展、品牌建设、数字技术等领域展开深入探索。陈泽滨表示，作为家喻户晓的国货品牌，在完成数字化升级后，立白旗下的产品也更加契合新一代的年轻消费者的需求了，希望将拼多多平台打造成立白线上最核心的增长渠道，一起为广大的消费者带来更优质的品质国货。

2021 年，立白实现全年销售收入 200 亿元，并加速产品升级，欲解消费者"油腻焦虑"痛点。消费升级和国潮兴起成为快消品行业的主旋律。面对新的消费趋势，立白洞察了用户的"油腻焦虑"，主动焕新升级产品，主动进行品牌、产品、用户体验的全面焕新，以多种绿色天然配方和时尚设计带来更加愉悦的厨房洗护生活体验，减轻消费者体力和心理上的压力，从身心多层面舒缓焦虑感。同年 4 月 9 日，"解油无忧，立白搞定"立白产品焕新升级发布会在北京举行，全系列洗洁精产品全新亮相，立白品牌形象大使章子怡与立白科技集团总裁陈泽滨一起开启立白"解油杂货铺"全国行动，为全国的消费者带来餐厨"解油"方案。

今天的立白科技集团已形成十大品类、上百个品种的产品格局，全中国每十个家庭就有七个家庭使用立白的产品。然而，肩负"健康幸福每一家"

企业使命的立白集团从未止步。而创业激情未减的陈凯旋挑战"广州国际医药港"的新目标，全力构建线上线下、智慧智能、互联互通、共享利他的大健康产业生态圈。陈凯旋表示："大日化是外健康，医药港项目是内健康，做好内外健康，才能真正实现健康幸福每一家的使命。"在大健康战略驱动下，立白科技集团不满足于只做中国日化行业龙头，将力争构建中国大健康产业的第一平台。

三、立白品牌升级启示

（一）品质是品牌占领市场的先要因素

企业实施品牌战略，在竞争性市场上做强势品牌，首先要有产品的质量保证。在竞争全球化越来越明显的时代，国际市场上的品牌，无不是以上乘的产品质量作为市场竞争基础的。质量不是现代企业品牌战略的充分条件，却是一个不可或缺的必要条件。

立白初创时期缺乏资金和工厂而采用 OEM 的形式进行生产，然而代工厂的产品质量影响立白品牌形象，为此，立白创始人陈凯旋逼着工厂革新，保证产品质量，同时开始自建工厂将品牌生产命脉把握手中，维护了立白好品质的品牌形象。而随后的品牌升级之路，无论通过何种品牌策略，其根本都是立白高品质产品的支撑，例如，立白在各节目中制造话题这种策略对于开拓市场非常有效，因为借助代言人的流量可以给品牌带来更大的市场认同，在较高的品质和性价比的产品支撑下，就比较容易打开市场。

（二）品牌升级需要关注消费者需求和大环境趋势

消费主力军的更迭、流量渠道的变化、势不可挡的消费升级趋势以及绿色健康成为新的消费趋势等多重变化，让中国消费市场发生了翻天覆地的变化。新消费时代，消费人群的变化让品牌营销方向发生了变化。品牌升级需要拥抱时代潮流，顺应消费趋势。一方面，消费内容发生了变化，从实物消费到文化、精神消费；另一方面，消费渠道更加多样，短视频、社交零售、私域零售开始普遍运用；再者消费场景也发生了明显的改变，变得更加注重体验和感受。因此，对于品牌而言，品牌的新生需要更加注重现在消费群体的变化和需求，从消费内容、消费渠道和消费场景等方面进行变革发展。

立白的品牌升级之路主要通过"以变应万变"的形式实现，更换新LOGO 体现企业年轻和更具国际视野的品牌形象；赞助各类热门电视节目吸引更多年轻群体；通过产品绿色升级顺应绿色环保新趋势；"营销数字化"则依靠互联网玩法，通过抖音、流量明星、互联网话题等形式为品牌不断注入新元素，接近新一代消费者。

第十三章　推动广州企业品牌
创新发展的企业层面建议

品牌是具有独特特征的产品。营销文献中对"品牌"一词有很多定义，但大多时候使用美国营销协会给出的定义——名称、术语、设计、符号或任何其他将卖家的商品或服务与其他卖家的商品或服务区分开来的特征。品牌已经在各个研究领域提出，每个领域都有其特定的关注点。我们希望广州的品牌力量能为广州经济增长贡献越来越多的动力。为此，结合广州市社会经济特点，我们从企业层面为广州品牌的创新发展提出以下策略。

第一节　以理念创新推动广州企业品牌创新发展

一、树立品牌建设的长远规划

企业必须要有远见。明确企业的发展规划以及长远的发展方向和战略目标，改变不合理的经营模式，建立健全的企业管理模式，建立能够更好利用一切社会资源和适应市场竞争的产权结构、治理结构和运行机制，摆脱陈旧落后的"小米加步枪"的游击时代，要把企业的经营着眼于未来，着重对代理品牌的培育和管理，杜绝以包代管现象。在具体的运营过程中，企业要建立有竞争性的人才激励和流动机制，培养一大批素质高、业务水平高的从业人员，从而使日常操作规范化。企业可以通过引进国外高新科技以及发达的企业管理模式来充实自己，同样要逐渐形成自身强大的新产品研发能力和技术成长渠道，拥有自主知识产权的品牌。

二、具有广州特色的品牌发展道路

"帆船自黄埔港出，奋船逐浪至四方"。每提及广州千年商都的历史，这也许是很多人脑海中浮现的画面。作为千年商都，广州形成了独具特色的岭南广府文化。在进行品牌建设之时，广州企业也应该积极拥抱广府文化特色，建立广州品牌特色的识别模型，将广府文化融入品牌的自我形象、文化和个性之中。

极富地域特色的广府文化理应成为广州企业建设品牌的特色标签，在传承广府文化的同时，还要注重对广府文化的创新与发展。大数据、互联网深刻地改变着世界，年青一代的潮流时尚已经发生变化，广府文化也应该顺势更新，融入年青一代的潮流风尚，吸引 Z 世代对广府文化的关注。在新时代，讲好广府故事，企业应与政府联手一起面向世界讲好广府和广州的故事，将广府文化和中式审美融入产品设计之中，增强自身的文化软实力。

三、树立产品质量优先的品牌建设理念

产品是品牌建设的载体，从产品入手是最直接有效且廉价的品牌宣传方式。企业首先要注重产品质量，通常情况下，品牌的形成必然是建立在良好质量基础、质量支撑和质量保证之上的，品牌如果不注重质量可靠性和质量提升，已有的形象和地位迟早也会丧失或损毁。因此，培育品牌、推进品牌建设，务必全面贯彻质量第一的理念，全员全过程全领域体现质量、反映质量需求、强化质量管控；同时务必做到从小处着手、从细节做起，精雕细琢、精益求精，把质量融入工作、产品和服务之中。

在具体实施中应把握好以下三点：一是必须始终把质量放在第一位。作为品牌的建设者，必须始终把"质量第一"的理念和要求落到实处，切实使

质量融入文化、思想和行动中，做到凡事围绕质量主线实施，以质量为核心展开。二是必须重视质量基础支撑。应加强质量基础设施建设，强化质量技术服务与运用，夯实品牌培育、发展中的质量基础。三是必须注重"质量稳定"的观念。品牌是一种显性的质量信号。围绕企业的长远目标，制定成本收益可行的质量标准，并自始至终贯彻实施，打造质量稳定的产品。稳定的质量才能给消费者踏实的感觉，带来长期选择的信心。

第二节　以技术创新推动广州企业品牌创新发展

一、以新技术推动产品创新

品牌竞争时代，也是科技迅猛发展的时代。产品平均生命周期不断缩短，而产品的技术含量却直线上升。技术领先可以形成"先动优势"，企业若缺乏先进技术，就难以有高起点的竞争优势，也就难以创造出高质量的国际品牌。技术创新是品牌创新的支撑，一方面，产品通过技术创新而降低成本，在市场上更具价格竞争优势；另一方面，技术创新必然带来产品创新，它可以提高产品质量，增加产品用途，完善产品功能，从而大大强化品牌的竞争力。

二、以新技术推动品牌体验创新

品牌是由企业的产品、服务、传播、渠道终端、人员等所有这些运作在用户和目标消费者心智空间中的投射，是体验后的感受、认知和理解，是企业及产品给予用户的情感和想象。顾客通过自己所看、所听、所用，结合自身的经验、习惯对体验的企业产品及服务形成主观上的认知和判断，以及独特的情感和偏好。企业建设品牌，首先需要打破传统的思维方式，不仅要做好产品和服务，更要琢磨如何以这些产品和服务为基础，营造用户体验，以产生可以和每个消费者内心共鸣的品牌。

品牌体验创新主要涉及三个方面：独特新颖、情感共鸣和价值创造。品牌体验创新的要点在于增加顾客的品牌沉浸感。借助现代高科技，企业需要从品牌消费环境、品牌消费氛围、品牌接触感知以及品牌体验记忆等方面创造独特新颖、难以忘怀的品牌体验。

三、以新技术捕获年轻人的青睐

近年来，品牌年轻化已经成为一种市场趋势。无论是创立不久的新兴品牌，还是历史悠久的老字号，都试图通过更新鲜、更有趣的传播方式去拉近与年轻消费者的距离、建立更有效的沟通与联系。不可否认，品牌容易衰老，伴随着时间的流逝，那些用来构成品牌的时尚和文化要素注定是要过时过期的，它迟早会失去对年轻人的吸引力。对品牌而言，抓住了年轻人才是抓住了未来，因此品牌应该在产品功能、产品包装、传播内容、传播渠道、传播形式等多个方面，趋向于迎合年轻人群的喜好。

在品牌年轻化的过程中，现代科技手段的应用是非常重要的。首先，现在的年轻人是互联网原住民，生长于互联网时代。品牌需要靠近和接近年轻人就必须积极使用互联网技术，用年轻人的方式接近年轻人。其次，以新技术为代表的营销方式，比如直播、虚拟现实甚至是元宇宙，具有更高的娱乐性和快速便捷的特点，符合年轻人的生活方式。使用新技术捕获年轻人的青睐，企业需要注意三点：①由内而外，传达年轻的品牌内涵；②塑造形象，赋予品牌个性化特征；③产品和渠道需要"年轻化"。

第三节　以服务创新推动广州企业品牌创新发展

一、保持永恒的品牌核心价值与灵魂

品牌是市场竞争的强有力手段，也是一种文化现象。强势品牌应具有良好的文化底蕴，顾客购买产品，不仅选择了产品和服务，也选择了其独特的文化品位。品牌是文化的载体，文化是凝结在品牌上的精华，也是在品牌经

营过程中的理念、意志、行为规范和团队风格的体现。因此，当产品同质化程度越来越高，企业在产品、价格、渠道上越来越不能通过制造差异来获得竞争优势的时候，品牌文化正好提供了一种解决之道。所以，企业竞争是品牌的竞争，更是品牌文化之间的竞争。

优秀的品牌应该具有稳定且被世人广泛认同的核心价值。强势品牌都坚持自己一贯的品牌价值和价值象征。例如，"安全"一直是沃尔沃汽车诉求的重点，品牌身份的一致性为公司提供了品牌定位、识别符号和成本效益的所有权，而这几者的结合产生了惊人的竞争优势。在此需要注意两点：①突出品牌的核心价值。品牌的核心价值是一个品牌独一无二且最有价值的精髓所在，它代表着品牌对顾客的终极意义和独特价值，是考验品牌强势程度的重要标志。②注重品牌宣传的情感交流。对品牌本身所代表的特有精神进行宣传，唤起公众某种情感共鸣，使产品与顾客之间建立深厚的、割舍不断的情感联系，这对提高品牌的忠诚度非常有效。

二、创新可持续的顾客关系管理

品牌资产是由品牌形象驱动的资产，是顾客对品牌主观的、模糊的评估。影响品牌资产的三个要素是品牌知名度、顾客对品牌的态度和企业伦理。品牌知名度可以通过广告媒体、口碑传播等途径来提高。顾客对品牌的态度包括品牌能够与顾客创造紧密关系或建立情感纽带的所有方面，通过媒体交流和直销等途径可得到促进。可见，在品牌建设过程中，以顾客为中心，建立可持续的顾客关系具有非常重要的作用。企业伦理是指影响顾客对企业看法的所有具体的企业行为，如企业政策、雇员关系等，当今，许多企业通过参与社会公益事业、员工参与决策等途径来提升品牌资产。

著名的品牌管理学者戴维·阿克认为，可持续的品牌顾客关系涉及七个方面的内容：行为依存、个人承诺、爱和激情、怀旧关联、自我概念关联、亲密关系和成员品质。因此，企业可以通过品牌与消费者的行为互动、品牌情感联结和品牌使用者之间的相互关系等加强顾客关系建设和管理，形成稳定的、复购率高的品牌购买者和使用者群体。

三、创新服务流程建设

客户需求的响应速度很大程度取决于企业内部管理运营的效率，解决运营效率问题的核心是流程管理。然而，很多企业往往不重视流程管理，导致流程管理不到位的现象非常普遍，出现"人人都忙，但人人不知为何而忙"的管理窘境。企业的客户需求响应效率低下，从而一次次与商机擦肩而过，最终很可能在市场竞争中黯然退场。服务流程建设有助于打破企业传统职能层级机制的界限，变传统的职能导向为流程导向，从客户需求出发，关注整体与最终产出，关注活动间的衔接与部门间的协同，以流程驱动运营。

服务流程的基本内容是与服务的生产、交易、消费相关的流程、任务、日程、结构、活动、日常工作。在进行服务流程创新的时候，企业需要明白以下几点：①流程是一系列的活动而非一个单独的活动；②这一系列活动有严格的先后顺序，彼此紧密联系并相互作用；③这一系列活动服务于特定目标，能为内部或外部客户创造价值；④流程建设需要特别关注六项要素：输入资源、活动、活动的相互作用（结构）、输出结果、客户和价值。

第四节　以传播创新推动广州企业品牌创新发展

一、确立清晰的品牌定位

品牌定位指企业产品及品牌基于顾客的生理以及心理的需求，寻找其独特的个性和良好的形象，从而凝固于顾客心目中，占据一个有价值的位置。品牌定位是针对产品品牌的，其核心是要打造品牌价值，提供优质的产品和完善的服务。

二、积极推广和传播具有广州印记的品牌

品牌跨文化推广是一项非常具有挑战性的任务，品牌全球化就意味着要

面向全球消费者的多种文化，面向多个消费者细分市场。因此，在品牌传播的过程中，企业必须要充分了解各目标国文化，对目标国市场进行深入调查和研究，及时调整营销策略。

广州品牌可积极探索挖掘适合品牌承载的文化元素，建立独特的卖点，优化品牌形象，打造具有广州特色的全球化品牌。企业在品牌全球化的过程中，需要创造更多的机会宣扬广府文化。基于中国文化对海外消费者的吸引力，企业可以将独特的文化元素作为卖点，满足海外多数消费者对产品的功能性需求及情感性需求，将海外消费者对异国文化的好奇提升为其对异国文化特色品牌的好感。突出广府文化元素，是广州品牌在国际市场上建立品牌附加值，克服负面原产国效应的有效途径。

三、传播高质量产品和高水平服务的企业形象

广州企业应当顺势而为，根植于广州的对外开放传统，积极出海，将品牌推向全球。品牌走向全球化的关键是要树立良好的品牌形象，正面积极的品牌形象能够帮助消费者更好地理解品牌，降低购买风险，进而增加消费者的购买意愿。而品牌形象的树立需要从产品质量入手，高质量产品、高水平服务是品牌塑造的基础。目前已有一批走出去的广州品牌，具有高水平服务和高质量产品的特征，其他积极准备出海的广州企业可借鉴全球化品牌的经验，拓宽自身的业务范围。

此外，通过来源国效应灵活运用营销策略。即使近年来中国制造的产品质量有所提升，但是中国的国际形象改善仍不明显，全球消费者对中国产品的形象感知一直偏低，全球消费者对中国品牌目前还多停留在低质量、廉价的产品印象上。因此，企业在选择国际市场的过程中充分分析目标国市场对我国国家形象的认知，灵活运用品牌营销策略。如果国外消费者对中国国家形象感知良好，则企业在营销过程中可以充分强化产品的原产国因素，进而促进消费者对中国产品的积极评价。相反，如果国外消费者对我国的国家形象持有否定态度，则企业应该在产品营销过程中有意地淡化产品来源，尽量避免原产国因素。

第十四章　推动广州企业品牌创新发展的政府层面建议

欧美等发达国家和地区的经验表明，政府在品牌市场竞争中的作用是不可或缺的。为此，我们结合目前广州市企业品牌的特点，提出如何在政府层面推动广州市企业品牌的发展。

第一节　强化广州企业品牌创新发展的顶层设计

推进广州企业品牌创新发展，首先需要政府在政策、平台和营商环境等方面，进行顶层设计，切实提高企业综合竞争力和品牌优势。通过顶层设计，积极引导企业发挥主体作用，有效提升品牌意识，改善供给，适应需求，拓展和壮大品牌。其次，强化支持企业加大品牌建设投入，增强自主创新能力，追求卓越品质，提高产品质量。再次，建立品牌管理体系，提高品牌培育能力。最后，引导企业诚信经营，积极履行社会责任，不断提升品牌形象。

一、制定培育规划与发展原则

（一）培育规划

根据广州市的经济发展实际和产业结构特点，统筹规划，认真制定品牌培育和发展中长期规划。规划以国家产业政策和市场需求为导向，以促进产业结构升级优化为目的，重点培育和发展全市主导产业、传统支柱产业和高新技术产业的产品。做好商标注册、质量管理体系认证和环境体系认证工作。

全面提高企业员工综合素质，注重履行社会责任，加强诚信体系建设，尊重和保护知识产权，为打造国际知名品牌奠定坚实基础。

（二）发展原则

一要坚持政府主导、企业主体的原则。实施品牌战略的基础和动力在于企业，企业应自觉加大对品牌建设的投入；政府要切实加强引导，优化服务，加大支持力度，营造有利于企业品牌发展的良好政策环境和社会环境。

二要坚持质量为本，注重技术创新的原则。质量是产品的生命，品牌建设离不开科技、管理和人才。要创建一个品牌，就必须提高企业的自主创新能力。

三要注重品牌营销，充分发挥品牌效应的原则。品牌建设可以促进企业更快更好地发展，要坚持品牌创造和品牌使用并举，通过品牌管理和品牌延伸，不断提升和实现品牌附加值。

四要鼓励自主创牌、保护知识产权的原则。品牌是企业的形象，是企业资产的重要组成部分，应将其纳入知识产权保护的重要范畴，并加强保护。

二、夯实品牌发展基础

（一）增强品牌自主创新能力

鼓励企业以市场为导向，加大科技投入，增强自主创新能力，力争在所有优势行业拥有自主知识产权、核心技术和自主品牌。积极引进先进技术和设备，加快利用高新技术和先进适用技术改造升级传统优势产业的步伐。鼓励大中型骨干企业加强与国内外高校、科研院所的合作，建立高新技术研发中心，开发具有自主知识产权的各种核心技术和关键技术，使企业从产品模仿转向自主创新，提升品牌的核心竞争力。

（二）完善品牌认定机制

进一步完善服务，做好广州市著名商标、名牌产品的认定和国家、省级品牌的推荐申报工作。制定重点培育发展品牌企业名单，建立品牌培育储备库。引导各产品行业协会积极申请认证商标和地理标志，使用和管理认证商标，推广和提升传统产品品牌。开展产品地理标志认证，推进传统名优产品品牌质量保护工作，推进各类产品品牌建设。

（三）推进品牌基地建设

充分利用产业集群效应为品牌建设带来的有利条件，打造产业集群区域品牌，引领块状经济发展。以品牌建设为载体，以产业为支撑，以品牌企业为龙头，建立专业品牌培育发展基地，提升区域经济核心竞争力。对于符合国家、省、市专业品牌基地条件的，广州市政府相关部门应积极协助申报。

三、加大品牌扶持力度

（一）奖励品牌创建

为鼓励企业积极实施名牌发展战略，对新认定为"中国驰名商标""中国名牌产品""商务部重点培育和发展的出口名牌""广东省名牌产品"以及"广州市著名商标"的企业，广州市政府宜给予相应的发展资金。

（二）加强财政扶持

设立"品牌发展专项基金"，支持品牌建设活动，组织企业参与品牌展示、展览和推广，支持品牌宣传推广经验交流。支持品牌企业在国外注册商标，申请专利，获得国内外相关认证，处理知识产权纠纷。

结合"走出去"战略的实施，支持和引导自主品牌产品和企业提高开拓国际市场、开发海外资源的能力，支持自主品牌企业投资建立和拓展海外加工、研发、生产、营销和售后服务体系。

（三）加强金融服务

充分利用浮动利率政策，对本市技术先进、效率高、诚信好的中国驰名商标企业和中国名牌产品企业实施基准利率或基准下浮利率。为品牌企业开辟绿色通道，简化贷款手续。支持符合条件的本土品牌企业在银行间债券市场发行短期融资券，帮助符合条件的企业通过特殊目的公司进行股权融资和海外投资回报，促进跨境资本运营。

第二节　优化广州企业品牌创新发展的营商环境

为了推动广州企业品牌创新发展，还需要进一步优化政策法规环境，加快政府职能转变，创新管理和服务方式，提供社会保障，为发挥品牌引领作用推动供给结构和需求结构升级保驾护航。与此同时，完善标准体系以提高计量能力、检验检测能力、认证认可服务能力、质量控制和技术评价能力，不断夯实质量技术基础，增强科技创新支撑，为品牌发展提供持续动力。此外，还需要健全品牌发展法律法规，完善扶持政策，净化市场环境，加强自主品牌宣传和展示，倡导自主品牌消费。

一、强化协同机制推动品牌建设

（一）规划区域品牌发展

在支持企业实施品牌战略时，因地制宜地制定有针对性的战略规划。一是发展产品品牌。在消费品领域，引导企业学习国际知名品牌，采用国际标准，发展一批国内外知名品牌。二是企业品牌的崛起。结合实施"科教兴省"战略，重点发展"大产业、大集团、大基地、大项目"，突出一批用户认可、行业知名的大型企业品牌。三是培育区域品牌。围绕"两个优先"，把工业园区建设与现代服务业发展结合起来，培育一批规划科学、功能完善、发展强劲的区域品牌。四是塑造城市品牌。主要从战略规划、城市定位、核心价值观、城市精神、城市文化和竞争力等方面提升城市品牌。在规划区域品牌战略时，宜形成"三级品牌梯队"，即通过推荐企业申请商务部出口名牌，开展区域出口名牌的遴选，引导有条件的下级地区确定地方出口名牌，逐步形成全国、省、市三级出口名牌体系。在品牌战略中，政府促进实现"三大战略互动"，即形成出口品牌、科技兴贸和"走出去"三大战略互动。以科技促贸、以"走出去"促品牌发展，以品牌发展促科技促贸，提高"走出去"水平和质量。

（二）打造区域品牌

广州市将品牌建设和基地建设结合起来，加大资金投入，努力打造一批区域性品牌。主要思路是根据当地的资源禀赋和产业基础，选择一批外向度高的地方特色产业集群进行重点培育，引导地方特色产业加快提高发展水平，做大做强，发展成为具有国际市场竞争力的区域品牌。品牌发展有利于形成产业集聚，促进地方经济发展。在推进品牌发展的过程中，要逐步把一些"小散户"品牌发展成为当地经济的"招牌"。企业利用品牌凝聚力，加强国内外资源的有效整合和配置，带动上下游企业共同发展，提高周边企业的组织化程度，形成具有区域特色的产业集聚。通过引导资源向区域品牌企业倾斜，政府鼓励和引导支柱产业企业采取联合并购的方式，建设一批具有国际知名品牌的大型企业集团。

（三）建立品牌建设长效机制

品牌培育与建设是一项系统工程，具有很强的政策性和社会性。广州市政府各部门宜强化合作，形成推进品牌建设的长效机制，共同做好品牌建设工作。

一是建立品牌建设的组织协调机制。通过建立品牌工作例会制度，协调品牌建设，促进品牌发展，与相关国际品牌机构保持联系，了解最新情况，协调推广工作。

二是逐步完善品牌推广机制。改变国有企业领导层考核制度，将品牌资产纳入企业经营考核指标，解决品牌建设的动力问题。充分利用现有外贸支持资金，努力建立广州市"品牌发展专项基金"，重点支持品牌企业参加展会、外国商标注册、专利申请及相关认证，支持品牌企业提高自主研发能力，积极"走出去"。

三是探索建立品牌保护机制，把品牌保护作为整顿和规范对外经贸市场经济秩序的重要内容，利用知识产权举报中心加强对假冒品牌的打击。

四是积极推进品牌宣传机制，为品牌创造良好的成长发展环境。广州市政府投入相应资金，以"政府搭建平台，企业上台唱戏"的形式，举办名、特、优新产品展销会，为企业打造名牌搭建桥梁。企业实力薄弱，影响力有限，靠自己的力量很难走出去，可以通过交易会的形式有效实现"扩张"的目标。

（四）构筑品牌发展的服务平台

强化服务意识，通过各种形式的信息服务窗口，为品牌发展提供国内外最新的品牌信息和相关信息服务。积极探索建立品牌产权转让交易平台。充分发挥新闻媒体和社会团体的宣传监督作用，监督产品质量，扩大国内外知名品牌和品牌战略的影响力，提高企业和社会的品牌知名度。为出口企业实施名牌战略提供优质高效的信息服务。通过对外贸易促进机构，政府可以利用当地各种商业信息渠道，收集各国与投资有关的宏观经济形势、市场状况、投资环境和机会、优惠政策、相关法律和行政程序等各种信息，并建立免费、快速的可搜索数据库，为品牌国际化企业提供最大便利。

二、优化人才吸引政策

在促进品牌创新和发展的过程中，重视人才吸引和培养政策。紧紧抓住人才创新发展的关键，深入实施人才工程，制定和实施更加灵活、更有价值的人才政策和更具吸引力的重大创新措施。大力引进一批前沿科研团队、领导人才和高层次、高技能人才，建立高层次人才团队引进和运行机制，制定品牌创新发展人才奖励机制。

（一）加强品牌建设人才培养规划管理

从宏观管理的角度，广州市政府相关部门要制定品牌人才发展的长远规划，积极倡导行业人才观念，创新品牌人才管理体制和使用机制，消除人才引进和流动的体制障碍和政策障碍；实施人才发展战略，建立良好的人才培养、引进和使用机制，建立健全人才评价和激励机制，营造人才培养环境氛围。

（二）完善品牌建设人才流通体系

各地要依托人才交流中心或人才服务中心建立人才市场，大力培育企业管理人才、高科技人才等专业人才市场。遵循品牌创新发展规律和品牌建设的人才特点，引导人才合理有序流动，确保人力资源优化配置，逐步形成专业化服务、社会化运作、规范化管理的企业人才服务体系，充分发挥人才市场在品牌管理资源配置中的基础性作用。建立品牌建设人才资源信息数据库，掌握人才基本信息，进行实时动态管理，通过专业网站和数据库建立品牌创新与发展的人才供求信息平台，实现人才培养单位、用人单位和个人的多向选择机制。

三、完善市场体系和法律体系

（一）增强市场运行机制

在各种产业集群的品牌建设过程中，市场机制本身的正常运行需要一个有序、竞争的制度环境，在保证经济效益的同时，也需要一个有序、竞争的制度环境。在企业品牌建设发展中，首先，广州市政府需要维护市场秩序，维护公平竞争，建立和维护与秩序有关的产权制度和市场法律制度，并提供相应的司法服务。其次，政府需要做好市场环境的维护和建设。品牌建设应更多地依靠商标权、版权和专利权等知识产权要素来支撑品牌的发展。从某种程度上说，知识产权是企业品牌的核心资产。

（二）完善知识产权保护体系

在日益完善的市场经济体制下，政府需要不断修订和完善相关法律法规，强化版权意识，保护品牌主体的合法权益，加强执法力度，严厉打击各类盗版、伪造、假冒等侵犯知识产权的行为；要转变知识产权保护的战略思路，严厉打击国内外侵犯知识产权的行为，依法保护中外创新者的利益，特别是保护国内企业的商标不被恶意收购和抢注。

政府需要将企业品牌建设和发展、知识产品贸易纳入法制化轨道，充分利用这些政策手段和法律规则来规范市场行为，避免国内企业之间的非法竞争，维护国内市场的稳定，为中国品牌的成长创造良好的空间。

（三）加大相关法律知识宣传和教育

企业品牌建设具有研发设计投入高、复制成本低的特点。特别是以知识产权为核心资产的新兴产业，对知识产权保护的要求高于其他产业。因此，在制定和完善知识产权保护法律制度的同时，还要注重培养公众，特别是企业的知识产权保护意识，使全社会都能采取行动参与知识产权保护。通过志愿者宣传和各种媒体报道，广泛开展相关法律知识的普及教育，为品牌发展创造良好的市场环境。积极扩大品牌范围，树立品牌意识，挖掘品牌资源。不仅工业产品可以形成品牌，自然资源、农牧渔业和矿业产品、服务业、当地知名企业和原产地标志也可以形成品牌。各级政府要引导国内相关企业扩大自身品牌影响力，形成新的创意和竞争力。鼓励和支持版权、创作权、肖像权、影视版权的市场交易，促进知识产权保护技术的开发和应用。同时，要加强注册商标和专利的申请和保护，通过设立专项资金，为申请专利的企业和个人提供一定的补贴。

四、形成长效品牌建设的监测机制

在推进企业品牌建设的过程中，政府还应建立更加严格的市场监管体系，加强专项整治联合执法行动，实现联合执法常态化，提高执法效能，追究执法不力的责任；严厉打击侵犯知识产权和制售假冒伪劣商品和品牌的行为，依法惩处犯罪分子；打破地方保护和行业壁垒，有效防止和制止各种垄断和不正当竞争，维护公平竞争的市场秩序。

（一）推行品牌的更高质量标准

加强标准的编制和修订，提高相关产品和服务的标准化水平，促进国际国内标准的融合。鼓励企业制定高于国家标准或行业标准的企业标准，支持具有核心竞争力的专利技术向标准转化，增强企业的市场竞争力。落实企业产品和服务标准自我申报和监督制度，接受社会监督，提升企业提高质量的内生动力和外部压力。在市场准入条件、制定技术标准和行业自律方面，规范市场运行秩序，减少资源的低效消耗，消除恶性竞争，保证商品质量和企业信誉，保护消费者权益。会同有关部门制定产品技术标准，以行业龙头企业为核心，形成行业自律组织，规范竞争秩序，维护行业发展的长远利益。

（二）清除品牌建设的制约因素

清理和废除限制自主品牌产品消费的各种规定和做法，形成有利于发挥品牌主导作用、促进供给结构和需求结构升级的体制机制。建立产品质量和知识产权领域的失信联合处罚机制，完善黑名单制度，大幅增加失信成本。研究完善违反产品质量法及相关知识产权保护法律法规犯罪行为的量刑标准，建立商品质量惩罚性赔偿制度，依法禁止相关企业和责任人进入市场。

（三）增强品牌建设的软实力

培育一批具有国际影响力的品牌评估理论研究机构和品牌评估机构，开展品牌基础理论、价值评估和发展指标研究，提高品牌研究水平，公布客观公正的品牌价值评估结果和品牌发展指标，逐步提高可信度。开展品牌评估标准建设，完善与品牌评估相关的国家标准，制定操作规范，提高标准的可操作性；积极参与品牌评估相关国际标准的制定，推动建立全球统一的品牌评估体系，提升中国品牌评估的国际话语权。鼓励发展一批品牌建设中介服务企业，建设一批品牌专业服务平台，提供设计、营销、咨询等专业服务。

第三节　打造品牌成长的产业政策

贯彻落实"十四五"规划纲要中的品牌引领作用，要把广州市区域优势产业集群培育作为促进产业基础升级、产业链现代化的重要支撑，构建现代产业体系和品牌创新，加快传统产业高质量发展。重点抓好广州市新能源汽车与节能环保产业、生物医药与健康产业、新一代信息技术与智能制造业、餐饮娱乐业、电子产业五大支柱产业集群的品牌建设和创新发展，充分发挥广州市经济社会发展和品牌创新的主导作用。逐步培育出一批国际一流、国内领先、具有地方特色的产业集群，促进企业品牌的成长。

一、科学制定区域优势产业集群发展规划

（一）区域优势产业集群发展

1. 新能源汽车与节能环保产业集群

积极推动以新能源汽车、高性能电池、氢能、储能和清洁能源利用为主

导的新能源产业快速发展，加快新能源领域技术研发，促进产业链和创新链协调发展，继续探索和推广高效、清洁的能源利用模式。推动建立国家电池材料实验室或国家工程研究中心，积极申请并系统组织国家氢燃料电池应用示范，研究制定氢燃料电池汽车技术创新路线图，重点发展燃料电池双极板等核心材料，高压电磁阀、长寿命高效燃料电池组集成等关键部件。以网络化、智能化多产业融合为目标，着力培育新能源产业领域具有国际影响力的产业集群。

2. 生物医药与健康产业集群

抓住全球生命科学和生物技术产业智能化、数字化发展浪潮，打造生命科学基础科研平台、高端医疗器械应用平台、大健康产业推广平台，按照生物医药优先布局、健康产业先行发展、健康服务协调发展的原则，构建以生物医药为核心引擎、健康服务为发展延伸的平台，前沿产业是引领未来的生命科学和生物技术产业体系。依托生物研发和科研基地，建设省级生物医药产业特色园区。

3. 新一代信息技术与智能制造产业集群

充分发挥广州市电子信息制造业的产业基础和发展优势，积极参与省级高端智能终端产业集群建设，以打造全国智能移动终端产业集群为导向，抢占5G通信战略制高点，重点发展智能移动终端、新一代通信设备、高端新元器件、新一代信息技术创新应用等领域，推进数字经济示范应用和产业化关键技术攻关，支持电子信息向海洋发展，努力打造具有全球影响力和竞争力的万亿级世界级新一代电子信息产业集群。

4. 餐饮娱乐产业集群

推动多元化、优质化、功能化餐饮结构发展，充分利用新技术、新设备、新工艺、新模式，加快数字化、信息化、智能化升级改造，推动物联网、区块链、移动通信等综合应用，将人工智能和大数据技术应用于餐饮服务的各个环节。推进特色餐饮业与旅游、文化、创意的融合，支持餐饮企业加强品牌建设，提高质量标准，实现价值链的延伸和重构。加快新技术、新材料、文化创意、时尚的有机融合，推进娱乐创意设计示范园建设，打造一批科技研发和创意设计公共平台。鼓励商业模式创新，加快产业集群数字化赋权，丰富产品类型，向个性化定制、众包设计和在线新零售等服务型制造业转型。推动绿色制造技术的广泛应用，打造一批企业品牌和区域品牌产业集群，培育一批品牌知名度高、市场占有率高的娱乐标签企业。

5. 电子产业集群

重点发展第三代半导体材料和器件，建设集成电路专业园区和基地，加快建设第三代半导体技术创新中心，推进广州集成电路产业技术研究院建设，打造集成电路工程创新平台。设立集成电路产业投资专项基金，培育和吸引一批产业龙头企业，建立半导体与集成电路产业联盟。实施集成电路和芯片产业跨越式发展工程，完善设计、封装、测试等产业链，积极融入全省半导体和集成电路产业集群建设，打造集成电路和芯片集聚特色发展高地。积极推动全市电子装备制造业向高端装备集群发展，加快关键零部件研发和产业化，建设国际领先的电子产业基地；加快培育核心零部件企业和机器人系统集成商，推动工业机器人在电子信息和装备制造业的集成应用，建设中国领先的机器人产业创新、研发和生产基地。

（二）产业集群培育工程

1. 实施集群培育"优化布局工程"

做好产业集群发展布局顶层设计，结合各园区的产业发展基础、比较优势和空间潜力，探索竞争选择方式，围绕每个产业集群确定2~3个核心区域，逐步集聚龙头项目，按照"核心强化，协同带动"的原则，将优势资源和优质平台转移到核心区域，形成重点突出、分工合理、协调发展的不同布局的产业集群发展格局。

2. 实施集群培育"培土工程"

通过"一组一策"制定有针对性的支持措施，围绕集群培育，促进技术、人才、资金、土地等要素的优化科学配置。通过竞争选择产业集群促进机构，依托促进机构为集群企业提供发展规划、市场开发、金融服务、合作交流、共性技术研究等服务。搭建各类产业活动平台，促进产业碰撞与交流，为产业集群发展创造良好的生态环境。大力支持企业扩大内需、稳定外贸，加快融入国内外双循环、相互促进的发展新格局。

3. 实施集群培育"品质工程"

以一流的标准体系为标杆，全产业链努力打造优质产品，推动企业积极参与各级标准的制定和修订，大力推进标准化创新，形成一批具有国内外领先产品或服务的龙头企业。引导企业注重细分产品的市场创新、产品质量提升和品牌培育，打造一批制造"单冠军"企业（产品）和多个区域品牌。

4. 实施集群培育"强核工程"

依托大型科学设备、重点实验室、工程研究中心、企业技术中心、新型研发机构等各类创新平台载体，集聚制造业高端创新资源，努力突破行业前沿技术和共性关键技术。围绕重大原创创新源头、中国试点证书和成果转化基地、粤港澳合作创新社区、体制机制创新综合实验区四个方向，打造具有全球影响力的原创创新高地。

二、推进产业集群的低碳化、生态化发展

推进产业集群发展，要牢固树立和落实新的发展观，以新的发展观统领全局，引领发展。通过创新培育新动力，打造新增长极，优化产业链。以协调为准绳，努力补充短板厚植优势，不断促进区域和产业协调发展。以绿色为背景，将生态文明理念根植于工业发展的各个领域和环节，推动工业发展向资源节约型、环境友好型集约发展转变。以开放为基本路径，创新开放模式和政策，进一步促进粤港澳大湾区协调发展。

（一）传统集群低碳改造模式

与高科技产业集群不同，传统产业集群是以劳动密集型产业和传统产业为主，辅以一系列中小企业和相关机构的经济共同体，是在一定空间范围内的产业集聚中形成的。对于传统产业集群的低碳转型，应着重从循环经济的概念和发展模式层面制定政策。将基于循环经济的集群生态理念放在首位，从环境保护、资源节约和可持续发展的角度制定有利于资源综合利用和政策有效推进的优惠政策。同时，法律法规和科技团队在传统产业集群的生态发展中发挥着重要作用。为完善集群生态政策，需要政府充分借鉴国内外先进

经验，出台政策法规，鼓励和引导碳基型产业集群内各集群之间的生态合作。通过法律手段明确各行为主体的责任和义务，使集群的发展在实践中有章可循。

（二）高新集群低碳定位模式

高新技术产业集群是继传统产业集群之后或以高新技术为基础而兴起的产业集群，依托科技创新，集群主体具有较强的拉动作用，其产品具有相当的附加值，能够迅速成为区域经济的领军者。对于这类集群产业，政府在制定具体政策时应以生态学的相关原理为出发点，在强化宏观管理职能时应科学制定产业集群发展规划，并根据环境管理的相关规律合理开发环境资源，从而促进产业集群的生态发展。需要政府及时搭建交流平台，促进企业之间的交流，从而找到更合适的生态发展模式；需要政府引导高新区产业集群选择低碳技术，以应对全球化和生态化的发展；同时，政府需要通过政策实现广泛的社会互动和国际知识交流。

（三）生态工业园发展模式

生态工业园是基于生态工业理论和循环经济理论的生态工业集聚模式，在制定相关政策时强调与循环经济的互动。政府需要吸引能够利用园区核心废弃物的企业加入生态工业园，形成能源交换和物质循环的封闭生态产业链。政府在制定生态工业园的生态政策时，应根据相应的生态技术和生产标准，重视标准化的定义和管理。现行的环保政策，如排污费、"三同时"和环保目标责任制，只适用于生态工业园区的早期发展，但由于种种原因，在成熟期将不再适用。政府在制定政策时应该扮演其他主体的角色。需要政府充分发挥公用事业和地方社区在产业集群生态中应有的作用，引导低碳技术的选择，促进园区的可持续发展。

三、打造区域品牌价值联盟

单个企业建立自己的品牌需要巨大的资金投入，然而，通过集群，提升集群内企业的整体实力，加大广告宣传投入，发挥集群效应，很容易形成"区域品牌"，从而使每个企业受益。与单一企业品牌相比，"区域品牌"更生动、更直接，是许多企业品牌的集中和提炼，具有更广泛和可持续的品牌效应，更是一项宝贵的无形资产。

（一）明确产业集群品牌的目标定位

按品牌规划资源配置，引导产业集聚，利用集聚效应形成产业区域品牌，最终发展成为区域品牌经济。当然，在各产业集群进行品牌定位后，需要加强品牌推广，实现品牌营销创新。通过各种形式的宣传，让广大消费者理解和接受，进一步放大特色创意产业集聚形成的品牌效应，提高集聚区的知名度。

（二）推动产业集群品牌的差异化发展

目前，在我国产业园区建设中，类似的产业结构和发展模式不断出现，难以形成区域品牌。因此，政府必须做好集聚区的形象设计，尤其要突出区域文化特色，进一步强化品牌个性。聚焦优势产业和龙头企业，集聚相关企业，延伸产业链，提升品牌核心竞争力和可持续发展。随着品牌建设的发展，区域产业集群的差异化发展趋势可以最直接地呈现出来。

（三）促进产业集群品牌的共同发展

区域品牌是在企业共同的生产地点产生的。一旦形成，该地区的所有企业都可以享受。因此，区域品牌也具有外部效应。这种品牌效应不仅有利于对外交流，开拓国内外市场，确定合适的销售价格，而且有利于提升整个地区的形象，为招商引资和未来发展创造有利条件。区域品牌共享极大地增强了集群内企业的比较竞争优势，具有支持区域经济发展的功能。广州应将打造区域品牌作为提升区域竞争力的重要战略。区域品牌的建设更依赖于产业集群，大量生产企业的集聚是区域品牌形成的基础。

政府要尊重市场规律和品牌成长规律，积极支持和引导品牌发展，鼓励产业集群积极培育区域产品综合品牌。积极采用国家标准和国外先进标准，促进产业集群企业多层次、全方位合作，实现资源共享，增加科技含量，筛选出一批有一定基础的产业集群，打造一批知名工业区、乡镇，共同打造区域品牌，扩大品牌经营规模，提高产业集群与市场对接能力。疏通产业集群特别是生产型产业集群与大市场对接的渠道，通过国际信息平台发展电子商务，开展国际产品或企业交流等渠道，加强集群品牌推广，提高品牌市场覆盖率。共同打造区域品牌，推动区域企业注重品牌、争创名牌，增加、扩大、壮大品牌，形成产业集群品牌带和区域特色品牌群，提升广州产业整体竞争力。

四、优化产业结构促进企业品牌发展

促进广州企业品牌创新发展，需要优化产业投资结构，构建多元化发展、多极支撑的现代产业投资结构，这是加快新旧动能转换、促进高质量发展的必然要求。这对于解决产业结构矛盾，促进产业链更新改造和价值链升级，提高产业发展水平，更好地融入国际产业链分工，提升产业核心竞争力具有重要的现实意义。从广州企业实际出发，构建多元化发展、多极支持的现代产业投资结构体系，要认真落实新的发展观，牢牢把握高质量发展要求，以科技创新为动力，推动传统产业转型升级，加快培育和发展新兴产业，不断推动产业向价值链中高端迈进。

（一）加快改造提升传统产业，培育打造新的产业优势

传统产业是广州市的主导产业和转型升级的主战场。积极推进传统产业高端化、智能化、绿色化，实现产业发展质量和效益的双重提高，需要从以下几个方面发力：一是坚定决心，继续提高产能化解能力，坚持保优抑劣，严格执行环保、质量等标准，充分运用市场化、法制化手段，建立公平有效的竞争退出机制，形成化解和防止产能过剩的长效机制。二是加快传统产业转型升级，积极实施"互联网＋"行动计划，大力实施质量标准化强省战略，推进新一轮技术改造工程，加快互联网、大数据、人工智能等传统产业融合，重点加强和延伸产业链，通过技术改造、绿色制造、工业设计、标准指导等具体措施，推动传统产业转型。

（二）加速培育新动能，促进新兴产业发展壮大

构建多元化发展、多极支持的现代产业投资结构，促进产业结构优化升级，关键在于扩大高质量增量。加快培育新动力，创造新供给，发展战略性新兴产业，打造新的产业增长极。第一，深化认识。进一步解放思想，更新观念，调整战略，切实把产业发展的重点放在战略性新兴产业上，提高战略性新兴产业的速度和效益。第二，实施精准栽培计划。在全省支持的战略性

新兴产业中，重点培育产业链长、关联度高、比较优势大、市场潜力大、能实现指数增长的产业，并精准培育，使之成为有产业声誉、能够引领全省乃至世界发展的产业。第三，推进未来产业布局。抓住粤港澳大湾区规划建设的战略机遇，前瞻性规划高端高新技术产业，培育产业发展"潜力股"，为广州赢得未来发展引领力、拓展新的发展空间奠定良好基础。

（三）提升科技创新能力，为产业发展提供坚实支撑

深化实施创新驱动发展战略，不断提高科技创新能力和成果转化应用能力，推进新时期创新型广东建设。第一，汇集创新资源。紧紧抓住人才创新发展的关键，深入实施人才工程，围绕广州企业转型升级和创新发展的需要，制定和实施更加灵活、更有价值的人才政策和更具吸引力的重大创新措施，大力引进一批前沿科研团队，领军人才和高层次、高技能人才。第二，优化创新环境。不断优化创新发展的政策制度环境，完善创新创业生态，积极布局国家重大创新资源，推进省级重点实验室、企业技术中心等创新平台的优化整合升级，加快科技成果转移转化示范区建设。第三，加强关键核心技术研究。围绕产业转型升级的实际需要，攻克一批国内空白技术，开发一批关键共性技术，推进一批前沿重大技术布局。推动协同创新，加强粤港澳创新合作；促进产、校、研、用一体化，促进企业、科研院所、高校之间创新资源的整合与共享，以创新链优化产业链，以创新加速打造经济发展新引擎。

（四）优化产业布局，加快打造一批现代产业集群

着力抢占产业发展制高点，提升产业核心竞争力，从全球角度调整优化产业布局，加强区域分工和产业集聚，打造一批现代产业集群。一是按照粤港澳大湾区协调发展的总体部署和主体功能区划分的要求，发挥各地区的比较优势，加快构建不同特色、优势互补、协调发展的新发展格局，促进区域协调发展。二是按照错位关联、相互促进、合理竞争、协调发展的原则，优化区域产业布局，打造市级主导产业和县域特色产业，壮大一批优势产业集群，优化一批特色产业集群，扩大一批新兴产业集群。三是加强城市新区和开发区建设，提高各级城市新区和开发区的建设水平和发展水平，完善现代基础设施和配套服务体系，提高集约化建设水平和发展承载能力，增强城市

新区和开发区的辐射带动作用，使各级新区和开发区、各类开发区成为现代新产业体系建设的重要支点。

第四节　助推龙头品牌发展和培育中小品牌成长

为全面实施国家中长期发展战略，紧密结合广州市"融合升级、创新发展、传承经典、创造精品"的总体思路，加快"十四五"品牌发展规划，鼓励企业加强自主创新，突破制约品牌发展的瓶颈，提升广州整体产业水平。

一、重点扶持龙头品牌

（一）设立品牌荣誉奖励

对获得"中国世界名牌产品""中国驰名商标""中国名牌产品""中华老字号"等国家级称号的龙头品牌企业，给予专项资金奖励。对获得国家、省、部、市质量金奖，"广东省名牌产品""广州市著名商标"等省市级称号，及市双推项目示范企业称号的企业给予一次性奖励。

（二）加大科技创新扶持

鼓励设立研发中心，对区级以上政府职能部门认定的重点品牌企业的研发机构给予资金支持。鼓励加快新产品的开发，对重点品牌企业新产品开发试产费、中间试验费、重点项目试验费给予补贴。对发明专利权给予保护补贴，对每次获得发明专利的人给予奖励支持。鼓励重点品牌企业加强技术创新，加快技术改造和工艺创新，对企业技术改造项目给予适当支持。鼓励使用新技术，鼓励品牌企业加大信息投入，探索和创新传统企业营销模式和管理模式。

积极支持企业参与各级技术标准的制定，鼓励企业科技创新，推动优势企业进一步实施国家和国际先进标准，参与国家、行业和地方标准的制定和修订，全面提高广州标准化水平。

（三）提供品牌拓展宣传扶持

鼓励企业拓展国内外市场，新建旗舰店和品牌店。鼓励企业品牌参与国内外展会，对企业参与国内外重大专业展会给予一定补贴。鼓励企业海外注册，对企业品牌海外注册给予资金支持。统一展示和推广品牌，积极举办中华老字号博览会等专业展会。

（四）多种方式推动龙头品牌成长

制订并实施品牌培训计划，有效提升品牌企业的创新意识、管理水平和拓展能力。鼓励品牌企业落户广州，对获得国家荣誉称号的品牌企业给予进城登记费补贴。发展知名品牌和"老字号"，重点培育一批优势明显、健康发展、潜力巨大的知名龙头品牌和"老字号"品牌。

鼓励民营企业收购、兼并、重组持续亏损、濒临破产的国有"老字号"企业，振兴"老字号"品牌。鼓励"老字号"企业申请知名企业名称，实施企业名称与商标整合战略，提升"老字号"企业品牌价值。通过转让、拍卖等方式取得闲置"老字号"经营权的，在"老字号"恢复经营后，可以给予企业品牌声誉转让补贴。

二、鼓励和培育中小品牌的快速成长

（一）建立完善品牌保护体系

中小企业的品牌实力较弱，需要建立企业自我保护、行政保护和司法保护相结合的品牌保护体系，政府应严格查处商标侵权等不正当竞争行为，维护公平竞争的市场秩序。完善著名商标保护法律制度，推进品牌保护跨区域合作机制建设，建立企业海外维权协调机制。加强对外合作过程中自主品牌的保护和管理，合理评估企业品牌价值，防止恶意收购自主品牌。

（二）支持中小企业创品牌

对于创新能力强、发展前景好的中小民营企业，政府宜通过各种激励手段促使其打造驰名商标和著名商标，加强驰名商标和著名商标中小民营企业的上市和培育。鼓励中小企业通过品牌投资、质押、并购、许可、转让等方式，挖掘商标的经济价值，丰富品牌内涵，增强其市场竞争力。

参考文献

［1］STEPHEN B, ROBERT V K, JOHN F S. Teaching old brands new tricks：Retro branding and the revival of brand meaning ［J］. Journal of marketing, 2003, 67（3）.

［2］DION D, MAZZALOVO G. Reviving sleeping beauty brands by rearticulating brand heritage ［J］. Journal of business research, 2016, 69（12）.

［3］KELLER K L . Conceptualizing, measuring, and managing customer-based brand equity ［J］. Journal of marketing, 1993, 57（1）.

［4］URDE M, GREYSER S A, BALMER J M T. Corporate brands with a heritage ［J］. Journal of brand management, 2007, 15（1）.

［5］WIEDMANN K P, HENNIGS N, SCHMIDT S, et al. Drivers and outcomes of brand heritage：consumers'perception of heritage brands in the automotive industry ［J］. Journal of marketing theory and practice, 2011, 19（2）.

［6］何佳讯，李耀. 品牌活化原理与决策方法探窥——兼谈我国老字号品牌的振兴 ［J］. 中国品牌, 2007（2）.

［7］何佳讯，秦翕嫣，杨清云，等. 创新还是怀旧？长期品牌管理"悖论"与老品牌市场细分取向———项来自中国三城市的实证研究［J］.管理世界, 2007（11）.

［8］徐乃真，祝平. 跨界营销在品牌传播中的运用 ［J］. 中国市场, 2013（25）.

［9］徐伟，王新新，刘伟. 老字号真实性的概念、维度及特征感知——基于扎根理论的质性研究 ［J］. 财经论丛, 2015（11）.

［10］杨桂菊，徐秀秀，曲旸. 机会窗口、文化传承与老字号创新成长

［J］．科学学研究，2020，38（12）．

［11］谢佩洪，孟宪忠．品牌激活：创新还是怀旧？［J］．市场营销导刊，2008（1）．

［12］陶骏，李善文．"中华老字号"品牌复兴：品牌延伸及反馈［J］．经济管理，2012，34（2）．

［13］胡左浩，洪瑞阳，朱俊辛．中国领先企业的品牌国际化营销之道——以消费电子行业为例［J］．清华管理评论，2021（3）．

［14］JOHANSON J, VAHLNE J E. The Uppsala internationalization process model revisited：From liability of foreignness to liability of outsidership［J］. Journal of international business studies，2009，40（9）．

［15］小鹏汽车［EB/OL］．http：//www. xiaopeng. com.

［16］中新车市．小鹏 P7 迎来上市两周年 成首个单月销量破 9 000 台的新势力纯电车型［EB/OL］.（2022 - 04 - 26）. https：//baijiahao. baidu. com/s？id = 1731142187103004481&wfr = spider&for = pc.

［17］汽车公社．小鹏，交出一份"主动挥拳"的财报［EB/OL］.（2022 - 03 - 29）. https：//chejiahao. autohome. com. cn/info/10397250？reply = reply.

［18］易车．小鹏 P7 靠什么吸引年轻消费群体？"神车"气质自动圈粉［EB/OL］.（2022 - 01 - 19）. https：//news. yiche. com/hao/wenzhang/62138630/.

［19］百度百科．何小鹏［EB/OL］. https：//baike. baidu. com/item/何小鹏/5646196？fr = aladdin.

［20］搜狐网．小鹏汽车科技为先，推动智能驾驶再进一步［EB/OL］.（2021 - 10 - 29）. https：//www. sohu. com/a/497919259_99952248.

［21］三七互娱．［EB/OL］. http：//www. 37wan. net/.

［22］经济观察网．三七互娱：精品化战略进一步坚实，国内海外市场齐头并进［EB/OL］.（2022 - 02 - 28）. http：//www. eeo. com. cn/2022/0228/523321. shtml.

［23］第一财经．从"走出去"到"全球化"，三七互娱的出海进阶记［EB/OL］.（2021 - 08 - 03）. https：//www. yicai. com/news/101129245. html.

［24］新浪财经．三七互娱海外收入连续两年翻番 全球化战略再提速

［EB/OL］.（2022 - 05 - 09）. http：//stock. 10jqka. com. cn/20220509/c63898 5050. shtml.

［25］时代周报. 三七互娱推动文化出海，用游戏讲好中国故事［EB/OL］.（2019 - 09 - 30）. https：//www. sohu. com/a/344371529_237556.

［26］时代周报. 三七互娱副总裁王彦恭：巧用文化元素是游戏出海一大秘诀［EB/OL］.（2021 - 11 - 29）. https：//baijiahao. baidu. com/s？id = 1717757546531555042&wfr = spider&for = pc.

［27］郭育妮，饶佳宁. 云南白药品牌差异化战略及对传统企业的启示［J］. 现代商贸工业，2017（13）：58 - 61.

［28］唯品会［EB/OL］. https：//www. vip. com/.

［29］华夏时报. 差异化人群，差异化好货，唯品会的运营之道［EB/OL］.（2021 - 02 - 26）. https：//finance. sina. com. cn/wm/2021 - 02 - 26/doc - ikftssap 8944283. shtml.

［30］管理经纬. 从特卖起家到回归特卖：唯品会的乘风破浪之路［EB/OL］.（2020 - 07 - 25）. https：//zhuanlan. zhihu. com/p/163551083.

［31］中新经纬. 聚焦差异化品牌特卖 唯品会 Q2 净营收同比增长 22.8%［EB/OL］.（2021 - 08 - 19）. http：//biz. jrj. com. cn/2021/08/19190933282 253. shtml.

［32］美股研究社. 拆解唯品会新财报：差异化铸就护城河，静待价值回归［EB/OL］.（2021 - 11 - 19）. https：//column. iresearch. cn/b/202111/ 924434. shtml.

［33］广州白云山医药集团股份有限公司［EB/OL］. http：//www. gybys. com. cn/

［34］广州白云山医药集团股份有限公司. 2021 年年度报告［R］. 广州：广州白云山医药集团股份有限公司，2021.

［35］广州白云山医药集团股份有限公司. 2021 年社会责任报告［R］. 广州：广州白云山医药集团股份有限公司，2021.

［36］中国新闻网. 广药白云山：彰显中华老字号品牌力量［EB/OL］.（2020 - 05 - 21）. http：//m. haiwainet. cn/middle/3543159/2020/0521/content_

31794434_1. html.

[37] 益延寿. 广药集团位列医药健康板块第一! 品牌价值474. 52亿元! [EB/OL]. (2021 – 05 – 14). https：//www. sohu. com/a/46641473 7_120474704.

[38] 云从科技 [EB/OL]. https：//www. cloudwalk. com/.

[39] 壹日报. 云从科技：聚焦人工智能领域 为中国品牌崛起作贡献 [EB/OL]. (2022 – 05 – 11). https：//baijiahao. baidu. com/s? id = 17324954 80025141084&wfr = spider&for = pc.

[40] 同花顺财经. 云从科技：定义智慧生活提升人类潜能 成为全球智能生态领军企业 [EB/OL]. (2022 – 05 – 18). http：//news. 10 jqka. com. cn/20220518/c639183652. shtml.

[41] 砍柴网. 云从科技拟于5月底上市，欲打造人工智能行业头部企业？ [EB/OL]. (2022 – 05 – 17). http：//m. ikanchai. com/pcarticle/479281.

[42] 中国知识产权资讯网. 云从科技：品牌领跑 创新发力 [EB/OL]. (2018 – 07 – 18). http：//www. iprchn. com/cipnews/news_ content. aspx？ newsi d = 109487.

[43] 中国财富网. 微光、逆光与远光：云从科技成长突围启示录 [EB/OL]. (2022 – 06 – 07). https：//www. cfbond. com/2022/06/07/99985426. html.

[44] 爱集微. 云从科技：目前已在智慧治理领域形成一定的市场覆盖和品牌地位 [EB/OL]. (2022 – 06 – 16). https：//laoyaoba. com/n/822428.

[45] 腾讯网. 云从科技：AI产品快速渗透，从金融到城市场景深耕垂直领域 [EB/OL]. (2022 – 05 – 24). https：//new. qq. com/omn/20220524/20220524A03ZQC00. html.

[46] 格隆汇. "AI四小龙"第一股终于憋上市了！ [EB/OL]. (2021 – 07 – 21). https：//baijiahao. baidu. com/s？ id = 1705801616998291340&wfr = spider&for = pc.

[47] 新讯科技. 云从科技创新故事：从中科大到创业，20年苦研，投身报国 [EB/OL]. (2021 – 09 – 22). https：//www. 163. com/dy/article/GKH008CJ0511SRRP. html.

[48] 搜狐网. 立白集团：中国日化龙头如何推动品牌不断升级？ [EB/OL].

（2020 – 12 – 26）. https：//www. sohu. com/a/44071993 3_ 120057219.

[49] 凤凰网. 立白集团亮相"新面孔"，大传播助力品牌升级 [EB/OL]. （2014 – 01 – 14）. http：//huanan. ifeng. com/xinwen/jiaodianxinwen/detail_ 2014_ 01/14/1732725_0. shtml.

[50] 立白科技集团 [EB/OL]. https：//www. keybrand. cn/news/ 201911/155. html.

[51] 蓝琼财经. 立白实现全年销售收入 200 亿，加速产品升级欲解消费者 "油腻焦虑" 痛点 [EB/OL]. （2021 – 04 – 10）. https：//www. lanjinger. com/ d/156607.

[52] 东方财富网. 拼多多联合立白集团启动"万人团"大促专场，210 万网友与总裁一起拼国货 [EB/OL]. （2022 – 03 – 17）. https：//finance. eastmoney. com/a/202203072299222324. html.

[53] 挂云帆. 质量是品牌的第一要素 [EB/OL]. （2021 – 04 – 29）. https：//www. guayunfan. com/baike/163737. html.